山东文物保护修复与研究系列丛书

沉船遗珍

——菏泽元代古船出土文物保护修复与研究

白广珍　王笑　秦杰◎著

齊魯書社

图书在版编目（CIP）数据

沉船遗珍：菏泽元代古船出土文物保护修复与研究 / 白广珍，王笑，秦杰著. -- 济南：齐鲁书社，2022.4
ISBN 978-7-5333-4559-4

Ⅰ. ①沉… Ⅱ. ①白… ②王… ③秦… Ⅲ. ①沉船 - 出土文物 - 文物保护 - 研究 - 菏泽 - 元代②沉船 - 出土文物 - 文物修整 - 研究 - 菏泽 - 元代 Ⅳ. ①K872.523.4

中国版本图书馆CIP数据核字(2022)第050903号

责任编辑　马安钰
责任校对　赵自环　王其宝
装帧设计　刘羽珂

沉船遗珍——菏泽元代古船出土文物保护修复与研究
CHENCHUAN YIZHEN HEZE YUANDAI GUCHUAN CHUTU WENWU BAOHU XIUFU YU YANJIU
白广珍　王　笑　秦　杰　著

主管单位	山东出版传媒股份有限公司
出版发行	齐鲁书社
社　　址	济南市英雄山路189号
邮　　编	250002
网　　址	www.qlss.com.cn
电子邮箱	qilupress@126.com
营销中心	（0531）82098521　82098519　82098517
印　　刷	山东临沂新华印刷物流集团有限责任公司
开　　本	889mm × 1194mm　1/16
印　　张	20
插　　页	2
字　　数	480千
版　　次	2022年4月第1版
印　　次	2022年4月第1次印刷
标准书号	ISBN 978-7-5333-4559-4
定　　价	238.00元

本书出版得到
国家重点文物保护专项补助资金资助

编辑委员会

前 言

2010年9月17日，山东省菏泽市国贸中心建筑工地发现一艘古代沉船，山东省文物考古研究所（现山东省文物考古研究院）与菏泽市文物事业管理处（现菏泽市文物研究院）随即组成联合考古队，对沉船进行抢救性考古发掘。考古人员根据沉船及随船出土文物均属元代或元代以前，初步判断该船为元代沉船。菏泽元代沉船内出土文物逾百件，类别包括陶器、瓷器、漆木器、玉石器、铁器、铜器等。其中元代瓷器数量之丰富、包含的窑口之多，特别是出土了元青花龙纹梅瓶等重要瓷器，在全国实属罕见。

菏泽元代沉船出土文物具有十分重要的历史、艺术和科学价值，但受保存环境影响，存在不同程度病害，亟须采取保护修复措施。2015年，山东省文物保护修复中心联合菏泽市博物馆、菏泽市文物保护中心（现菏泽市文物研究院）共同编制完成《山东菏泽古船出土文物保护修复方案》，该方案于2016年4月通过国家文物局立项批准（文物博函〔2016〕513号），并获得国家重点文物保护专项补助资金支持。山东菏泽古船出土文物保护修复项目由山东省文物保护修复中心管理实施。山东省文物保护修复中心根据国家文物局方案批复，联合菏泽市文物保护中心、菏泽市博物馆成立项目组，共同开展此次保护修复工作。

2017年5月至2018年1月，项目组完成项目所涉及的95件（套）文物的保护修复工作并通过结项验收。在保护修复工作前期，项目组开展了文物病害调查和价值评估，在调查研究的基础上按文物质地分别制定了文物保护修复预案，并在具体保护修复过程中做好每件文物的保护修复记录。项目组采取成熟手段对这批珍贵文物进行科学保护修复，严格按照国家文物局有关文物保护行业规范进行操作，去除或转化文物活动病害和可发展病害，最大程度恢复文物原貌，使保护修复后的文物满足在一般条件下长久保存和公开陈列展出的需要。

本书为上述工作的归纳总结，共分为七章。第一章为概述，介绍本项目的实施背景。第二章介绍文物基本信息、保护修复目标、保护修复原则、项目组织及实施进度等项目实施要素。第三章介绍文物分析测试相关内容。第四章、第五章分别为陶瓷器、金属器文物保护修复具体流程。第六章为相关研究与讨论。第七章为结语，总结了项目实施的收获和不足，并针对下一步文物保存提出建议。

菏泽元代沉船出土文物具有十分重要的历史、艺术和科学价值，是研究宋元时期运河文化、陶瓷工艺等课题的珍贵遗存和重要载体。对文物开展科学保护修复，有利于继承和弘扬中华民族优秀传统文化。我们要保护好、管理好、利用好这些珍贵的文化遗产，传承和弘扬优秀传统文化，促进文旅融合发展，推动物质文明和精神文明建设协调发展。

总之，本书涵盖了陶瓷器、青铜器、铁器、漆木器、玉石器等各种材质文物的具体保护修复内容，对业内同行有关工作具有一定的借鉴意义。此次工作总结以及在保护修复与研究过程中发现的新资料，可供相关学者开展进一步的学术研究。

目 录

第一章 概 述

2010年，山东菏泽一艘深埋地下600多年的元代木质沉船“浮出水面”，一时轰动全国。通过抢救性考古发掘，成果丰富，沉船内及周围共出土文物过百件（套），类别包括陶器、瓷器、漆木器、玉石器、铁器、铜器等。这艘元代沉船对研究中国古代造船工艺、内河漕运史、河运交通等有非常重要的价值。随船出土文物中，元代瓷器数量之丰富、品质之精美、包含的窑口之多，特别是出土的元青花龙纹梅瓶等重要瓷器，在全国实属罕见。

一、考古发掘背景

2010年9月16日，一场暴雨袭击了地处鲁西南的菏泽。位于菏泽市牡丹区和平路与中华东路交会处西南大约250米的国贸中心建筑工地，由于地势低洼，积水严重。第二天，施工方调来抽水机抽水，工地地槽中的积水逐渐退去后，长1米左右的木板露了出来。好奇的工人们便拿起铁锹挖了起来，磁州窑瓷罐、陶罐等文物相继出土。大家觉得这底下可能是古墓，便赶紧报了警。在建筑工地及当地公安民警的积极介入下，菏泽市文物部门立即组织人员对现场进行保护，并上报山东省文物局。山东省文物局对此十分重视，立即派出省文物考古专家到现场进行考察。同时，山东省文物考古研究所与菏泽市文物事业管理处组成联合考古队，对其进行考古发掘。至2011年1月，考古发掘工作结束。此次考古发掘，发现了一艘元代木船，随船出土了包含元青花龙纹梅瓶在内的大量珍贵文物。

此次发现的沉船，船头朝北。受保存环境等因素影响，船的左侧木质基本腐朽，底部及右侧保存基本完好，可以复原。船体残长21米，宽4.82米，高1.8米，除船头、船尾的独立船舱外，共分为10个船舱，大小不等，宽度在1.3—1.8米之间。船型为平底、纵流、虚梢尾、敞口并带有舷伸甲板的木质内河船。从沉船周围的堆积情况以及建筑工地已揭露的地层分析，沉船的埋藏环境为河流相沉积，推测当时此区域为河道，宽几十米。水流方向与沉船的方向基本一致，可推断当初该船顺流向东北方向行驶[①]。沉船西侧约1000米处即今天的赵王河河道（图1–1）。

---

① 山东省文物考古研究所、菏泽市文物事业管理处:《山东菏泽元代沉船发掘简报》，载《文物》2016年第2期。

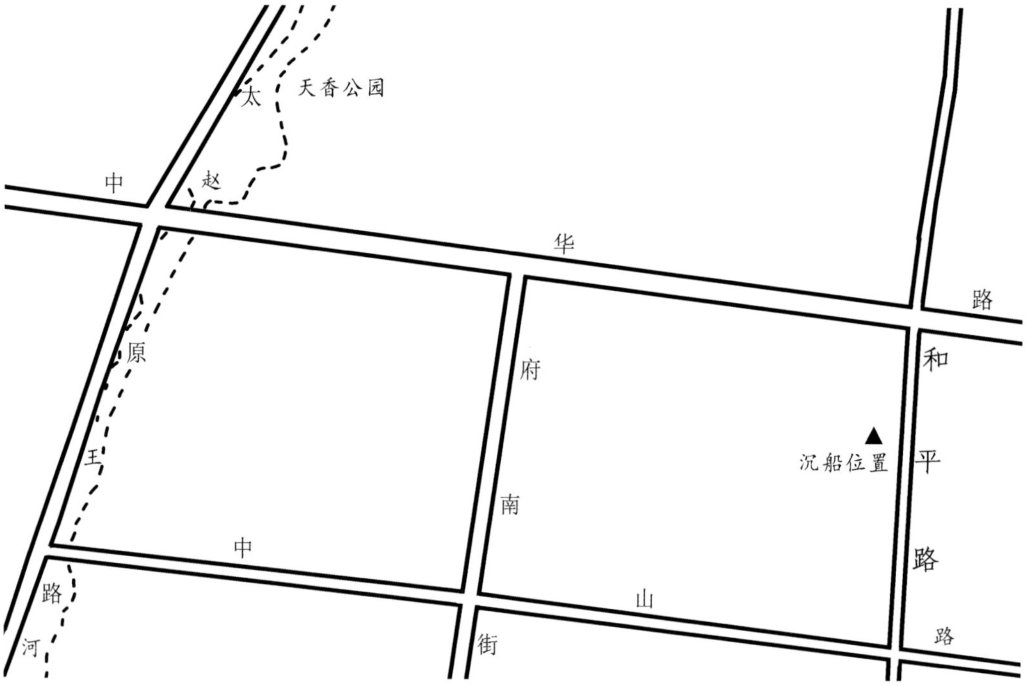

图1-1 沉船出土地点示意图

为了解木船沉没时期的地质、地貌情况，考古队邀请著名环境考古学家、北京大学夏正楷教授到现场进行实地考察。夏先生认为，船的左侧方位为一河心浅滩（或沙洲），根据地层关系初步推测，古船沉没时，水流自西南流向东北，古船在行驶过程中触到浅滩而侧翻。考古队将沉船全部清理出来后，又邀请鄄城县造船厂的老造船工人到沉船现场进行考察。老造船工人认为，船的右前方受过撞击，船体受撞击后开裂变形，应是船在行驶过程中，右侧被外力（如其他船只）撞击，左侧碰到河中的沙洲后倾翻的。船上的生活用品大多遗落在船内，只有一部分遗落在河床上，这也能反映出当时船只的倾翻状态。

沉船内及周围共出土文物110余件（套），包括陶器、瓷器、漆木器、玉石器、铁器、铜器、金饰等主要类别。典型器物包括青花龙纹梅瓶、青釉印花牡丹纹大盘、钧窑盏托、白地褐彩龙凤罐等，分别属于景德镇窑、龙泉窑、钧窑、磁州窑等窑系。根据出土遗物分析，该船的沉没年代应为元代末期。根据沉船出土遗物及沉船的形状分析，该船可能是当时的官员或商人在内河行驶时使用的船只。

沉船及大量精美文物的发现，引起了文博界的广泛关注。该考古发掘项目得到国家文物局、山东省政府、山东省文物局等高度重视，各级领导、专家多次到现场指导发掘工作。在考古发掘过程中，考古队先后邀请中国社会科学院考古研究所、国家博物馆、北京大学、中国文化遗产研究院、山东大学等高校及科研院所专家到现场指导考古发掘及文物保护工作，确保了发掘质量。另外，在确保不妨碍考古发掘工作的前提下，部分发掘过程通过电视、网络等媒体予以现场直播，引起了媒体、学术界的高度关注（图1-2、1-3）。出土木漆器保护国家文物局重点科研基地主任吴顺清先生在发掘现场对沉船的提取及保护提出具体建议，并与山东省文物考古研究所联合制定了木质沉船的保护修复方案。

图1–2 沉船发掘现场

图1–3 媒体记者正在采访报道

山东自古以来就是水上交通比较发达的区域，从史前到明清，从河运到海运，考古资料及史料中对此皆有迹可循，这是山东考古的一个重要课题。菏泽元代沉船的发现，对菏泽地区漕运史、河运交通及元代黄泛区地形地貌等研究具有重要意义；菏泽元代沉船保存基本完整，为研究元代木船形制及制作工艺提供了实实在在的标本；该区域的河流与运河航运体系相通，沉船的发掘对运河文化研究具有重要意义，为世界遗产“中国大运河”增添了重要实证和研究资料。同时，随船出土文物类型丰富、器形精美，对研究元代社会文化生活和社会习俗等问题具有非常重要的价值。

二、项目背景

2011年5月，考古人员采取局部拆解及船底整体吊运搬迁的方式，将沉船运抵菏泽市博物馆东广场临时展厅。2012年3月，菏泽市文化广电新闻出版局委托荆州文物保护中心和山东省文物考古研究所对该沉船开展脱水保护修复工作，古船本体保护修复工程启动。项目组采用传统工艺，经过脱水、清理、矫形、拼装等，完成了古船右舷残存部分的修复工作，并根据古船的对称性，合理复原了古船左舷。经过两年多的修复，2014年4月16日，菏泽元代沉船首次以崭新的面貌出现在公众面前。2015年5月，菏泽元代沉船脱水保护修复项目通过验收，项目验收组评价此次修复为“出土沉船保护修复的典范”。

菏泽元代沉船出土文物同样具有十分重要的历史、艺术和科学价值。沉船出土的文物囊括沉船本身及附件、随船工作及生活器物等，其中不乏精美器物，典型器物包括元青花云龙纹梅瓶、钧窑杯盏、元青花鱼藻纹高足碗、元青花花鸟纹盘、元卵白釉龙纹高足碗等。所出铜钱及至正十四年款铜权等有带文字信息的文物，为沉船断代和元代历史研究提供了宝贵的实物依据。

这批文物出土后，项目组采取整体打包装箱的方式将其运至菏泽市博物馆收藏。该博物馆文物库房、展厅内的文物保存条件较为简陋，缺乏预防性保护措施，不利于文物的长久保存，加之文物本身存在不同程度病害，亟须进行保护修复处理。受菏泽市文物保护中心委托，2015年7月，刚成立不久的山东省文物保护修复中心联合菏泽市文物保护中心、菏泽市博物馆成立“菏泽古船出土文物保护修复方案编制工作组”，对这批出土文物开展保存现状调查和评估工作。工作组在室内对这批文物进行初步清理、档案记录、拍照后，筛选出95件（套）亟待保护修复的文物。筛选出的文物均存在不同程度病害，病害种类多且部分器物病害情况较严重。例如，瓷器类文物主要有冲口（也称冲线）、破碎、缺损、表面硬结物、侵色伤釉等病害，铜器类文物主要有全面腐蚀、点腐蚀、表面硬结物、残缺、裂隙、矿化等病害。

菏泽古船出土文物保护修复方案编制工作组根据《中华人民共和国文物保护法》和《中华人民共和国文物保护法实施条例》，并参考《可移动文物病害评估技术规程　金属类文物（WW/T 0058—2014）》《可移动文物病害评估技术规程　瓷器类文物（WW/T 0057—2014）》《可移动文物病害评估技术规程　竹木漆器类文物（WW/T 0060—2014）》《馆藏金属文物保护修复方案编写规范（WW/T 0009—2007）》《馆藏青铜器病害与图示（WW/T 0004—2007）》《馆藏文物保护修复工作量清单计价规范（征求意见稿）》等标准及规范，对沉船出土文物进行了前期调查，开展分析测试，绘制文物病害图并编制完成文物保护修复方案。《山东菏泽古船出土文物保护修复方案》于2016年4月通过国家文物局立项批准（文物博函〔2016〕513号），并获得国家重点文物保护专项补助资金支持。

第二章 项目实施

2017年5月至2018年1月，山东省文物保护修复中心联合菏泽市文物保护中心、菏泽市博物馆组成项目组，对菏泽古船出土文物进行保护修复。项目前期已进行了文物基本信息调查和相关检测分析，项目实施过程中严格遵守文物保护修复方案批复要求，采取成熟手段对这批珍贵文物进行科学保护修复，同时加大科学分析力度，深入挖掘文物价值，使修复后的文物达到保管、陈列和研究要求。

一、基本信息

沉船内出土的瓷器、铁器、青铜器等百余件（套）文物，被打包运至菏泽市博物馆保存收藏。至2017年保护修复工作开始前，部分保存较为完整的、欣赏价值高的瓷器类文物已经陈列展出，其他大部分文物存放于库房内。博物馆缺乏预防性保护措施，无恒温恒湿控制系统，部分文物保存状况堪忧。

项目组通过对该批出土文物开展保存现状调查和评估工作，筛选出95件（套）亟待保护修复的文物。其中，瓷器41件（套），陶器10件（套），铜器21件（套），铁器8件（套），玉石器5件（套），漆木器6件（套）。另有其他材质文物4件（套），分别为银币、象牙色子、绿松石耳坠和锈结文物（图2-1）。

筛选出的文物均存在不同程度病害，病害种类多且部分文物病害情况较严重。例如，瓷器类文物主要有冲口、破碎、缺损、表面硬结物、侵色伤釉等病害；铜器类文物主要有全面腐蚀、点腐蚀、表面硬结物、残缺、裂隙、矿化等病害；铁器类文物病害普遍较严重，部分铁器表面的淤泥因没有及时清理，已板结硬化，文物本体也锈蚀严重，少量器物已破损为碎片，器形较难辨认；其他类文物如玉石器、漆木器等也普遍存在残缺、破损和腐蚀等病害。据初步统计，这批文物中病害程度为“濒危”者有15件（套），“严重”者有42件（套），“中度”者有33件（套），“微损”者有5件（套），详见表2-1、图2-2。

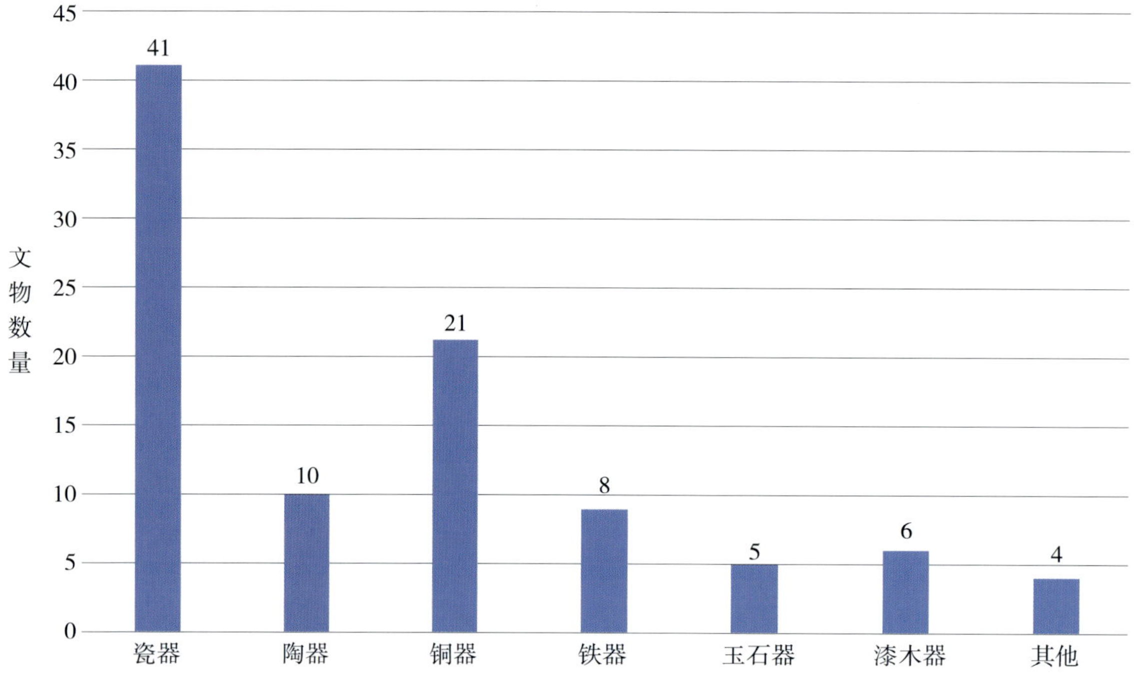

图2-1 项目所涉及文物质地分类统计图

表 2-1 项目所涉及待保护修复文物病害调查统计表

类别	总数量（件/套）	濒危数量	严重数量	中度数量	微损数量
瓷器	41	0	24	14	3
铜器	21	3	14	4	0
铁器	8	8	0	0	0
漆木器	6	3	0	3	0
玉石器	5	0	1	4	0
陶器	10	0	2	6	2
其他	4	1	1	2	0
合计	95	15	42	33	5

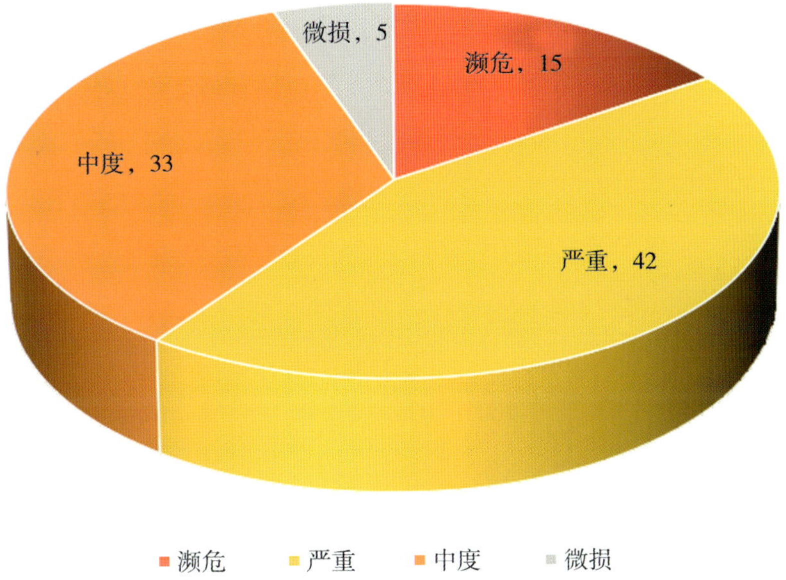

图2-2　项目所涉及文物病害程度分类统计图

二、保护修复目标

文物保护的内涵是预防文物的自然老化、人为损坏，停止、延缓败坏发生，稳定现有状态，尽可能长久地保护文物。通俗来讲，文物保护就是指以延长器物的寿命、防止自然老化或意外破坏为目标的一切操作行为。文物修复的内涵是除去外部增生，替换损坏或缺失的材料，恢复器物的原初状态，也就是恢复文物原貌。在项目实施过程中，项目组严格按照国家文物局颁布的有关规程进行操作，对文物本体保存现状进行全面检测分析，并针对文物病害选取适宜的保护修复材料及工艺。同时，项目管理规范，注重人才培养；修复档案完整，资料齐全。此次保护修复工作目标如下：

1. 陶瓷类

通过清除冲口、附着物、污染物等陶瓷器物病灶和采取成熟材料对破损文物进行粘接、补配、随色及封护处理，使陶瓷类文物满足在一般库房保存条件下长久保存的需要，提高陶瓷类文物的展陈效果。

2. 铜器类

通过机械方法及化学试剂去除或转化铜器表面的粉状锈和硬结物等病害，采取成熟材料对破损部位进行加固、粘接、补配、随色及封护处理，使铜器类文物满足在一般库房保存条件下长久保存的需要，并使其达到公开陈列展出的要求。

3. 铁器类

在渗透加固的前提下，通过机械方法及化学试剂去除或转化铁质文物表面的疏松锈蚀和硬结物等病害，采取成熟材料对破损部位进行加固、粘接、补配、随色及封护处理，使铁器类文物满足在一般库房保存条件下长久保存的需要，并使其达到公开陈列展出的要求。

4. 其他材质类

对于其他材质类文物，通过清理、清洗、粘接、补配、封护等保护修复手段，使文物满足在一般条件下长久保存及公开陈列展出的需要。

5. 预防性保护

对保护修复后的文物提出科学保存建议，并制作无酸纸囊匣进行收藏与保管。

三、保护修复原则

依据《中华人民共和国文物保护法》《中华人民共和国文物保护法实施条例》《中国文物古迹保护准则》《馆藏金属文物保护修复方案编写规范（WW/T 0009—2007）》《馆藏青铜器病害与图示（WW/T 0004—2007）》《可移动文物病害评估技术规程　金属类文物（WW/T 0058—2014）》《威尼斯宪章》等法律法规和行业规范制定本项目的文物保护修复原则，具体包括以下几点：

1. 不改变文物原状原则

即在保持文物原状的基础上消除破坏因素，不能因为保护和修复的目的而使文物面貌皆非。

2. 可再处理原则

在进行保护修复时，无论处理方法还是选材，都应该充分考虑到可重复操作性，即修复材料能够更换，修补部位易于拆除，并且重复操作时基本不影响和损坏器物的原始材料，不影响以后的再次工作。

3. 安全性与兼容性原则

使用化学材料要有前期试验和研究基础，证明所选材料是有效、对文物本体无害、可重复操作并与器物原制作材料兼容的产品。所选材料在物理、化学等性能上必须与器物原制作材料相接近，不能改变或破坏器物的原制作材料，不能对器物造成新的破坏。

4. 最小干预原则

在保护处理过程中，要尽量保证文物本体的真实性。在保证器物物理、化学、生物结构稳定的基础上，尽可能少地添加人为因素，尽可能多地保留器物原件及原有结构。简单来说，就是将人为附加部分用在最有必要的地方，只要不影响器物的力学性能及其在环境中的稳定性，就不刻意去弥补表面的残缺。

5. 可辨识原则

保护修复部位要与文物本体具有可辨识性，尽量做到“远观一致，近看有别”，即修复部位与文物原有部位在整体外观上保持和谐统一，但又能通过肉眼或仪器（X射线探伤仪、紫外荧光仪等）与文物原有部位区分开来。

四、工作保障和安全控制

1. 组织保障

成立项目实施团队。由山东省文物保护修复中心联合菏泽市文物保护中心、菏泽市博物馆组成项目组，共同开展保护修复工作。项目组建立了规章制度，明确了项目负责人，并选派有成熟陶瓷、青铜、铁器等文物保护修复经验的文物修复师加入。

2. 风险控制与技术指导

在具体保护修复实施过程中，可能会出现各种技术风险。采取物理和化学方法除锈、清洗时可能会导致文物颜色变化，故在实际工作过程中应注意控制化学药品浓度和浸泡时间，采取机械方法时应注意器物本体的强度，以便控制机械力度。在机械除锈和修复过程中，部分文物可能会出现新的开裂或者断裂，因此在机械除锈和修复矫形过程中要特别细心，同时要做好预案。对于一些本体较脆弱的文物，可采取预加固措施。为规避技术风险、科学应对文物保护修复难度较大或缺乏成熟保护修复手段的情况，应及时召开项目启动咨询会，邀请业内专家进行现场指导，答疑解惑。

3. 安全生产

加强安全生产监督工作，确保人身安全、文物安全等。在实际工作中要以人防为主、技防为辅，建立安全责任制，落实到人。离开文物修复室前要检查水电是否已关闭，修复用材料及器具是否已安全归置。购置不同规格的灭火器，储备消防用水。在实际工作中使用到的部分化学药品如BTA等，会对人体产生一定的致癌作用，因此必须注意做好防护工作，使用化学药品时必须在通风橱或具备通风条件的环境下进行操作。

4. 加强环保

保护修复工作场所的空气质量要符合《室内空气质量标准（GB/T 18883—2002）》的有关规定，保护修复操作过程中排放的污水要符合《污水综合排放标准（GB8978—1996）》的有关规定。

五、项目组织

2017年5月，山东省文物保护修复中心联合菏泽市文物保护中心、菏泽市博物馆成立项目组，启动文物保护修复工作。项目组具体组织情况如下。

项目总督导：王传昌、李悦耕、张启龙

项目负责人：白广珍

现场技术负责人：张坤

组织保障：吕凤涛、高国庆

参与人员：张坤、刘英杰、张鸣峻、何美霖、牛德良、刘伯威（金属器文物小组）

颜虎、颜冬、刘树森、张红禄、问娜娜、侍传军（陶瓷器文物小组）

任庆山、杨静、李卫东、李桂英、蔡文华等（资料提取、整理小组）

项目实施地点：菏泽市博物馆文物保护修复室（图2-3）

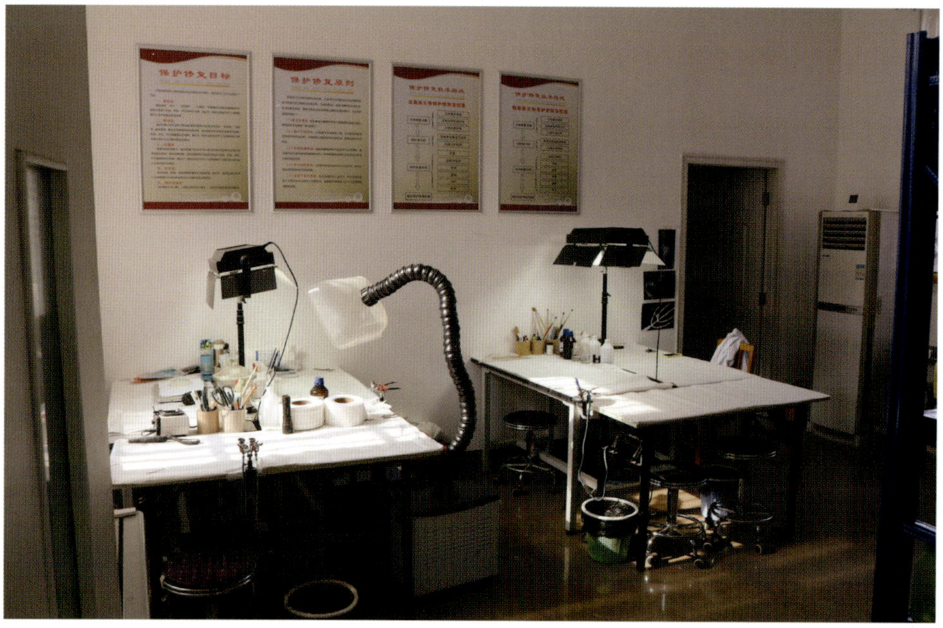

图2-3 文物保护修复室一角

六、实施进度

本项目文物本体修复工作实施周期为6个月，工作内容主要包括信息提取、清洗除锈、拼接整形、粘接补配、作色封护、照相记录、资料整理。项目实施进度见表2-2。

表 2-2 保护修复工作进度表

工作内容	第 1 个月	第 2 个月	第 3 个月	第 4 个月	第 5 个月	第 6 个月
信息提取	√					
清洗除锈	√	√	√			
拼接整形		√	√	√		
粘接补配		√	√	√		
作色封护				√	√	√
照相记录	√	√	√	√	√	√
资料整理	√	√	√	√	√	√

第三章　前期分析检测

文物是具有历史价值、艺术价值和科学价值的有形历史文化载体，蕴含着丰富的历史信息、科技信息和文明信息。文物保护的本质是保护文物所蕴含的珍贵历史信息、科技信息和文明信息，它们通常蕴含在文物的面貌、材质、工艺和腐蚀变化之中。因此，在开展具体的文物本体保护修复工作之前，进行充分和科学的前期研究是必要的。文物保护前期研究的工作内容通常包括对文物本体材料的认识、腐蚀产物分析、保护材料的筛选和评价等。在保护修复工作过程中，无论是对文物本体的客观认识，还是对文物腐蚀状况的分析、腐蚀机理的研究等，都要以现代仪器分析数据为依据。只有借助分析测试手段获得科学翔实的数据，有的放矢，才能为下一步的保护修复工作提供科学的解决方案和依据。只有采取分析检测手段确定病害种类及病害损害程度后，才能在“修旧如旧”“最小干预”等修复原则指导下，采取针对性措施消除或转化它们。文物保护修复的具体实施则需要认识文物本体，判断材料的构成成分，判断腐蚀产物、制作工艺、修复历史，从而为保护修复提供依据。同时，还需要通过试验选择合适的保护方法和材料，科学合理地制定保护修复具体技术方案。保护修复工作完成后，需要对保护效果开展评价[①]。

具体分析检测手段有元素分析类的X射线荧光光谱分析、扫描电镜能谱分析等，物相结构分析类的X射线衍射分析、拉曼光谱分析、红外光谱分析等，以及可探测文物内部组成结构的X射线探伤分析。元素分析和物相结构分析能确定文物本体材质、腐蚀产物，X射线探伤分析可对锈结文物、金属文物的锈蚀程度、文物铸造工艺、后期修复效果等进行分析和判断。这些检测分析结果能够为保护修复方法和材料的选择提供科学依据，同时能够提高我们对文物制作工艺和材质的认识。

本章主要内容是对文物锈蚀产物等进行取样分析，判断锈蚀产物成分和锈蚀程度。同时采用无损分析方法对金属类、陶瓷类文物本体进行定性分析，对文物本体材质、工艺进行研究，对瓷器窑口进行初步判定。

---

① 沈大娲：《现代仪器分析与文物保护》，载《中国文物科学研究》2014年第2期。

一、取样分析检测

菏泽元代古船埋藏环境为古河道泥沙沉积①，出土地点为今天的赵王河以东约1000米处。元朝时期，赵王河为黄河北支、运河航道②。沉船出土文物中，个别瓷器表面存在类似海洋出水文物特有的凝结物，大部分文物表面存在黄色附着物，疑似受到船上铁器文物腐蚀污染，铜器表面的锈蚀似乎属于可发展病害。这些问题需要通过具有针对性的分析检测手段来解决。项目组选择了部分具有代表性的文物锈蚀产物、文物表面附着物等样品送往文物保护实验室进行分析，目的是在文物保护修复前进行文物病害产物、外在附着物的辨别和分析，从而为下一步瓷器文物的清洗、金属文物的除锈等保护修复工作提供科学依据。

送检样品与分析方法等见表3-1。

表 3-1　分析样品数量和分析方法

序号	项目编号	文物名称	取样情况	分析方法	分析目的
1	HZC020	黑釉双系瓶	瓶内残存土	X射线衍射	定性分析
2	HZC020	黑釉双系瓶	木塞	X射线衍射	定性分析
3	HZC020	黑釉双系瓶	木塞上黑色物质	红外光谱	定性分析
4	HZC020	黑釉双系瓶	木塞上黄色物质	红外光谱	定性分析
5	HZC020	黑釉双系瓶	黑色颗粒	红外光谱	定性分析
6	HZC020	黑釉双系瓶	红色颗粒	红外光谱	定性分析
7	HZC021	白釉碗	口沿灰色硬结物	X射线衍射	定性分析
8	HZC021	白釉碗	碗内黄色硬结物	X射线衍射	定性分析
9	HZC021	白釉碗	底部灰黑色附着物	X射线衍射、红外光谱	定性分析
10	HZC025	青釉开片碗	表面黄色硬结物	X射线衍射、红外光谱	定性分析
11	HZC047	平字款铜权	表面锈蚀	X射线衍射	定性分析
12	HZC049	铜匙	表面锈蚀	X射线衍射	定性分析
13	HZC061	铜灯盏	表面黑灰色附着物	X射线衍射、红外光谱	定性分析
14	HZC066	龟趺碑	表面黄色附着物及本体残片	X射线衍射	定性分析

按照样品特点与分析目的，本次分析检测所使用的设备与实验条件如表3-2。

① 黄文峰、孙明等：《山东菏泽古沉船地区沉积地层和地貌研究》，载《地质与资源》2011 年第 4 期。
② 孙明：《大朝余晖：泥沼下的菏泽元代沉船》，载《东方收藏》2011 年第 11 期。

表 3-2　分析设备与实验条件

序号	设备名称	目的	实验条件
1	日本理学D/max-2550PC型X射线衍射仪	分析送检样品的物相结构	管电压40kV，管电流150mA，扫描角度范围3°—90°
2	美国Thermo Fisher IN10 MX型傅里叶显微红外光谱仪	分析送检样品的物相结构	MCT检测器，扫描范围$4000cm^{-1}$—$625cm^{-1}$，分辨率$4cm^{-1}$，扫描次数64次

使用X射线衍射仪对送检的样品进行物相结构分析。首先在玛瑙研钵中将样品研成精粉，然后将其涂敷在单晶硅样品架上，送入X射线衍射仪进行测试。实验条件为工作电压40kV，工作电流150mA，扫描角度范围3°—90°，步长0.02°，发散狭缝（DS）、防散射狭缝（SS）1°，接收狭缝（RS）0.3mm。分析结果见表3-3。

为了尝试分析送检样品中可能含有的有机组分，项目组使用傅里叶显微红外光谱仪对部分样品进行分析。首先在显微镜下分离出送检样品中我们感兴趣的组分，然后放入金刚石样品池中压缩，最后在红外显微镜下进行扫描。根据样品红外光谱图吸收峰位所得分析结果见表3-4。

表 3-3　菏泽沉船样品 X 射线衍射物相分析结果

项目编号	文物名称	取样情况	定性结果	
HZC020	黑釉双系瓶	瓶内残存土	SiO_2，$KAlSi_3O_8$，$NaAlSi_3O_8$，$(K,H_3O)Al_2Si_3AlO_{10}(OH)_2$，$Mg_{4.882}Fe_{0.22}Al_{1.881}Si_{2.96}O_{10}(OH)_8$，$CaCO_3$，$Al_{3.2}Ca_{3.4}Fe_{4.02}K_{0.6}Mg_6NaSi_{12.8}O_{44}(OH)_4$	石英，钾长石，钠长石，伊利石，斜绿泥石，方解石，角闪石
		木塞	SiO_2，$KAlSi_3O_8$，$NaAlSi_3O_8$，$(K,H_3O)Al_2Si_3AlO_{10}(OH)_2$，$Mg_{4.882}Fe_{0.22}Al_{1.881}Si_{2.96}O_{10}(OH)_8$，$Mg_{0.06}Ca_{0.94}CO_3$，$Al_{3.2}Ca_{3.4}Fe_{4.02}K_{0.6}Mg_6NaSi_{12.8}O_{44}(OH)_4$	石英，钾长石，钠长石，伊利石，斜绿泥石，方解石，角闪石
HZC021	白釉碗	口沿灰色硬结物	SiO_2，$Mg_{0.1}Ca_{0.9}CO_3$，$NaAlSi_3O_8$，$KAlSi_3O_8$，Fe_2O_3，$(K,H_3O)Al_2Si_3AlO_{10}(OH)_2$，$Al_{3.2}Ca_{3.4}Fe_{4.02}K_{0.6}Mg_6NaSi_{12.8}O_{44}(OH)_4$，$(Mg, Al, Fe)_6(Si, Al)_4O_{10}(OH)_8$	石英，方解石，钠长石，钾长石，赤铁矿，伊利石，角闪石，斜绿泥石
		碗内黄色硬结物	Fe_8+3$(O,OH)_{16}Cl_{1.3}$，Fe_3O_4，Fe+3O(OH)，SiO_2	四方纤铁矿，磁铁矿，针铁矿，石英
		底部灰黑色附着物	SiO_2，FeO(OH)，$Mn(CO_3)$，Fe+3O(OH)，$NaAlSi_3O_8$，$KAlSi_3O_8$，$(K,H_3O)Al_2Si_3AlO_{10}(OH)_2$	石英，羟基氧化铁，菱锰矿，针铁矿，钠长石，钾长石，伊利石
HZC025	青釉开片碗	表面黄色硬结物	SiO_2，$Mg_{0.1}Ca_{0.9}CO_3$，$NaAlSi_3O_8$，Fe_2O_3，FeO(OH)，$MnCO_3$，$Ca(SO_4)(H_2O)_2$	石英，方解石，钠长石，赤铁矿，针铁矿，菱锰矿，石膏

（续表）

项目编号	文物名称	取样情况	定性结果	
HZC047	平字款铜权	表面锈蚀	SiO_2，$PbCO_3$，$Cu_2+2(CO_3)(OH)_2$，Cu_{2+10}，$NaAlSi_3O_8$，$KAlSi_3O_8$，$(K,H_3O)Al_2Si_3AlO_{10}(OH)_2$，$Al_{3.2}Ca_{3.4}Fe_{4.02}K_{0.6}Mg_6NaSi_{12.8}O_{44}(OH)_4$，$Mg_5Al(Si,Al)_4O_{10}(OH)_8$，$CaCO_3$	石英，白铅矿，孔雀石，赤铜矿，钠长石，钾长石，伊利石，角闪石，斜绿泥石，方解石
HZC049	铜匙	表面锈蚀	SiO_2，$NaAlSi_3O_8$，$KAlSi_3O_8$，$Mg_5Al(Si,Al)_4O_{10}(OH)_8$，$(K,H_3O)Al_2Si_3AlO_{10}(OH)_2$，$Al_{3.2}Ca_{3.4}Fe_{4.02}K_{0.6}Mg_6NaSi_{12.8}O_{44}(OH)_4$	石英，钠长石，钾长石，斜绿泥石，伊利石，角闪石
HZC061	铜灯盏	表面黑灰色附着物	Cu_{2+10}，$CaCO_3$，SiO_2，$CuCO_3$，$Cu_2(OH)_2CO_3$	赤铜矿，霰石，石英，碳酸铜，孔雀石
HZC066	龟趺碑	表面黄色附着物及本体残片	Fe_2O_3，$CaCO_3$	赤铁矿，方解石

表 3-4　菏泽沉船样品红外光谱物相分析结果

项目编号与文物名称	取样照片	取样描述	初步分析
HZC020 黑釉双系瓶		黑釉双系瓶上黑色颗粒（疑似谷粒）	$1637cm^{-1}$、$1559cm^{-1}$处为蛋白质酰胺基特征吸收
		黑釉双系瓶上红色颗粒	黏土类硅酸盐，$1018cm^{-1}$处为SiO_3^{2-}特征吸收
		木塞上黑色物质	$1647cm^{-1}$、$1552cm^{-1}$处为蛋白质酰胺基特征吸收
		木塞上黄色物质	主要是碳酸盐（$1423cm^{-1}$处）和硅酸盐（$1034cm^{-1}$处）。有机物中长链烃CH_2的峰弱（$2950cm^{-1}$处附近两个小峰）
HZC021 白釉碗		底部褐色物质	谱图中为水的吸收峰
		底部黑色物质	主要成分为针铁矿 FeO(OH)
		碗内黄色硬结物中黑色物质	
HZC025 青釉开片碗		表面黄色硬结物	主要成分为碳酸钙（$1433cm^{-1}$处）

（续表）

项目编号与文物名称	取样照片	取样描述	初步分析
HZC061 铜灯盏		表面黑色物质	含有孔雀石

表3-3的X射线衍射分析结果显示，HZC021白釉碗口沿的灰色硬结物多为黏土矿物（有少量赤铁矿），碗内黄色硬结物为常见的铁质腐蚀产物，而器物底部怀疑为木炭的物质中除了黏土矿物和铁质腐蚀产物（针铁矿、磁铁矿等），并未检出木质纤维或炭黑的组分。HZC025青釉开片碗表面的黄色硬结物与白釉碗类似，是黏土矿物和铁质腐蚀产物的混合体。HZC020黑釉双系瓶内的残存土为黏土矿物，而在其中分离出来的黑色颗粒物（疑似碳化谷粒），其红外光谱结果显示可能含有动物蛋白类的物质，推测与瓶内曾装有的食物有关，还需要进一步使用其他方法进行确认。双系瓶木塞样品的红外光谱图中并未发现纤维素的特征基团，X射线衍射分析结果显示为黏土矿物，推测与埋藏时间较长造成木质大量流失有关。而木塞样品中黑色物质的红外光谱结果与瓶内黑色颗粒物一致，应是瓶内物质留存造成的。

从该沉船出土陶瓷类文物的表观来看，部分龙泉青瓷器与铁锈（块）粘连在一起，部分器物如上述白釉碗和青釉开片碗均受埋藏环境中的黏土和铁锈污染，这些文物病害的形成与文物埋藏时直接或间接接触铁器有关，因此在保证瓷器文物安全的情况下，分离并清除铁质（锈）污染是保护处理中的关键技术问题。在目前测试的数据中，除赤铁矿、针铁矿、磁铁矿这些比较稳定的铁的锈蚀产物外，白瓷碗的黄色硬结物中含有活泼的含氯的腐蚀产物——四方纤铁矿，说明其锈蚀还处于发展之中。

另外，测试的铜器文物成分数据中铅含量偏高，很可能是受铜器表面锈蚀中铅富集影响所致。铜器文物锈蚀或污染物的物相组成中，除埋藏环境或尘土带来的黏土矿物外，基本是常见的诸如赤铜矿、孔雀石的腐蚀产物，并未发现含氯的活泼腐蚀产物，说明目前铜器文物的状态比较稳定。

根据初步调查结果及以上各种病害分析，可知这批文物已处于受损状态，且部分器物尤其是铁器文物腐蚀、矿化、破碎极为严重，器表锈蚀呈扩散趋势。众所周知，文物脱离原有埋藏环境后，周围环境发生了巨大变化，其在原有埋藏环境中的平衡状态遭到破坏，文物腐蚀也会随之加速进行。

这批文物出土后，被运至菏泽市博物馆，或暂存于其文物库房内，或已经陈列展出。博物馆文物库房较为简陋，根据库房内温湿度记录仪的检测，室内湿度较大，而高湿度正是促使新的锈蚀不断爆发、蔓延的关键因素。文物的腐蚀是不可逆的，且腐蚀会严重破坏文物本体，从而影响其历史与艺术价值。鉴于目前这批文物的保存状况，应尽快实施科学的保护修复措施，否则文物将遭受更为严重的腐蚀，造成不可估量的损失。

二、金属类文物无损分析

使用便携式X射线荧光光谱仪对5件金属类文物进行原位无损成分分析，每个点位使用40kV的设备电压，测试时间为30s，测试点位及照片见表3-5。分别使用标准铜合金（SA）、贵金属（PM）方法进行定量计算及归一化处理，元素数据保留两位小数，各点位的成分半定量组成见表3-6。此次分析检测设备为布鲁克公司Tracer Ⅲ-SD型便携X射线荧光光谱仪，分析方法为半定量无损分析，分析条件为40kV电压和配套电流。

表 3-5　便携式 X 射线荧光光谱仪测试点位

项目编号	文物名称	被测部位	被测部位照片
HZC048	花口铜盘	铜盘外底	
HZC056	铜镜	铜镜背面	
HZC052	银币	银币	
HZC055	铜钱(其中一枚)	铜钱	
HZC072	锈结文物(铁勺)	案板上铁勺	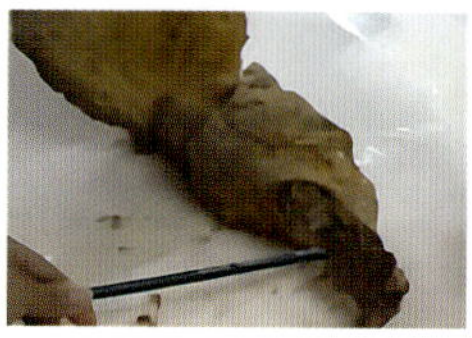

表 3-6 金属样品各分析点位的成分半定量组成（wt%）

元素	HZC048	HZC056	HZC052	HZC055	HZC072
Ti	—	—	—	—	0.14
V	—	—	—	—	0.03
Cr	—	—	—	—	0.01
Mn	0.23	0.10	—	0.44	0.36
Fe	4.73	2.04	0.48	12.72	98.88
Co	0.00	0.00	—	0.00	0.28
Ni	0.00	0.00	—	0.00	0.03
Cu	57.44	60.82	4.18	53.96	0.19
Zn	0.00	0.00	0.15	0.00	—
Pb	23.25	23.76	—	21.54	—
Bi	0.18	—	—	0.16	—
Ag	0.21	0.12	94.29	0.32	—
Sn	13.56	13.02	0.31	10.27	—
Sb	0.40	0.14	—	0.59	—
W	—	—	0.59	—	—

分析结果（表3-6）显示，5件金属类文物中包括铜器3件、银器1件、铁器1件。其中铜盘、铜镜、铜钱三件铜器的主量元素均为铜、铅、锡，铜含量在53%—61%之间，铅含量在21%—24%之间，锡含量在10%—14%之间，这三件铜器的铅含量均比较高。锡的加入会改善铜的机械性能，而铅的加入可以提高合金溶液的流动性，使铜液的充型能力增强，二者对铸件表面纹饰的清晰度及尺寸精度有直接影响。

研究表明，含铅量在10%—15%之间的铜液流动性最好，当铅含量超过15%时，满流率开始下降，而且由于铅在铜液中以独立相的形式存在，铅含量的提高会使青铜合金的整体机械性能降低。从器物功用来看，这三件铜器对机械性能的要求不高，但是铜镜由于有映照功能需求，需要有较高的锡含量，从而使其表面呈现银白色光亮。从目前已有的分析数据来看，我国古代铜镜的含锡量一般在20%以上，而本次分析测试的铜镜，其含锡量仅为13.02%。便携式X射线荧光光谱仪所测得的数据是器物表面的成分数据，由于受器物表面锈蚀影响，其分析结果应与铜器基体成分有一定差异。综合来看，这三件铜器的成分数据中铅含量偏高的现象，很可能是受铜器表面锈蚀中铅富集影响所致。

另外，这三件铜器中均含有铁，其中花口铜盘含铁量达4.73%，铜镜含铁量达2.04%，铜钱含铁量达12.72%。从被测部位的锈蚀情况来看，这三件铜器中的铁很可能来自器物表面沾染的锈蚀物。银币为银铜合金，含银量为94.29%，含铜量为4.18%。编号为HZC072的文物为铁勺，含铁量达98.88%。

三、瓷器类文物无损分析

菏泽古船出土的瓷器釉色多样，覆盖窑口较多，有必要采取科学手段进行分析鉴别。用于古陶瓷文物研究方面的分析测试方法主要有颜色测量（如分光光度法等）、显微观察分析（如光学显微镜、超景深显微镜、偏光显微镜和电子显微镜观察分析等）、烧成温度测定（如热差、热重、热膨胀法等）、物相成分结构分析（如X射线光电子能谱分析、X射线衍射分析、X射线荧光光谱分析、电感耦合等离子体发射光谱分析、拉曼光谱分析等）。这些现代分析手段，可以极大地弥补传统考古学在研究陶瓷器物的组成结构、烧制工艺、产地来源等方面的不足，为研究古代陶瓷特点、制造工艺和腐蚀机理提供必要的科学依据。

分光测色仪是测量颜色的基本仪器，它不直接测量颜色，而是测量样品的反射特性和透射特性，然后通过计算得到样品的三刺激值。色度学中用三原色的量来表示颜色，匹配某种颜色所需的三原色量，就称为三刺激值。瓷器釉色繁多，就所谓“青釉”来说，其颜色并不是纯粹的青色，而是存在影青、月白、粉青、梅子青、豆青、豆绿、翠青等区别。古人往往将青、绿、蓝三种颜色统称为“青色”。再者，瓷器釉层光泽度高，受外界环境光影响较大，采用仪器测量颜色更为科学。

X射线荧光光谱分析法在古陶瓷研究领域应用频率较高，它可以在瓷器文物材质判断、真伪鉴定、年代断定以及制作工艺、产地来源、病害分析方面起到非常重要的作用，并且可以做到原位无损分析。例如苗建民等学者曾采用X射线荧光光谱分析法对瓷器元素含量组成进行无损分析，用主成分分析方法进行数据处理，从而对青花瓷器进行产地判别①。

山东菏泽古船文物保护修复项目实施过程中，采用X射线荧光光谱仪、分光测色仪、光学显微镜等便携分析设备无损分析瓷器文物标本34件（套），系统分析了这批瓷器的元素组成、显微结构、釉色等相关信息，达到了在修复过程中提取文物相关科技内涵的目标。

进行无损分析检测的瓷器类文物统计清单见表3–7。

表 3–7　无损分析瓷器样品清单

序号	分析编号	项目编号	文物名称	样品照片
1	1	HZC001	青釉印花牡丹纹大盘	

① 苗建民、余君岳等：《青花瓷器产地判别研究》，载《文物保护与考古科学》1997 年第 1 期。

（续表）

序号	分析编号	项目编号	文物名称	样品照片
2	2	HZC002	青釉花口印花牡丹纹大盘	
3	3	HZC003	青白釉双系壶	
4	4	HZC004	黑釉双系壶	
5	5	HZC005	凝结物（青釉小碗）	
6	7	HZC007	青釉印花小盘	
7	8	HZC008	青釉碗	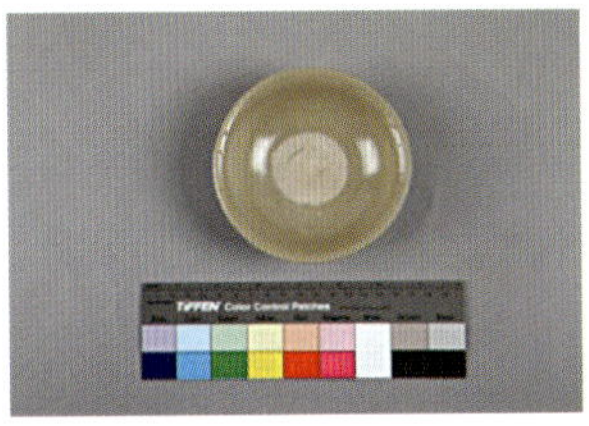
8	9	HZC009	青白釉印花瓷盘（残片）	

（续表）

序号	分析编号	项目编号	文物名称	样品照片
9	10	HZC010	青白釉“大寺”款瓷盘（残片）	
10	14	HZC014	青釉碗	
11	18	HZC018	白釉高足杯	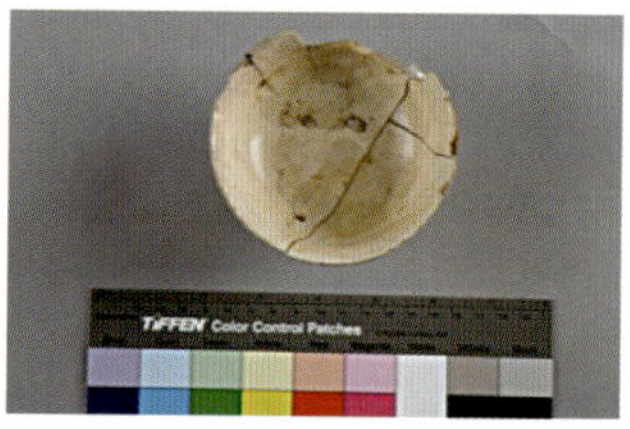
12	19	HZC019	白地褐彩罐	
13	20	HZC020	黑釉双系瓶	
14	24	HZC024	青釉卷云纹护手单耳杯	
15	25	HZC025	青釉开片碗	

（续表）

序号	分析编号	项目编号	文物名称	样品照片
16	28	HZC028	白地褐彩龙凤罐	
17	31	HZC031	青白釉玉壶春瓶	
18	33	HZC033	青釉玉壶春瓶	
19	34	HZC034	青釉八宝纹大盘	
20	35	HZC035	元青花花鸟纹盘	
21	36	HZC036	元青花鱼藻纹高足碗	
22	37	HZC037	高足碗	

（续表）

序号	分析编号	项目编号	文物名称	样品照片
23	40	HZC040	卵白釉龙纹高足碗	
24	41	HZC041	青釉菊花纹高足碗	
25	42	HZC042	钧窑盏托	
26	43	HZC043	青白釉刻花龙纹盘	
27	78	HZC078	青釉碗	
28	79	HZC079	青釉印花碗	
29	80	HZC080	青釉碗	

（续表）

序号	分析编号	项目编号	文物名称	样品照片
30	82	HZC082	青釉碗	
31	83	HZC083	青釉碗	
32	85	HZC085	青釉碗	
33	86	HZC086	青白釉盘	
34	89	HZC089	白地褐彩洗	

（一）分析方法与实验条件

使用便携式X射线荧光光谱仪、实体显微镜和分光测色仪对瓷器胎釉进行测试与分析，具体设备与实验条件如下。

1. 便携式 X 射线荧光光谱仪

采用布鲁克公司Tracer Ⅲ-SD型便携X射线荧光光谱仪对器物进行无损分析测试。测试步骤如下：

（1）采用真空泵，在抽真空情况下，设定15kV电压、55μA电流，测量时间为300s，测量面积为3mm×4mm，利用仪器自带的陶瓷主次量元素曲线对Na-Fe元素进行定量分析。

（2）采用40kV电压、10.3μA电流，测量时间为300s，测量面积为3mm×4mm，利用仪器自带的陶瓷微量元素曲线对Fe-U元素进行定量分析。

在测试过程中，尽量选择器物外腹部较为平整或局部略微凸出部位，测试区域要小心避开裂纹或者污染区域。

所选样品的元素分析结果见表3-8和表3-9，其中表3-8为釉的元素组成，表3-9为胎体元素组成。

2. 分光测色仪

采用美国X-Rite公司SP60积分球式分光测色仪对残片釉色进行测试，得到颜色的L*、a*、b*、c和h值。每个样品一般测试5次，测试结果见表3-10。

3. 光学显微镜

采用德国莱卡S9i体式显微镜对瓷器胎釉以及断面的显微结构进行观察，显微结构照片见图3-1至图3-96。

表 3-8　瓷器样品釉元素组成（wt%）

样品编号	Na_2O	MgO	Al_2O_3	SiO_2	K_2O	CaO	TiO_2	MnO	Fe_2O_3	Rb	Sr	Y	Zr
HZC001	0.63	1.22	12.19	65.20	5.51	11.53	0.12	0.43	2.19	0.0279	0.0474	0.0031	0.0109
HZC002	0.69	1.04	11.90	65.20	6.06	12.00	0.08	0.37	1.65	0.0285	0.0457	0.0029	0.0100
HZC003	0.40	1.72	14.17	67.45	2.48	10.94	0.06	0.14	1.66	0.0517	0.0096	0.0006	0.0070
HZC004	0.56	1.96	12.28	68.72	3.07	6.09	0.81	0.07	5.43	0.0112	0.0306	0.0039	0.0338
HZC005	0.44	2.13	11.22	66.43	3.58	12.89	0.10	0.35	1.86	0.0264	0.0649	0.0051	0.0118
HZC007	0.32	3.09	11.40	66.54	4.04	11.31	0.10	0.77	1.44	0.0254	0.0551	0.0056	0.0125
HZC008	0.42	2.20	12.16	69.67	3.56	9.75	0.13	0.38	0.73	0.0189	0.0424	0.0063	0.0124
HZC009	0.64	1.13	15.34	62.04	2.51	15.55	0.09	0.04	1.66	0.0229	0.0055	0.0020	0.0079
HZC010	0.61	0.72	12.31	74.23	2.87	7.06	0.06	0.11	1.03	0.0365	0.0090	0.0010	0.0073
HZC014	0.63	1.15	13.92	60.73	3.23	16.07	0.20	0.10	2.95	0.0165	0.0139	0.0041	0.0186
HZC018	0.35	8.85	11.65	68.74	2.27	5.70	0.52	0.12	0.79	0.0035	0.0446	0.0032	0.0279
HZC019-白釉	0.65	1.07	13.78	71.58	4.14	6.60	0.10	0.06	1.02	0.0074	0.0481	0.0021	0.0285
HZC019-褐彩	0.72	1.18	14.78	66.70	3.87	5.62	0.22	0.15	5.76	0.0071	0.0441	0.0025	0.0303
HZC020	0.37	3.43	11.68	67.24	3.17	6.88	0.77	0.08	5.38	0.0131	0.0250	0.0036	0.0271
HZC024	0.67	0.83	12.36	68.71	5.47	9.71	0.07	0.28	0.90	0.0259	0.0459	0.0040	0.0108
HZC025	0.45	2.05	8.92	69.94	3.48	8.80	0.20	0.05	5.11	0.0087	0.0322	0.0024	0.0206
HZC028-白釉	0.66	0.71	16.13	73.96	2.51	4.46	0.35	0.05	0.18	0.0044	0.0764	0.0046	0.0317

（续表）

样品编号	Na_2O	MgO	Al_2O_3	SiO_2	K_2O	CaO	TiO_2	MnO	Fe_2O_3	Rb	Sr	Y	Zr
HZC028-褐彩	0.81	0.89	15.38	69.34	2.38	4.27	0.36	0.05	5.51	0.0042	0.0758	0.0045	0.0321
HZC028-黑彩	1.15	1.35	13.69	54.50	1.94	3.08	0.59	0.03	22.66	0.0035	0.0784	0.0050	0.0343
HZC031	0.47	1.02	12.15	73.05	4.34	6.84	0.05	0.10	0.99	0.0748	0.0020	0.0003	0.0075
HZC033	0.36	2.22	12.62	64.63	5.03	11.72	0.10	0.50	1.82	0.0228	0.0495	0.0030	0.0095
HZC034	0.72	1.00	11.65	65.22	5.69	11.65	0.12	0.49	2.47	0.0278	0.0536	0.0028	0.0102
HZC035-透明釉	0.67	0.73	11.19	75.26	2.86	7.27	0.07	0.09	0.86	0.0204	0.0199	0.0018	0.0057
HZC036-透明釉	0.62	0.72	12.75	72.98	2.65	8.52	0.05	0.10	0.61	0.0350	0.0111	0.0016	0.0070
HZC037	0.68	1.38	11.90	69.96	3.54	10.04	0.14	0.80	0.56	0.0185	0.0469	0.0081	0.0130
HZC040	0.55	0.70	13.31	75.73	3.12	4.90	0.04	0.09	0.56	0.0424	0.0077	0.0015	0.0063
HZC041	0.35	2.40	13.38	64.58	5.25	10.36	0.11	0.62	1.95	0.0295	0.0525	0.0025	0.0106
HZC042	0.59	1.58	8.74	69.61	4.07	11.88	0.13	0.09	2.31	0.0077	0.0303	0.0020	0.0108
HZC043	0.76	0.87	12.83	70.30	2.66	9.54	0.08	0.10	1.88	0.0439	0.0087	0.0002	0.0078
HZC078	0.26	3.24	11.28	65.70	4.22	11.42	0.16	0.88	1.83	0.0337	0.0375	0.0040	0.0154
HZC079	0.84	0.91	14.53	64.46	3.97	11.35	0.21	0.78	1.96	0.0209	0.0464	0.0032	0.0133
HZC080	0.41	1.85	12.06	70.09	3.58	9.77	0.12	0.37	0.75	0.0189	0.0401	0.0058	0.0121
HZC082	0.45	1.29	13.05	69.13	3.83	10.05	0.12	0.07	0.99	0.0225	0.0112	0.0019	0.0127
HZC083	0.53	1.98	12.16	63.14	4.66	14.21	0.11	0.53	1.69	0.0269	0.0463	0.0037	0.0142
HZC085	0.40	2.34	10.76	69.80	3.23	9.78	0.12	0.64	1.93	0.0227	0.0400	0.0069	0.0145
HZC086	0.52	1.00	13.26	71.78	3.97	6.56	0.08	0.12	1.71	0.0420	0.0062	0.0009	0.0108
HZC089-白釉	0.49	2.03	18.67	69.78	2.93	4.55	0.29	0.04	0.22	0.0041	0.0462	0.0039	0.0403
HZC089-褐彩	0.67	1.76	12.62	66.43	2.52	7.97	0.84	0.08	6.12	0.0053	0.0197	0.0044	0.0386

表 3-9　瓷器样品胎体元素组成（wt%）

样品编号	Na_2O	MgO	Al_2O_3	SiO_2	K_2O	CaO	TiO_2	MnO	Fe_2O_3	Rb	Sr	Y	Zr
HZC035	0.59	0.87	26.79	67.13	2.21	0.12	0.09	0.08	1.13	0.0295	0.0029	0.0021	0.0076
HZC036	0.55	0.59	20.96	71.88	2.47	0.24	0.10	0.08	2.13	0.0343	0.0030	0.0018	0.0082

表 3–10 瓷器样品釉色测试结果

序号	样品编号	测量次数	L*	a*	b*	c	h	备注
1	HZC001	1	58.52	−3.49	10.48	11.05	108.4	
		2	59.32	−3.85	12.6	13.17	107	
		3	59.26	−4.1	11.89	12.58	109	
		4	57.95	−3.31	10.86	11.36	107	
		5	59.04	−4.24	11.48	12.24	110.3	
2	HZC002	1	51.6	−0.42	16.76	16.76	91.45	
		2	51.06	0	17.35	17.35	90.01	
		3	53.1	−0.04	14.72	14.72	90.14	
		4	51.05	−0.48	15.55	15.56	91.77	
		5	52.31	−0.38	15.77	15.78	91.37	
3	HZC003	1	73.21	−1.7	5.77	6.01	106.5	
		2	68.74	−1.69	6.97	7.17	103.6	
		3	73.75	−1.58	6.89	7.07	102.9	
		4	72.97	−1.57	6.67	6.85	103.3	
		5	74.47	−2.36	6.92	7.31	108.8	
4	HZC004	1	23.97	1.22	−0.46	1.3	339.4	
		2	16.77	2.43	−3.46	4.23	305.2	
		3	23.08	−0.29	0.12	0.31	156.8	
		4	24.43	1.4	−0.66	1.55	334.7	
		5	26.42	−1.51	1.71	2.28	131.5	
		6	22.63	−1.95	4.55	4.95	113.2	
5	HZC005−1	1	61.29	−1.44	13.13	13.2	96.25	
		2	61.78	−1.19	13.62	13.67	95.01	
		3	60.46	−2.51	12.97	13.21	100.9	
		4	61.5	−1.85	15.27	15.39	96.9	
		5	61.48	−2.79	11.88	12.2	103.2	

（续表）

序号	样品编号	测量次数	L*	a*	b*	c	h	备注
6	HZC007	1	59.92	−2.03	12.09	12.26	99.55	
		2	60.71	−2.56	12.11	12.38	101.9	
		3	58.42	−2.26	14.59	14.77	98.81	
		4	54.72	−2.98	11.92	12.28	104	
		5	58.87	−4.66	14.24	14.98	108.1	
7	HZC008	1	58.78	1	21.96	21.99	87.39	
		2	62.37	1.44	17.79	17.85	85.38	
		3	62.85	1.46	16.49	16.55	84.95	
		4	61.6	0.84	18.42	18.44	87.39	
		5	61.23	0.92	19.7	19.72	87.34	
8	HZC009	1	79.82	−3.04	4.87	5.74	122	
		2	82.94	−2.36	5.57	6.05	113	
		3	80.04	−2.89	5.93	6.59	116	
		4	81.88	−2.08	4.78	5.21	113.6	
		5	81.12	−2.8	5.98	6.6	115.1	
9	HZC010	1	80.6	−3.64	2.87	4.64	141.7	
		2	80.31	−3.99	3.22	5.13	141.1	
		3	80.49	−3.66	2.59	4.48	144.7	
		4	80.96	−4.15	3.16	5.22	142.7	
		5	80.84	−4.1	3.16	5.18	142.3	
10	HZC014	1	60.2	−0.06	9.38	9.38	90.35	
		2	61.92	−1.58	11.5	116.1	91.83	
		3	62.21	−1.26	10.52	10.59	96.86	
		4	62.36	−0.96	9.21	9.26	95.97	
		5	62.35	−1.24	10.33	10.41	96.84	
11	HZC018	1	83.79	−0.54	17.22	17.23	91.81	
		2	83.77	1.3	18.87	18.92	86.06	
		3	80.99	0.22	16.32	16.33	89.22	
		4	82.27	0.45	15.39	15.4	88.32	
		5	74.39	0.56	15.54	15.55	87.93	

（续表）

序号	样品编号	测量次数	L*	a*	b*	c	h	备注
12	HZC020	1	22.19	–2.96	3.4	4.5	131.1	
		2	25.23	–0.59	–0.93	1.1	237.5	
		3	21.74	–3.36	4.95	5.98	124.1	
		4	19.88	0.57	–0.22	0.61	338.8	
		5	31.43	–0.96	1.53	1.81	122.1	
13	HZC024	1	61.18	–5.91	4.92	7.69	140.2	
		2	66.16	–5.84	5.48	8.01	136.8	
		3	65.95	–6.62	3.83	7.65	149.9	
		4	64.44	–6.41	4.99	8.13	142.1	
14	HZC025	1	52.08	–4.73	–1.52	4.97	197.8	
		2	49.6	–3.09	1.13	3.29	159.9	
		3	49.44	–1.87	3.17	3.68	120.4	
15	HZC031	1	76.55	–3.39	1.59	3.74	154.8	
		2	75.92	–3.89	3.11	4.98	141.3	
		3	75.86	–3.37	2.24	4.04	146.4	
		4	76.24	–3.32	2.98	4.46	138.1	
		5	76.92	–4.19	2.25	4.76	151.8	
16	HZC033	1	55.65	–4.48	11.77	12.6	110.8	
		2	54.54	–4.52	11.59	12.44	111.3	
		3	53.33	–4.17	10.43	11.23	111.8	
17	HZC034	1	53.38	–4.28	13.78	14.43	107.3	底
		2	58.21	–4.21	11.91	12.63	109.5	
		3	59.67	–4.23	10.83	11.63	111.3	
		4	58.15	–6.07	13.09	14.43	114.9	
		5	57.57	–4.58	13.01	13.79	109.4	
		6	52.31	–5.29	13.93	14.9	110.8	底
18	HZC035	1	71.82	–6.72	2.08	7.03	162.8	外釉口沿处透明釉偏绿
		2	70.76	–7.75	3.23	8.4	157.4	外釉口沿处透明釉偏绿
		3	75.81	–4.89	2.89	5.68	149.5	偏浅

（续表）

序号	样品编号	测量次数	L*	a*	b*	c	h	备注
19	HZC036	1	77.31	−5.16	2.74	5.84	152	透明釉
		2	76.85	−4.83	1.16	4.97	166.5	透明釉
		3	76.13	−5	1.82	5.32	160	透明釉
		4	26.41	1.05	−3.65	3.8	286	青花深
		5	27.67	−0.39	−6.41	6.43	266.5	青花深
		6	26.33	−0.59	−5.4	5.43	263.8	青花深
		7	45.68	1.2	−19.06	19.1	273.6	青花浅
		8	50.03	−0.25	−18.95	18.95	269.3	青花浅
		9	47.56	2.01	−20.82	20.92	275.5	青花浅
20	HZC037	1	61.31	0.96	14.61	14.64	86.25	偏绿
		2	62.02	1.6	12.96	13.06	82.95	偏黄
		3	62.35	1.66	12.25	12.36	82.29	偏黄
		4	61	1.02	14.33	14.37	85.92	偏绿
		5	62.25	1.28	12.79	12.85	84.29	偏黄
21	HZC040	1	79.66	−3.81	1.37	4.05	160.2	
		2	80.17	−4.11	1.8	4.48	156.3	
		3	78.07	−5.11	0.94	5.19	169.6	
		4	78.92	−4.3	1.45	4.54	161.4	
		5	79.14	−4.23	1.24	4.41	163.7	
22	HZC041	1	57.92	−2.58	1.18	12.1	102.3	
		2	59.32	−4.34	13.76	14.43	107.5	
		3	59.37	−2.29	11.31	11.54	101.4	
		4	57.75	−3.5	14.48	14.9	103.6	
		5	58.99	−2.52	13.14	13.38	100.9	
		6	59.32	−2.19	10.78	11	101.5	
23	HZC042	1	62.67	−7.38	−3.64	8.23	206.3	
		2	64.2	−8.05	−2.49	8.43	197.2	
		3	64.95	−8.07	−1.27	8.17	189	
		4	69.57	−8.19	−1.19	8.27	188.2	
		5	69.45	−8.22	−1.66	8.38	191.5	

（续表）

序号	样品编号	测量次数	L*	a*	b*	c	h	备注
24	HZC043	1	76.52	−3.4	4.96	6.02	124.4	
		2	78.29	−2.75	4.48	5.26	121.5	
		3	78.87	−3.59	5.53	6.59	123	
		4	78.34	−3.41	5.49	6.47	121.8	
		5	78.37	−3.06	4.42	5.38	124.6	
25	HZC078	1	56.1	−2.3	10.75	11	102.1	
		2	55.49	−2.4	12.01	12.25	101.3	
		3	55.04	−1.81	13.66	13.78	97.57	
		4	54.15	−2.92	13.41	13.73	102.3	
		5	56.46	−2.58	13.07	13.32	101.2	
26	HZC079	1	59.4	−2.83	11.34	11.69	104	
		2	59.2	−3.98	11.3	11.98	109.4	
		3	59.9	−2.78	11.33	11.67	103.8	
		4	60.85	−4.22	13.31	13.96	107.6	
		5	58.63	−3.5	11.9	12.41	106.4	
27	HZC080	1	59.98	1.57	19.41	19.47	85.37	
		2	62.76	0.18	18.16	18.16	89.42	
		3	60.42	1.49	19.39	19.45	85.62	
		4	61.59	1.61	18.75	18.82	85.08	
		5	61.16	0.51	21.28	21.28	88.63	
28	HZC082	1	67.07	1.01	9.39	9.44	83.89	
		2	67.63	−0.16	9.23	9.23	90.98	
		3	64.86	1.77	7.89	8.06	77.31	
		4	64.28	0.41	7.23	7.25	86.77	
		5	65.07	−1.49	9.09	9.21	99.29	
29	HZC083	1	56.63	−3.04	9.81	10.26	107.2	
		2	59.31	−4.5	11.32	12.18	111.7	
		3	58.83	−3.45	8.65	9.31	111.7	
		4	57.65	−3.37	10.19	10.73	108.3	
		5	59.98	−3.71	10.02	10.69	110.3	

（续表）

序号	样品编号	测量次数	L*	a*	b*	c	h	备注
30	HZC085	1	63.96	−2.58	12.58	12.84	101.6	
		2	64.3	−1.82	12.55	12.68	98.25	
		3	62.25	−1.32	14.59	14.65	95.15	
		4	62.97	−2.01	13.3	13.46	98.61	
		5	62.57	−1.42	12.38	12.46	96.52	
31	HZC086	1	70.14	−1.15	6.24	6.35	100.5	
		2	70.45	−1.31	6.24	6.37	101.9	
		3	70.92	−1.14	5.88	5.99	101	
		4	69.95	−0.94	6.34	6.41	98.47	
		5	71.24	−1.35	6.58	6.71	101.6	
32	HZC089	1	21.61	−1.66	6.66	6.87	104	褐色
		2	19.46	−1.09	7.36	7.44	98.43	褐色
		3	23.57	−0.29	5.4	5.41	93.07	褐色
		4	26.26	−2.27	6.04	6.46	110.6	褐色
		5	19.61	−2.07	8.82	9.06	103.2	褐色
		6	84.21	0.07	7.41	7.41	89.47	白色
		7	86.16	0.22	7.6	7.6	88.37	白色
		8	85.57	−0.27	9.15	9.16	91.97	白色

图3-1　HZC001（25×）

图3-2　HZC001（40×）

图3-3 HZC002（25×）

图3-4 HZC002（40×）

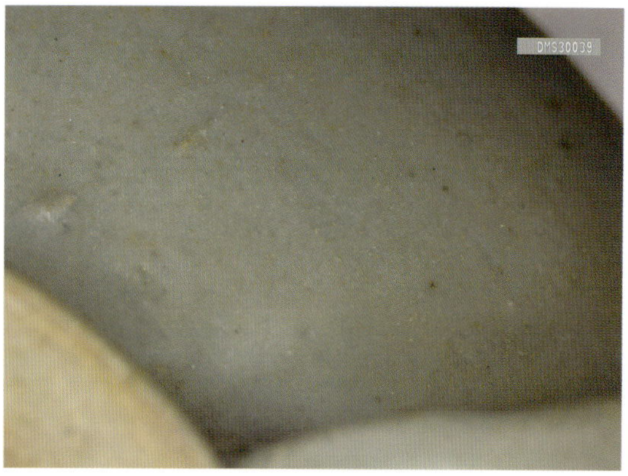

图3-5 HZC003（25×）

图3-6 HZC003（25×）

图3-7 HZC005（25×）

图3-8 HZC005（40×）

图3-9 HZC007（25×）

图3-10 HZC007（40×）

图3-11　HZC008（25×）

图3-12　HZC008（40×）

图3-13　HZC010（7.5×）

图3-14　HZC010（7.5×）

图3-15　HZC010（10×）

图3-16　HZC010（25×）

图3-17　HZC010（25×）

图3-18　HZC010（25×）

图3-19 HZC010（40×）

图3-20 HZC010（40×）

图3-21 HZC014（25×）

图3-22 HZC014（40×）

图3-23 HZC018（10×）

图3-24 HZC018（40×）

图3-25 HZC018（40×）

图3-26 HZC020（40×）

图3-27 HZC024（40×）

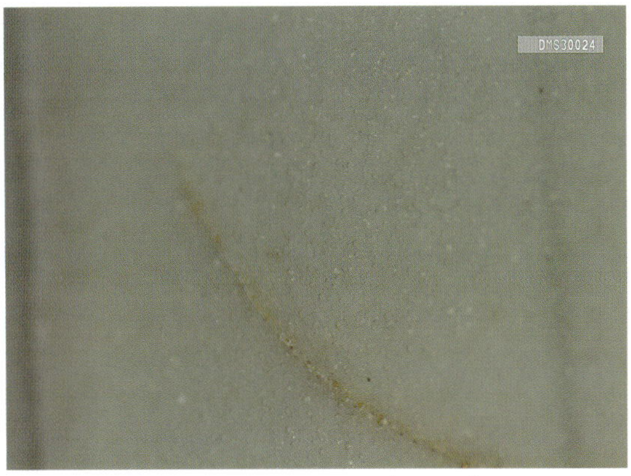

图3-28 HZC024（25×）

图3-29 HZC025（10×）

图3-30 HZC025（40×）

图3-31 HZC031（25×）

图3-32 HZC031（30×）

图3-33 HZC033（25×）

图3-34 HZC033（40×）

图3-35　HZC034（25×）

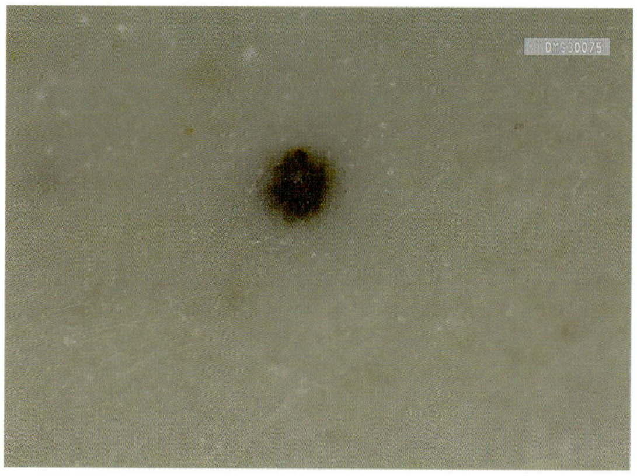

图3-36　HZC034（40×）

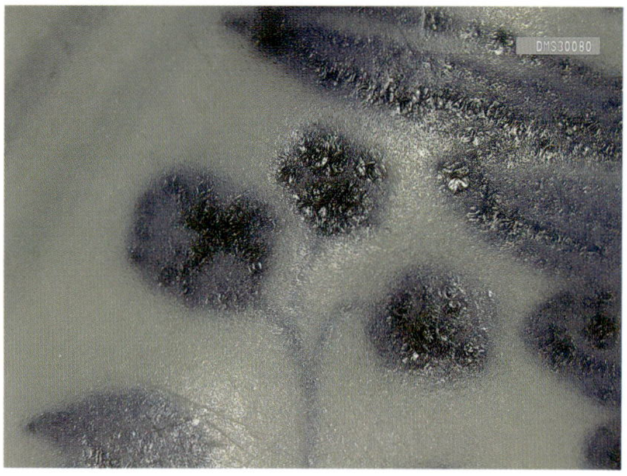

图3-37　HZC035（10×，青花色斑）

图3-38　HZC035（10×，青花色斑）

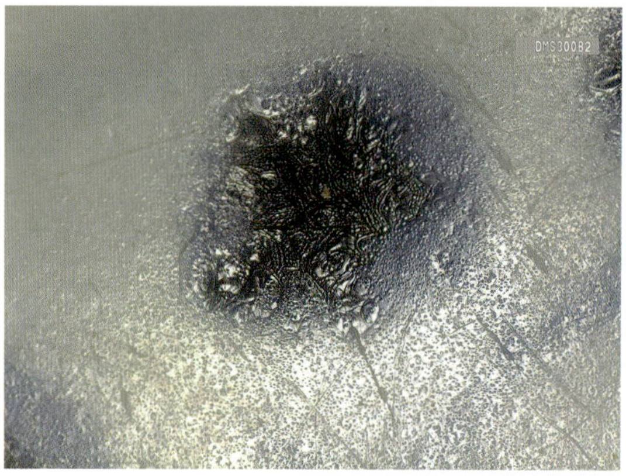

图3-39　HZC035（20×，青花斑点）

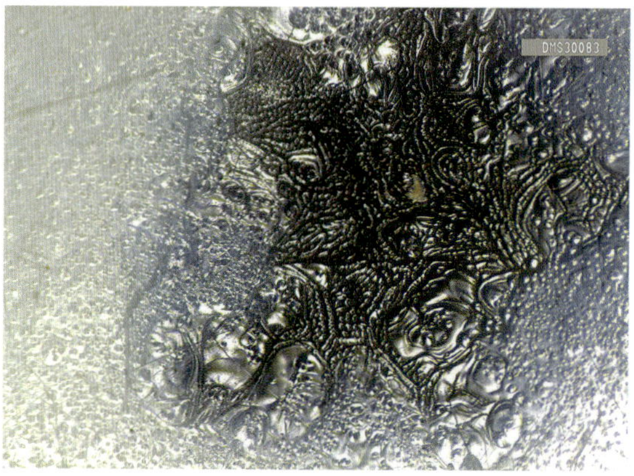

图3-40　HZC035（40×，青花斑点）

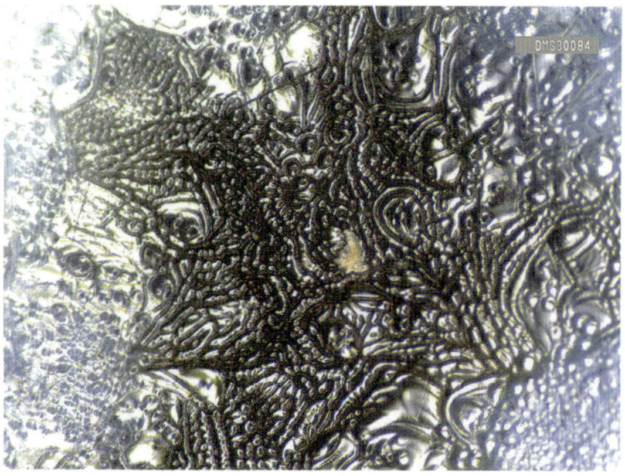

图3-41　HZC035（60×，青花斑点）

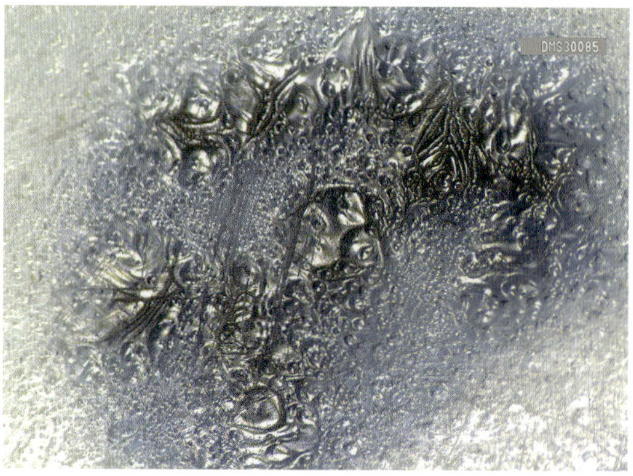

图3-42　HZC035（40×，青花斑点）

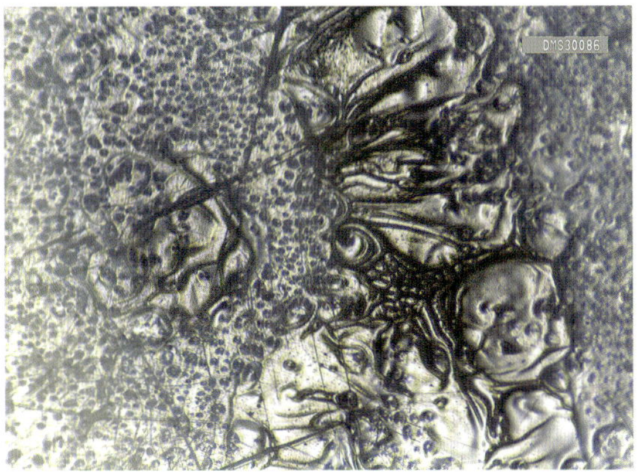

图3-43 HZC035（60×，旁边一处斑点）

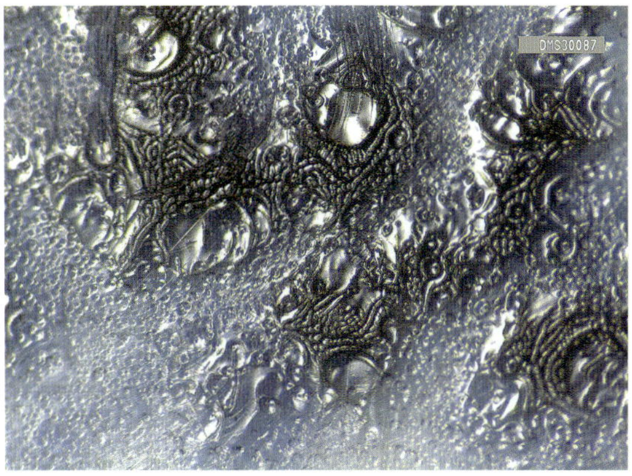

图3-44 HZC035（50×，中心处铁斑）

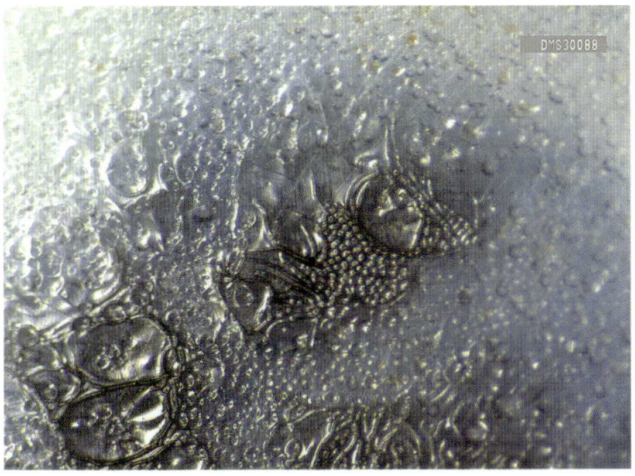

图3-45 HZC035（60×，另一处铁斑）

图3-46 HZC035（60×）

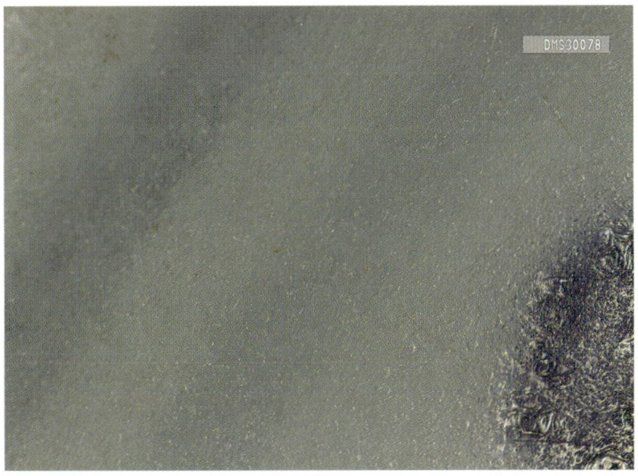

图3-47 HZC035（25×）

图3-48 HZC035（40×）

图3-49 HZC035（25×，口沿）

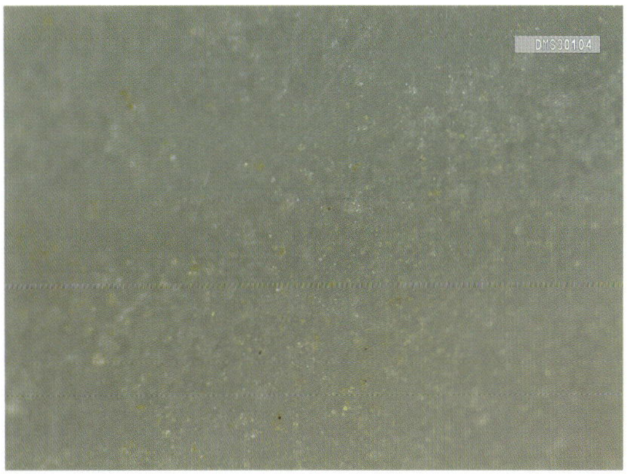

图3-50 HZC035（40×，口沿）

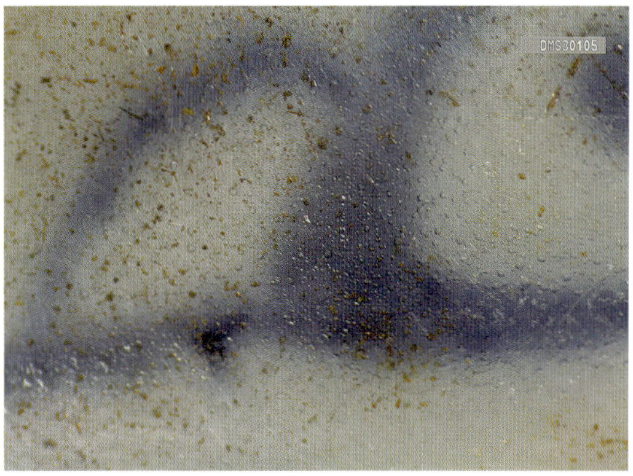

图3-51　HZC035（25×，口沿透明釉和青花）

图3-52　HZC035（40×，口沿透明釉和青花）

图3-53　HZC036（40×，小片铁斑）

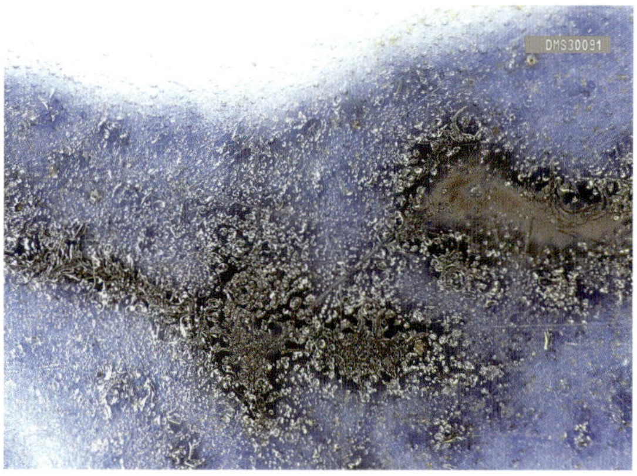

图3-54　HZC036（40×，内底铁斑）

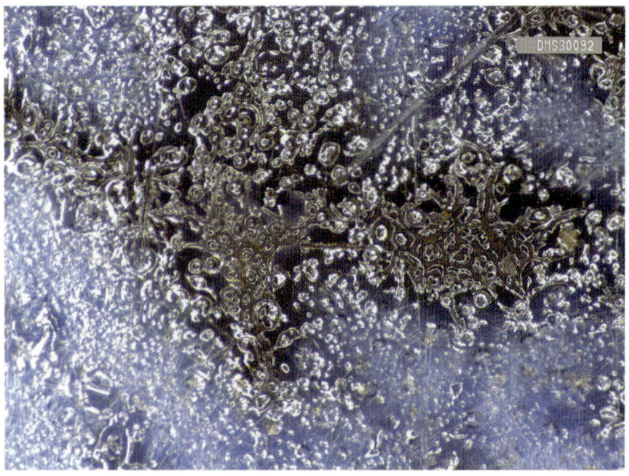

图3-55　HZC036（50×，内底铁斑）

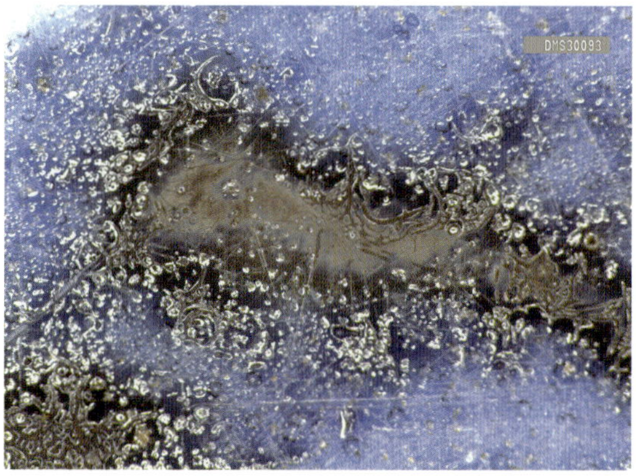

图3-56　HZC036（50×，内底铁斑）

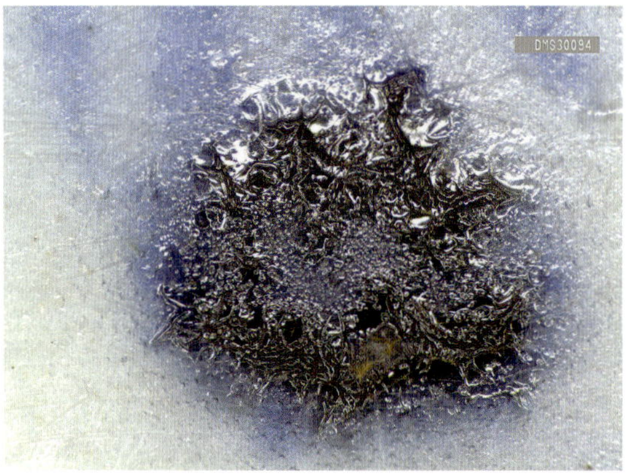

图3-57　HZC036（60×，内底铁斑）

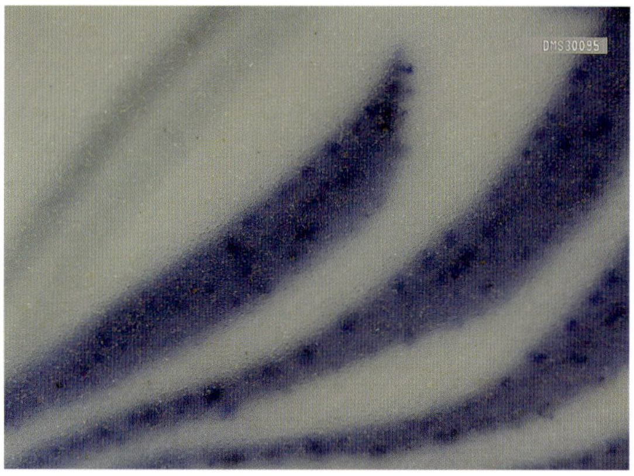

图3-58　HZC036（10×，树叶处）

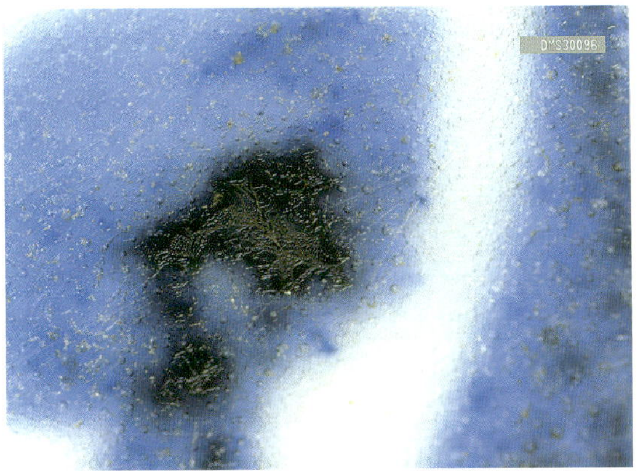

图3-59 HZC036（20×，铁斑）

图3-60 HZC036（25×，铁斑）

图3-61 HZC036（25×，透明釉和浅色青花）

图3-62 HZC036（40×，透明釉和浅色青花）

图3-63 HZC036（10×）

图3-64 HZC036（20×）

图3-65 HZC037（10×）

图3-66 HZC037（25×）

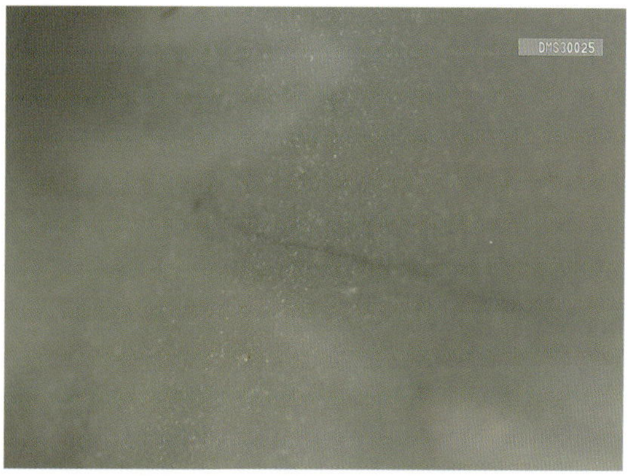

图3-67　HZC040（25×）

图3-68　HZC040（30×）

图3-69　HZC041（25×）

图3-70　HZC041（40×）

图3-71　HZC043（25×）

图3-72　HZC043（40×）

图3-73　HZC079（10×）

图3-74　HZC079（40×）

图3-75 HZC080（10×）

图3-76 HZC080（20×）

图3-77 HZC080（25×）

图3-78 HZC080（40×）

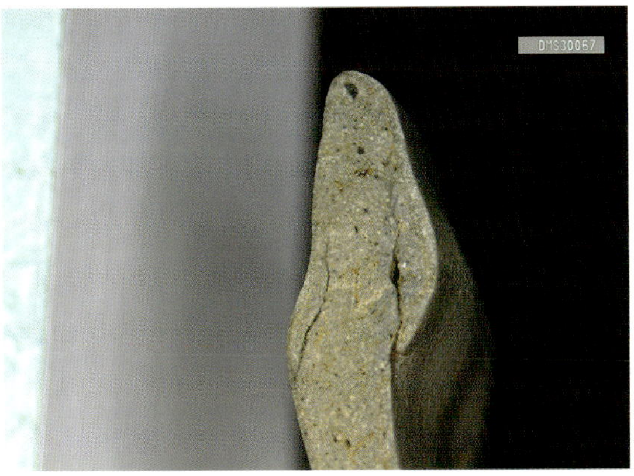

图3-79 HZC082（10×）

图3-80 HZC082（25×）

图3-81 HZC082（40×）

图3-82 HZC082（60×）

图3-83 HZC083（10×）

图3-84 HZC083（25×）

图3-85 HZC083（40×）

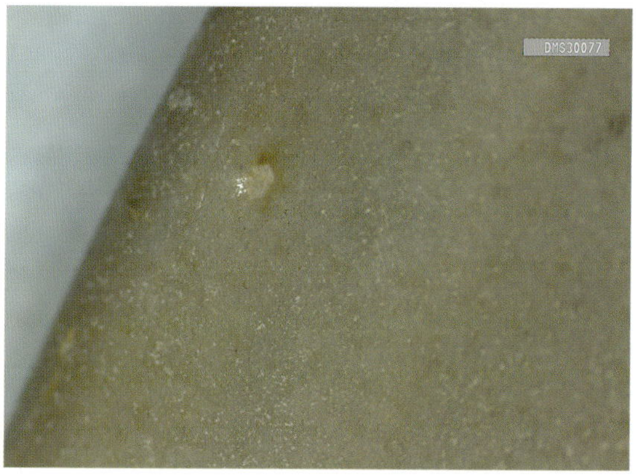
图3-86 HZC085（25×）

图3-87 HZC085（40×）

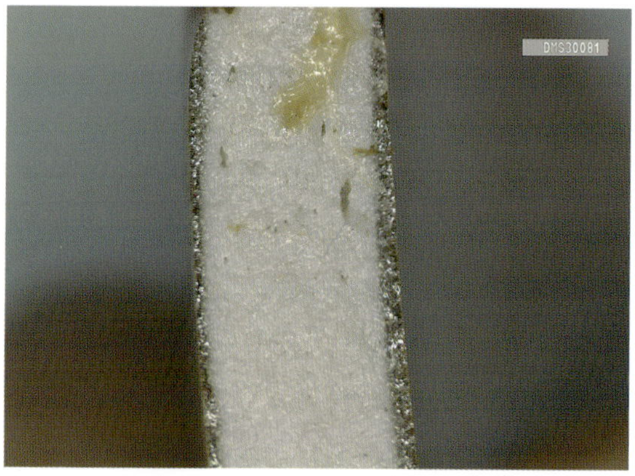
图3-88 HZC085（20×）

图3-89 HZC085（20×）

图3-90 HZC086（10×）

图3-91 HZC086（20×）

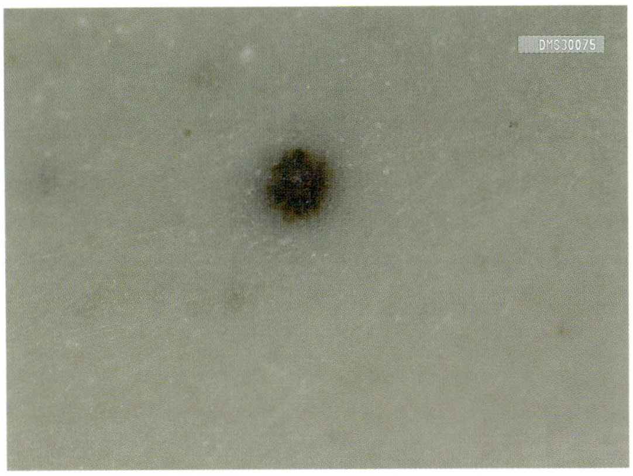
图3-92 HZC086（40×）

图3-93 HZC089（25×，内底白釉）

图3-94 HZC089（40×，内底白釉）

图3-95 HZC089（25×，褐彩）

图3-96 HZC089（40×，褐彩）

（二）瓷器样品成分分析结果

此次选取的菏泽古船出土瓷器样品主要为青瓷、青白瓷、白瓷、黑瓷、褐彩瓷以及青花瓷，从表3-8的数据来看，除HZC018白釉高足杯样品外，Ca元素是样品中含量最高的助熔剂。HZC018白釉高足杯样品中MgO的含量高达8.85%，考虑到分析测试时使用的为便携设备，虽然配备了真空泵，但对于轻元素Mg，仅在一定含量范围内可进行定量分析，因此，表3-8所示HZC018白釉高足杯样品釉中MgO的含量数值只能作为参考，证实该样品中MgO的含量确实远高于其他样品釉。相关研究表明，一些白瓷如定窑白瓷釉中可能加入了白云石作为原料，或本地石灰中含有一定的Mg，从而导致釉中MgO的含量升高①。

表3-8为所有样品釉的元素分析结果，包含了所有颜色釉（青釉、青白釉、白釉、黑釉）以及褐彩、黑彩、青花透明釉、青花色料（含透明釉）的测试结果。项目组将青釉、青白釉、白釉、青花透明釉的结果进行多元统计分析，对瓷片釉的主次量元素Al_2O_3、SiO_2、K_2O、CaO、TiO_2、MnO、Fe_2O_3和微量元素Rb、Sr、Y、Zr的含量采用因子降维分析，所得因子分析散点图见图3-97。图3-97上方红色圆圈中是青釉样品，左下方蓝色圆圈中是青白釉样品和青花透明釉样品，右下方褐色圆圈中是白釉样品（含白地褐彩中的白釉）。从图3-97中可以看出，不同种类的瓷釉样品能相互区分开来。

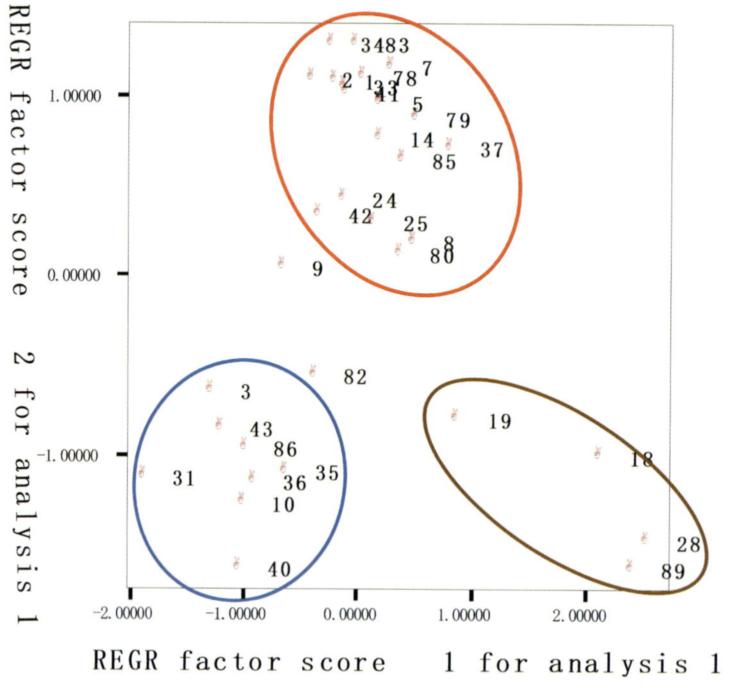

图3-97 瓷釉样品成分因子分析散点图

1. 青釉分析

本次测试的青釉样品中，大部分为龙泉窑的产品，也有钧窑的产品。微量元素一般带有产地信息，为了显示青釉样品的类群关系，项目组对青釉中的微量元素Rb和Sr进行散点分析，结果见图3-98。从图3-98中可以看出，大部分样品聚集在图的右上部，结合表3-7的样品信息和表3-8的元素含量信息，可确定这些样品是浙江龙泉窑的产品。左下方的25号（HZC025青釉开片碗）和42号（HZC042钧窑盏托）样品应为河南钧窑的产品，其中25号样品釉裂纹多，易受腐蚀，故导致其测试结果中Fe元素的含量较高。

① 张茂林、汪丽华等：《历代定窑白瓷的EDXRF和XAFS分析》，载《光谱学与光谱分析》2017年第5期。

从图3–98中可以看出，14号样品（HZC014青釉碗）和82号样品（HZC082青釉碗）的微量元素Rb和Sr的测试结果与浙江龙泉窑、河南钧窑样品不同。按照表3–7的信息，14号样品应为龙泉窑的产品，82号样品的产地值得进一步研究。

2. 青白釉分析

图3–97中，青白釉样品主要位于左下方蓝色圆圈中。表3–8显示9号样品（HZC009青白釉印花瓷盘残片）为青白釉，且9号样品的外观也是明显的青白釉，但在图3–97中它与其他青白釉样品相隔较远。从表3–8中的数据来看，图3–97蓝色圆圈中的8个样品釉的元素组成和江西景德镇地区的瓷釉相近，9号样品的微量元素也和景德镇地区瓷釉的微量元素相近，但由于9号样品釉中Ca元素的含量远高于该组其他样品，Si元素的含量远低于该组其他样品，所以在因子分析中9号样品与其他青白釉样品距离很远。釉中高含量的Ca、低含量的Si说明陶工们可能正在对青白釉的原料进行摸索。该组样品中还包含两个青花产品的透明釉，说明青花应为景德镇所产。从表3–8的数据中可以看到，青花透明釉中主次量元素组成与青白釉非常接近，但是微量元素尤其是Rb和Sr的含量与青白釉略有不同。

3. 白釉分析

图3–97右下角褐色圆圈中有18、19、28和89号样品，分别为白釉高足杯、白地褐彩罐、白地褐彩龙凤罐和白地褐彩洗。这4个样品的相同之处是均为白色釉，区别是有的白釉上还有褐彩。从表3–8中的数据来看，这4个样品的微量元素Rb、Sr、Zr的含量非常接近，应为同一地区的产品。

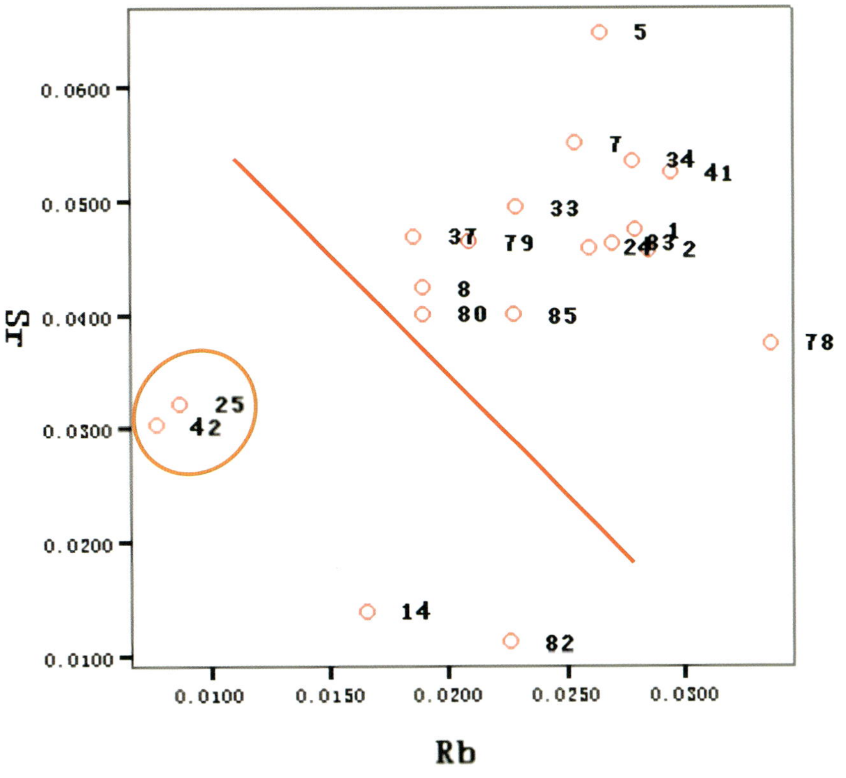

图3–98 青釉样品成分因子分析散点图

4. 褐彩、黑釉分析

表3-8中还列出了褐彩、黑釉样品的元素组成，褐彩和黑釉中Fe元素含量较高，即Fe为褐彩和黑釉的着色元素。除此之外，我们还可以看出褐彩、黑釉样品中Ti元素的含量远远高于其他样品。从表3-8中可以看出，4号样品和20号样品的元素组成（包括主次量和微量）均十分接近，他们应该为同一窑址的产品。而19号、28号和89号样品均为白地褐彩或白地黑彩，除了28号样品的黑彩中Fe元素含量特别高，这3个样品的褐彩和黑彩元素组成相近，微量元素也较接近。总体而言，19号、28号和89号这3个样品的白釉、褐彩、黑彩以及4号、20号样品的黑釉，釉中微量元素组成较为接近，产地应该相同或相近。

5. 青花瓷分析

项目组对青花样品的透明釉进行了分析，结果显示其与景德镇地区的青白釉相近。表3-9中列出了2个青花样品的胎体元素组成，与景德镇地区的瓷器胎体元素组成亦相近。图3-99为35号样品（HZC035元青花花鸟纹盘）透明釉和青花的测试点位图，图3-100为青花（含透明釉）和透明釉的对比图谱，图3-101为图3-100的局部放大图。

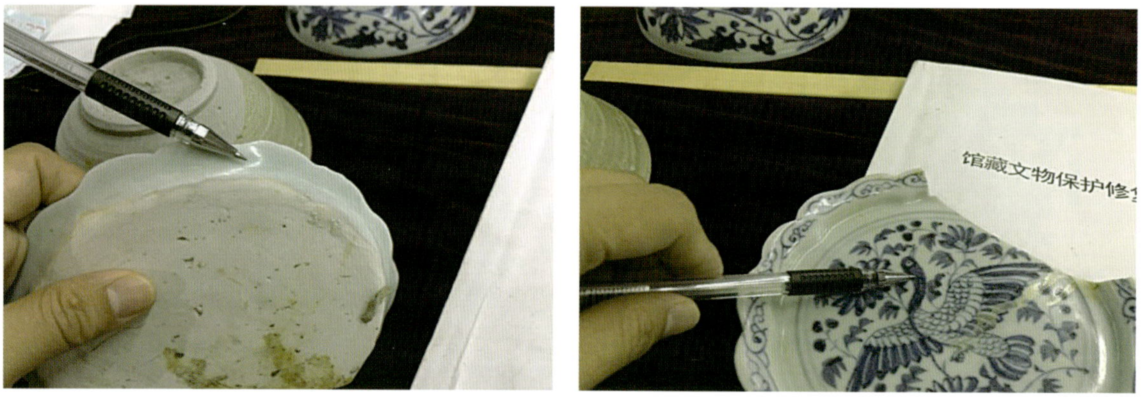

图3-99　35号样品（元青花花鸟纹盘）测试点位

从图3-100、图3-101中可以看出，与透明釉相比，青花（含透明釉）中Fe和Co元素的含量明显升高，Ni和As元素有一定的升高，但二者Mn、Cu、Zn元素含量相同，说明青花料中主要含Fe、Co元素，还有一定量的Ni和As元素。

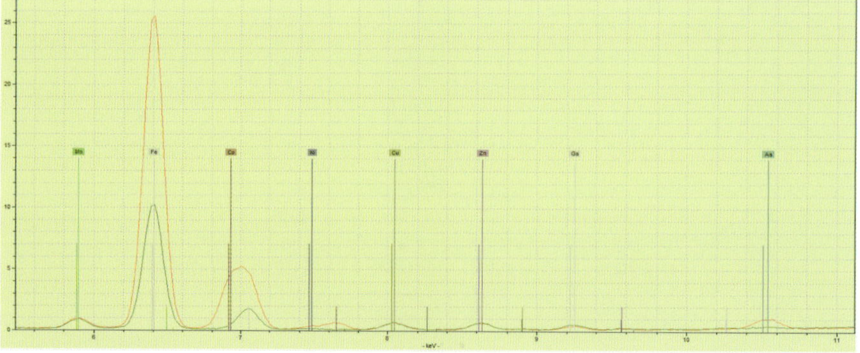

图3-100　35号样品青花（含透明釉）和透明釉的对比图谱

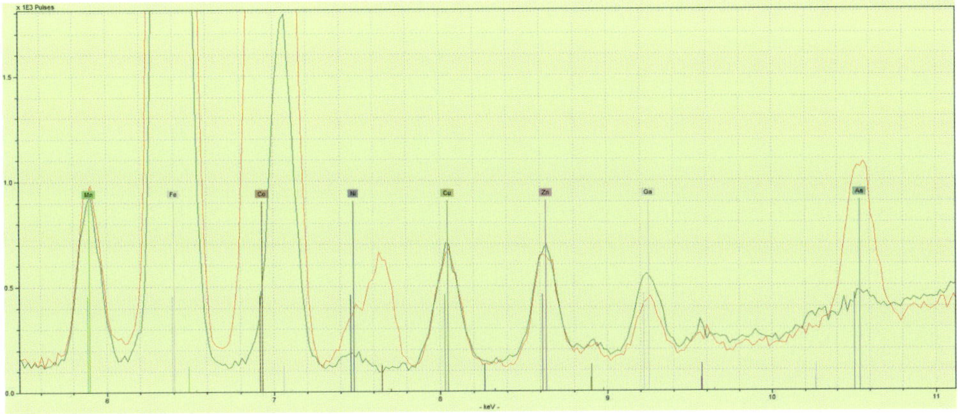

图3-101　35号样品青花（含透明釉）和透明釉的对比图谱放大

图3-102为36号样品（HZC036元青花鱼藻纹高足碗）的青花（含透明釉）、浅青花（含透明釉）和透明釉的测试部位图，图3-103为青花（含透明釉）、浅青花（含透明釉）和透明釉的对比图谱，图3-104为图3-103的局部放大图。

从图3-103和图3-104中可以看出，与透明釉相比，青花（含透明釉）和浅青花（含透明釉）中Fe和Co元素的含量明显升高，As元素含量升高，Mn、Ni、Cu、Zn元素含量与透明釉保持一致。与浅青花（含透明釉）相比，青花（含透明釉）中着色元素Fe和Co含量升高，但二者的As元素含量一致。

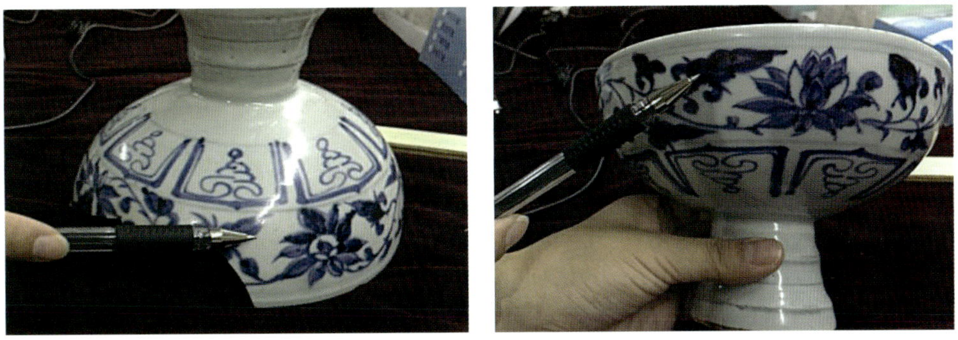

图3-102　36号样品透明釉和青花测试点位

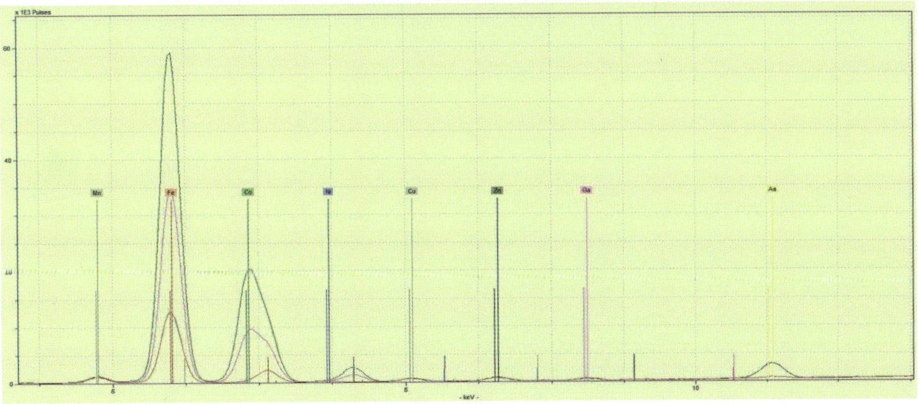

图3-103　36号样品青花（含透明釉）、浅青花（含透明釉）和透明釉的对比图谱

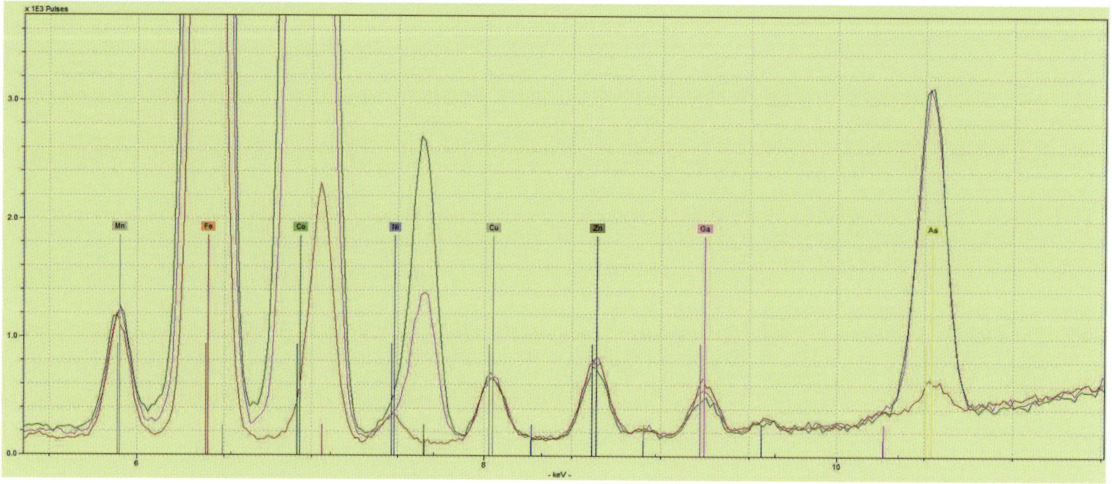

图3-104　36号样品青花（含透明釉）、浅青花（含透明釉）和透明釉的对比图谱放大

图3-105为35号和36号样品青花（含透明釉）的对比图谱，考虑到36号样品中青花（含透明釉）与浅青花（含透明釉）仅着色元素Fe和Co含量不同，故在进行对比时，我们舍弃浅青花（含透明釉）的图谱，仅对比两个样品的青花（含透明釉）图谱。从图3-101和图3-104中我们可以看到，36号样品测试区域的青花颜色明显深于35号样品；在图3-105中，36号样品的着色元素Fe与Co含量也明显高于35号样品。此外我们能看到，36号样品中As元素的峰值远高于35号，As元素一般源自青花料钴矿的伴生矿，两个样品中As元素含量的差别说明二者的青花料可能略有不同。

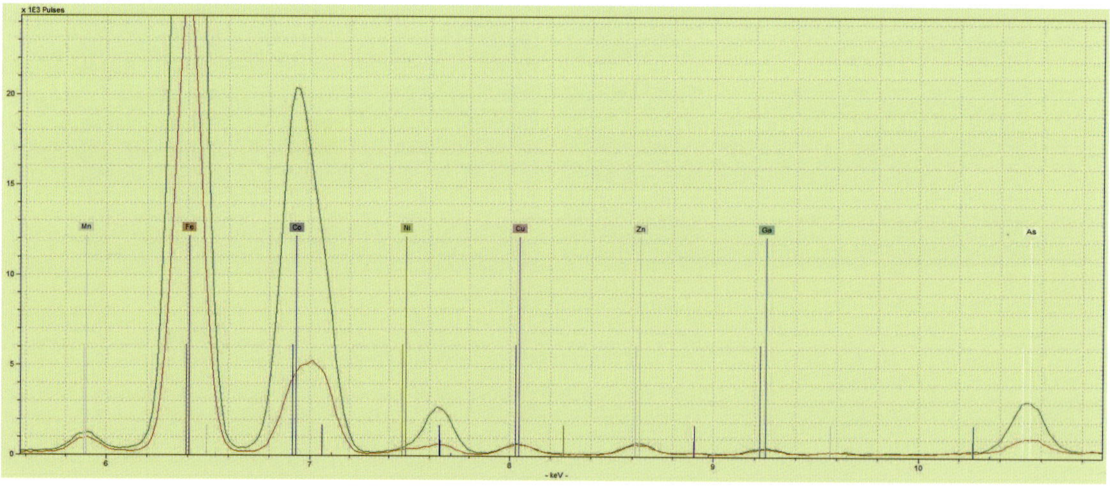

图3-105　35号和36号样品青花（含透明釉）的对比图谱

（三）瓷器样品釉色分析结果

将表3-10中的釉色结果取平均值，结果见表3-11。

表 3-11　瓷釉样品色度值

类别	样品编号	L*	a*	b*	c	h
青釉	1	58.8	–3.8	11.5	12.1	108.3
	2	51.8	–0.3	16.0	16.0	90.9
	5	61.3	–2.0	13.4	13.5	98.5
	7	58.5	–2.9	13.0	13.3	102.5
	8	61.4	1.1	18.9	18.9	86.5
	14	61.8	–1.0	10.2	31.1	94.4
	24	64.4	–6.2	4.8	7.9	142.3
	25	50.4	–3.2	0.9	4.0	159.4
	33	54.5	–4.4	11.3	12.1	111.3
	34	56.5	–4.8	12.8	13.6	110.5
	37	61.8	1.3	13.4	13.5	84.3
	41	58.8	–2.9	10.8	12.9	102.9
	42	66.2	–8.0	–2.1	8.3	194.4
	78	55.4	–2.4	12.6	12.8	100.9
	79	59.6	–3.5	11.8	12.3	106.2
	80	61.2	1.1	19.4	19.4	86.8
	82	65.8	0.3	8.6	8.6	87.6
	83	58.5	–3.6	10.0	10.6	109.8
	85	63.2	–1.8	13.1	13.2	98.0
	86	70.5	–1.2	6.3	6.4	100.7
青白釉	3	72.6	–1.8	6.6	6.9	105.0
	9	81.2	–2.6	5.4	6.0	115.9
	10	80.6	–3.9	3.0	4.9	142.5
	31	76.3	–3.6	2.4	4.4	146.5
	35	72.8	–6.5	2.7	7.0	156.6
	36	76.8	–5.0	1.9	5.4	159.5
	40	79.2	–4.3	1.4	4.5	162.2
	43	78.1	–3.2	5.0	5.9	123.1
白釉	18	81.0	0.4	16.7	16.7	88.7
	89	85.3	0.0	8.1	8.1	89.9

（续表）

类别	样品编号	L*	a*	b*	c	h
褐彩	4	22.6	-2.0	4.6	5.0	113.2
	20	24.1	-1.5	1.7	2.8	190.7
	89	22.1	-1.5	6.9	7.0	101.9
青花料	36-青花深	26.8	0.0	-5.2	5.2	272.1
	36-青花浅	47.8	1.0	-19.6	19.7	272.8

从表3-8和表3-11中可以看出，不同种类的样品，其釉色存在一定的差异，色度值也存在一定的差异。在表3-11中，L*、c、h为色彩空间，其中L*为明度，c、h是色度坐标；c为饱和度，即颜色点与原点的距离，h为色相，即颜色点与原点连线的角度。a*、b*为色度，+a*表示红色，-a*表示绿色；+b*表示黄色，-b*表示蓝色。

图3-106为瓷釉样品明度值L*的分布图，从图中可以看出，青釉、青白釉和白釉的明度值逐渐升高，白釉的明度值最大，褐彩的明度值最低，青花的明度值也明显低于青釉。明度反映样品的光亮程度，标准黑的L*值接近0，标准白的L*值为100。

图3-107为瓷釉样品色相h和饱和度c值的分布图，色相指色彩的相貌，饱和度指色彩的鲜艳程度，0表示红色，90表示黄色，180表示绿色，270表示蓝色。图3-108为瓷釉样品色彩空间分布图。需要注意的是，图3-107左侧明度坐标的最大值和图3-108右侧明度坐标的最大值有不一致现象，图3-107表示的仅为图3-108圆圈中内圆的一部分。从图中可以看出，不同釉色样品分布在不同区域内，两个白釉样品、两个青花样品分别落在了黄色轴和蓝色轴上，说明这两个白釉样品由于原料带杂质或被腐蚀污染而导致釉色偏黄，两个青花样品则是纯蓝色。青釉与青白釉样品基本坐落在第二象限内，均位于黄绿区域内，相比之下，青釉的色相值小，饱和度值大。由于饱和度指色彩的鲜艳程度，表明青釉颜色比青白釉鲜艳一些。而褐彩明度值低、饱和度值低，色泽上主要偏黄。

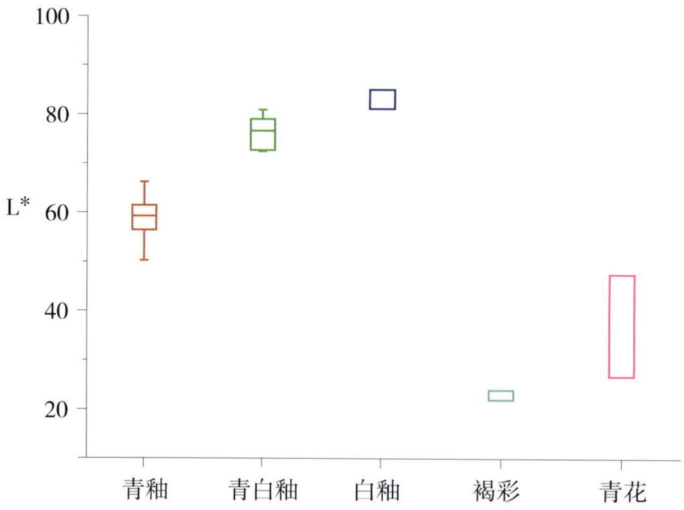

图3-106 瓷釉样品明度值分布图

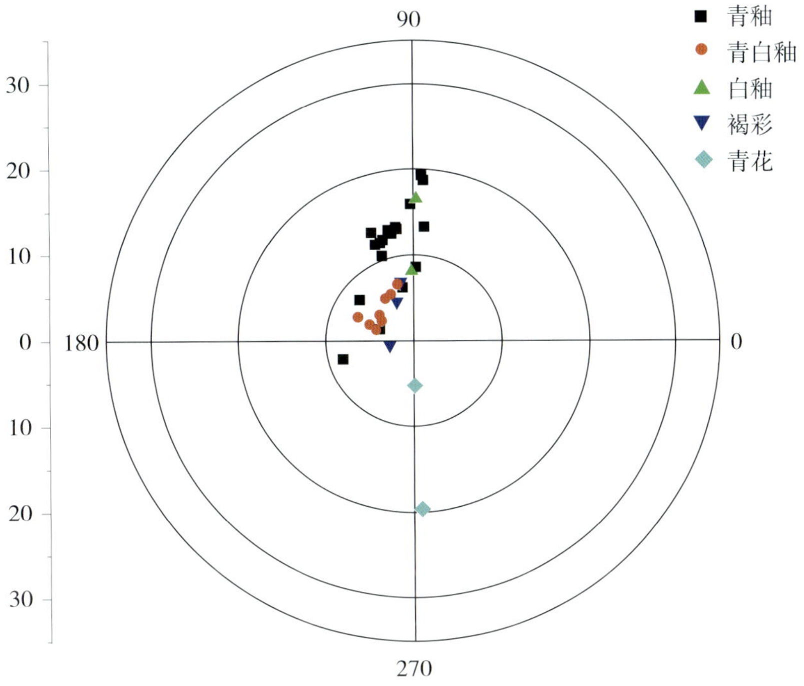

图3-107　瓷釉样品色度值分布图

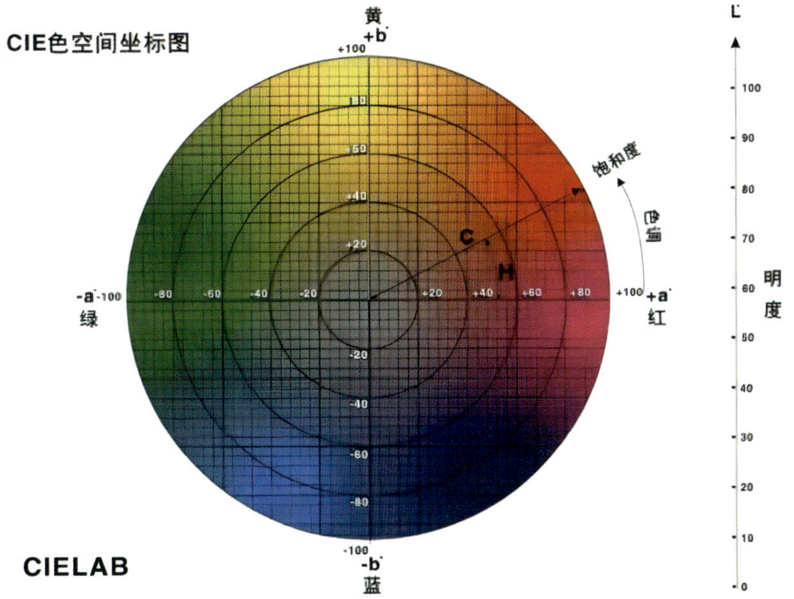

图3-108　瓷釉样品色彩空间分布图

从上述分析中可以看出，除18号样品外，其余样品釉均为高温钙釉，Fe元素为主要着色元素。在青釉样品中，大部分为龙泉窑的产品，25号和42号为钧窑产品，14号和82号的产地仍待进一步研究。青白釉和青花透明釉样品的元素组成接近，均为景德镇的产品。褐彩和黑釉样品的元素组成接近，并与白釉的微量元素结果相近，推测可能产自同一地区。元青花样品中的黑斑物质值得进一步采用其他分析方法进行研究。

第四章 陶瓷类文物保护修复

此次出土的瓷器，按釉色分类，有青釉、青白釉、白釉、黑（酱）釉等；按窑系分类，有景德镇窑系、龙泉窑系、磁州窑系、钧窑系等；按器形分类，有梅瓶、盘、壶、碗、杯、罐、玉壶春瓶等。菏泽沉船出土元代瓷器数量丰富，包含的窑口多，其中部分典型器物品质上乘，在全国较为罕见。菏泽元代沉船出土瓷器类型丰富，形制精美，为同类器物研究提供了可靠的断代依据，具有重要的参考价值。

一、基本信息

此次保护修复项目涉及陶器10件，有陶罐、陶瓶、陶砚台等；瓷器41件（套），单体数量为42件（HZC005凝结物中包含一对青釉小碗以及HZC036元青花鱼藻纹高足瓷碗的碎片），基本涵盖了沉船出土陶瓷类文物的器物类型。元青花龙纹梅瓶经调查评估，仅口部有微损病害，整体状态良好，谨慎起见未列入本次保护修复项目中。另外，沉船中出土了不少瓷器残片，由于残碎较为严重，缺乏拼对为完整器物的依据，也未列入本次保护修复项目中。

此次出土的陶器数量不多，主要有陶罐、陶砚台及粗陶瓶（罐）等类型，保存状况相对较好。本次出土陶器中包含8件完整器，基本形制为圆唇，短颈，长腹，腹部以下有刮削或轮制痕，灰胎褐釉。其中有4件是尖底瓶，小口，束颈，丰肩，腹修长下收，胎质粗糙，部分颈部有系或肩部施釉（图4-1至4-8）。有学者认为此类尖底瓶是船上人员用来从河中取水的生活用器，高安市博物馆馆长刘金成则认为船工用尖底瓶取水的可能性不大，从沉船出土的瓶、罐、匜、炉、盆、洗、烛台及高足类器物等综合分析，尖底瓶应该属于盛酒或其他液体的祭祀用礼器。袁晓春则认为该类器物为枣核瓶，也称“韩瓶”，韩国称“蒙古瓶”，元至明代时在海船和内河船中得到普遍使用，20世纪80年代以来在辽宁营口港、山东登州港、浙江宁波、福建沿海，以及日本鹰岛海域、韩国西海岸等地均有发现，是流行于元明时期的一种盛装液体的船用器物[①]。河北磁县南开河元代沉船、天津北辰区张湾村明代沉船和山东梁山

① 袁晓春：《菏泽元代古船初步探析》，载《中国港口》2018 年 S2 期。

明代沉船均出土韩瓶，尤其是梁山明代沉船出土韩瓶中盛有牛油[①]。历史文献方面，民国著名史学家邓之诚《骨董琐记》卷二“韩瓶”条载：康熙丁亥，有渔人“掘得瓷罂数百，小口巨腹……或谓此韩瓶也，韩蕲王（即韩世忠）所遗，得者遂珍之”。研究表明，韩瓶的主产地是江苏宜兴筱王古窑[②]，韩瓶由经瓶、天威军官瓶演变而来，在南宋时曾作为韩世忠部队的军用水壶和储米罐[③]。韩瓶因抗金而富盛名，因此备受百姓青睐，后来逐渐传入民间得以广泛使用；到了南宋中晚期和元明之际，韩瓶更是以民用为主了。韩瓶具有汲水、盛酒等容器功能，不仅可在行船时使用，在广泛的日常生活中也得到大量应用，这一点在更多的元明墓葬及遗址出土文物中得到充分印证[④]。

由于此次出土的陶器保存状况相对较好，所以本章重点叙述瓷器类文物的保护修复过程。

图4-1　HZC011　四系陶罐
（口径4.8、腹径10.2、底径6、通高20.4cm）

图4-2　HZC012　尖底陶瓶
（口径5.5、腹径14.5、底径5.6、通高25.6cm）

图4-3　HZC013　三系陶罐
（口径6.2、腹径14、底径6.8、通高18.8cm）

图4-4　HZC015　尖底陶瓶
（口径5.5、腹径14.5、底径5.3、通高28cm）

① 王春委：《元明清时期内河沉船初步研究》，吉林大学2018年硕士学位论文。

② 陈巧山：《筱王古窑赏“韩瓶”》，载《检察风云》2019年第23期。

③ 高新天：《庆安韩瓶考略》，载《黑龙江史志》2015年第3期。

④ 浙江省文物考古研究所、德清县博物馆：《浙江德清县宋代成年坞窑址发掘简报》，载《东方博物》2018年第2期；张玉兰、宋建等：《上海志丹苑遗址元代水闸的再现及古河道演变》，载《科学通报》2003年第19期；南京市考古研究院：《南京大报恩寺遗址J16发掘简报》，载《中国国家博物馆馆刊》2019年第6期。

图4-5　HZC016　尖底陶瓶
（口径5、腹径14.5、底径5、通高27.2cm）

图4-6　HZC087　尖底陶瓶
（口径5、腹径15.5、底径7.3、通高28cm）

图4-7　HZC091　粗陶罐
（口径6、腹径11、底径5.5、通高17.5cm）

图4-8　HZC092　粗陶罐
（口径5.2、腹径10.7、底径5.5、通高15.2cm）

本次保护修复的瓷器釉色多样，其中青釉瓷23件、青白釉瓷5件、白釉瓷5件、黑（酱）釉瓷3件、白地褐彩瓷4件、青花瓷2件。釉色分类对比情况见图4-9。按造型统计，包括碗类19件、盘类9件、罐类5件、杯3件、瓶3件、壶2件、盏托1件。造型分类对比情况见图4-10。

此次出土的青釉瓷较多，品质也多属上乘。其中，印花牡丹纹大盘、八宝纹大盘等文物釉层丰润，釉色青碧柔和、晶莹滋润，胜似翡翠。青翠的釉色配以橙红底足或露胎图形，具有浓郁的龙泉青瓷风格。龙泉青瓷的烧制始于1700多年前。宋元之际，龙泉青瓷的发展进入鼎盛时期，经过历代窑工的经验总结，这里烧制出青如玉、明如镜、声如磬的青瓷，青瓷“绚烂之极，复归平淡”的特点正符合宋代美学思想的要求，这也在客观上促进了宋代青瓷的发展。南宋时，龙泉窑烧制出晶莹如玉的粉青釉和梅子青釉，使龙泉青瓷的发展达到顶峰。此外，宋元时期，北方钧窑等也烧制青瓷。

沉船出土青白釉瓷器中，典型器物有双系壶、印花瓷盘、玉壶春瓶、“大寺”款瓷盘、刻花龙纹盘等。青白釉瓷的典型窑口是江西景德镇窑。青白釉瓷是汉族传统制瓷工艺中的珍品，又称影青瓷，是一种釉色介于青、白二色之间，青中泛白、白中透青的瓷器。由宋迄元，影青瓷盛烧不衰，影青瓷系窑场多分布在南方几省，包括江西浮梁景德镇窑、南丰白舍窑，湖北江夏湖泗窑，广东潮安窑，福建德化窑、同安窑、南安窑，等等。南宋中期以后，景德镇窑受定窑影响采用复合支圈覆烧法，并改进釉料配方，釉色由通透向乳浊不通透转变。此次保护修复的青花花鸟纹盘、青花鱼藻纹高足碗2件青花瓷器，制作工整，无论是青花料、纹饰，还是造型、胎釉等，基本符合景德镇窑烧造的以苏麻离青为青花料的元代青花瓷的特征。

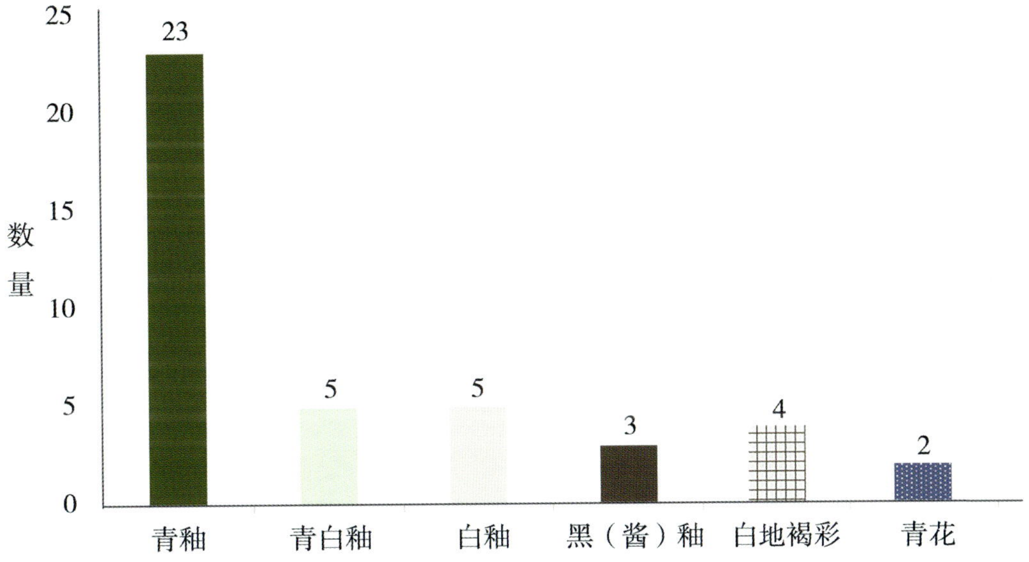

图4-9　瓷器类文物按釉色分类统计图

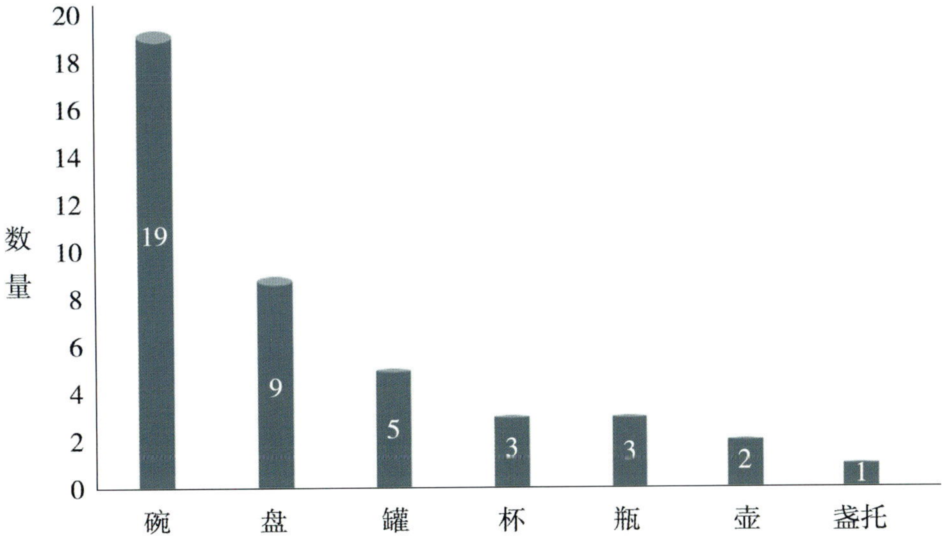

图4-10　瓷器类文物按造型分类统计图

二、文物病害评估

菏泽沉船出土瓷器往往存在冲口、破碎、残缺等病害。另外，由于随船有大量铁器，大部分瓷器受到铁质文物腐蚀影响，表面有铁锈附着物以及铁锈、钙质等混合成的凝结物、硬结物。陶器文物基本保存完整，病害并不严重，多是表面附着泥土。

参照《可移动文物病害评估技术规程　瓷器类文物（WW/T 0057—2014）》，瓷器类文物病害指瓷器在保存、埋藏、使用和不当修复过程中由于物理、机械原因造成的损伤以及化学、生物因素导致的侵蚀。根据不同病害发展趋势及其对瓷器类文物稳定性的影响，可将病害活动性质划分为以下三种：

（a）稳定病害：病害已经产生或存在且不再继续发展和蔓延，不会对文物稳定性产生影响的病害类型。

（b）活动病害：病害已经产生或存在且继续发展和蔓延，对文物稳定性产生影响的病害类型。

（c）可诱发病害：病害已经产生或存在且不再继续发展和蔓延，在外部条件（如保存环境改变）激发下可能导致文物病害发展，引发其他病害产生的病害类型。

根据以上标准，经调查统计，本次保护修复的瓷器存在冲线类病害（14件），铁锈附着物类病害（17件），破碎类病害（16件），残缺类病害（21件），伤釉类病害（3件），凝结物、硬结物类病害（4件）。这批瓷器保存状况各异，单件文物存在破碎、残缺等多种病害，其中典型病害为冲线、缺损、铁锈附着物、凝结物或硬结物、破碎。本项目所涉及陶瓷类文物的主要病害及病害活动性质等见表4-1、表4-2、图4-11。

表 4-1　陶瓷类文物主要病害情况统计表

项目编号	文物名称	釉色	形制	数量	病害类型	病害等级
HZC001	青釉印花牡丹纹大盘	青釉	盘	1	冲线、铁锈附着物	中度
HZC002	青釉花口印花牡丹纹大盘	青釉	盘	1	冲线、釉面侵蚀	严重
HZC003	青白釉双系壶	青釉	壶	1	残缺	中度
HZC004	黑釉双系壶	黑釉	壶	1	残缺	中度
HZC005	凝结物（青釉小碗）	青釉	碗	2	凝结物	严重
HZC006	白釉碗	白釉	碗	1	铁锈附着物	严重
HZC007	青釉印花小盘	青釉	盘	1	破碎、残缺	中度
HZC008	青釉碗	青釉	碗	1	泥土附着物	微损
HZC009	青白釉印花瓷盘（残片）	青白釉	盘	1	破碎、残缺	严重
HZC010	青白釉“大寺”款瓷盘（残片）	青白釉	盘	1	残缺	严重

（续表）

项目编号	文物名称	釉色	形制	数量	病害类型	病害等级
HZC014	青釉碗	青釉	碗	1	冲线、残缺	中度
HZC017	白釉高足杯	白釉	杯	1	破碎、残缺、铁锈附着物	严重
HZC018	白釉高足杯	白釉	杯	1	破碎、残缺、冲线、铁锈附着物	严重
HZC019	白地褐彩罐	白地褐彩	罐	1	伤釉、铁锈附着物	中度
HZC020	黑釉双系瓶	黑釉	瓶	1	泥土附着物	微损
HZC021	白釉碗	白釉	碗	1	硬结物、冲线、铁锈附着物	严重
HZC023	酱釉罐	酱釉	罐	1	冲线	中度
HZC024	青釉卷云纹护手单耳杯	青釉	杯	1	铁锈附着物、冲线、残缺	严重
HZC025	青釉开片碗	青釉	碗	1	铁锈附着物、破碎、残缺	严重
HZC026	白地褐彩双凤罐	白地褐彩	罐	1	伤釉	中度
HZC028	白地褐彩龙凤罐	白地褐彩	罐	1	伤釉	中度
HZC031	青白釉玉壶春瓶	青白釉	瓶	1	冲线	中度
HZC033	青釉玉壶春瓶	青釉	瓶	1	冲线、残缺	微损
HZC034	青釉八宝纹大盘	青釉	盘	1	硬结物、铁锈附着物	中度
HZC035	元青花花鸟纹盘	青花	盘	1	破碎、残缺、冲线、铁锈附着物	严重
HZC036	元青花鱼藻纹高足碗	青花	碗	1	残缺、铁锈附着物	严重
HZC037	高足碗	青釉	碗	1	铁锈附着物	严重
HZC040	卵白釉龙纹高足碗	卵白釉	碗	1	冲线、铁锈附着物	中度
HZC041	青釉菊花纹高足碗	青釉	碗	1	冲线、残缺、铁锈附着物	中度
HZC042	钧窑盏托	青釉	盏托	1	冲线	中度
HZC043	青白釉刻花龙纹盘	青白釉	盘	1	冲线、铁锈附着物	严重
HZC078	青釉碗	青釉	碗	1	破碎、残缺	严重
HZC079	青釉印花碗	青釉	碗	1	破碎、残缺	严重
HZC080	青釉碗	青釉	碗	1	破碎、残缺	严重
HZC081	青釉碗	青釉	碗	1	破碎	严重
HZC082	青釉碗	青釉	碗	1	破碎、残缺	严重
HZC083	青釉碗	青釉	碗	1	破碎、残缺	严重
HZC084	青釉碗	青釉	碗	1	破碎	严重
HZC085	青釉碗	青釉	碗	1	破碎、铁锈附着物	严重

（续表）

项目编号	文物名称	釉色	形制	数量	病害类型	病害等级
HZC086	青白釉盘	青白釉	盘	1	破碎、残缺	严重
HZC089	白地褐彩洗	白地褐彩	洗	1	破碎、残缺、铁锈附着物	严重
HZC011	四系陶罐	陶	罐	1	泥土附着物	中度
HZC012	尖底陶瓶	陶	瓶	1	泥土附着物	微损
HZC013	三系陶罐	陶	罐	1	泥土附着物	微损
HZC015	尖底陶瓶	陶	瓶	1	泥土附着物	中度
HZC016	尖底陶瓶	陶	瓶	1	泥土附着物	中度
HZC022	陶罐	陶	罐	1	泥土附着物	中度
HZC030	陶砚台	陶	砚台	1	泥土附着物	中度
HZC087	尖底陶瓶	陶	瓶	1	残缺、铁锈附着物	严重
HZC091	粗陶罐	陶	罐	1	泥土附着物	中度
HZC092	粗陶罐	陶	罐		泥土附着物	严重

表 4-2　瓷器类文物病害活动性质划分表①

序号	病害名称	病害类型		
		稳定病害	活动病害	可诱发病害
1	毛边	√		
2	惊纹		√	√
3	冲口		√	√
4	裂缝		√	√
5	破碎	√		
6	缺损	√		
7	伤釉	√		√
8	伤彩	√		√
9	侵蚀		√	√
10	附着物	√		√
11	生物损害		√	√
12	盐析		√	√

① 参见《可移动文物病害评估技术规程　瓷器类文物（WW/T 0057—2014）》。

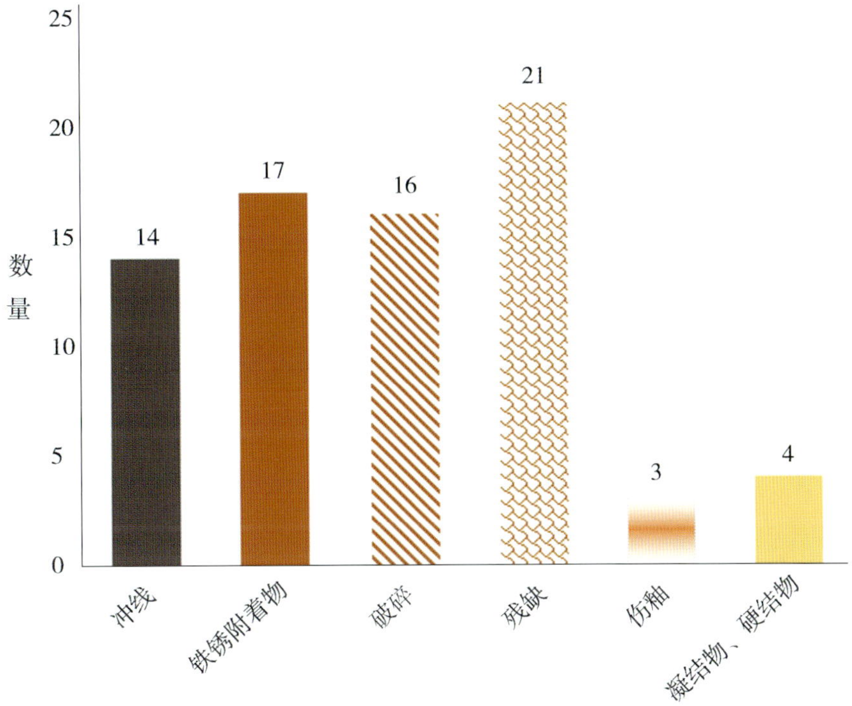

图 4-11　瓷器类文物主要病害分类统计图

下面举例说明该批瓷器存在的典型病害情况。

冲口：指瓷器口部尤其是盘和碗类等圆器口部因外力作用出现的长短不一、穿透胎的裂纹，这种裂纹受到冷热变化和外力的震荡还会继续开裂。本项目所涉及的瓷器类文物多存在此类病害（图4-12）。

a. HZC002青釉花口印花牡丹纹大盘（局部）

b. HZC024青釉卷云纹护手单耳杯

c. HZC043青白釉刻花龙纹盘

d. HZC031 青白釉玉壶春瓶

图4-12　冲口病害

缺损：指因外力作用造成碎裂，局部缺失。由于瓷器易碎，缺损是出土瓷器常见的病害类型。此次沉船出土瓷器类文物多存在缺损病害（图4-13）。

a. HZC035元青花花鸟纹盘

b. HZC036元青花鱼藻纹高足碗

c. HZC007 青釉印花小盘

d. HZC033青釉玉壶春瓶

图4-13　缺损病害

铁锈附着物：由于受到沉船上铁质文物腐蚀和地下环境共同影响，此次沉船出土瓷器表面多出现铁锈侵蚀等附着物现象（图4-14）。

a. HZC001青釉印花牡丹纹大盘

b. HZC025青釉开片碗

c. HZC037高足碗

d. HZC006白釉碗

图4-14 铁锈附着物病害

凝结物、硬结物：由于埋藏环境的特殊性，此次沉船出土文物中部分文物带有明显的出水文物腐蚀特征，即凝结物、硬结物（图4-15）。

a. HZC005青釉小碗（叠加）

b. HZC034青釉八宝纹大盘

c. HZC021白釉碗

d. HZC017白釉高足杯

图4-15　凝结物、硬结物病害

破碎：指因外力作用造成碎裂，但没有缺失。此种病害在瓷器类器物中表面尤为明显。本项目所涉及的瓷器类文物中，部分器物破碎、缺失特别严重，仅剩余部分基体，少数器物破损呈碎片状（图4-16）。

a. HZC009青白釉印花瓷盘（残片）

b. HZC010 青白釉“大寺”款瓷盘（残片）

c. HZC079青釉印花碗

d. HZC089白地褐彩洗

图4-16　破碎病害

三、文物修复标准

文物保护修复是一门技术，也是一门科学，它涉及许多学科和应用技术。受工作目标复杂性（文物种类多、病害各异）、传统工艺观念和国外文物保护理念的影响，虽然目前我国在不断出台各类文物保护行业标准，但在实际文物修复过程中，对于具体器物修复的效果、尺度和方法，很难有统一标准。由于文物修复目的与方法、文物持有者诉求、文物修复师个人习惯及对修复原则的理解程度等各种因素的叠加影响，目前行业内讨论较多的文物修复有三种修复标准（或称修复方法），即考古型修复、商业型修复和展览型修复。

考古型修复也称原真性修复、研究型修复，即大致恢复文物的器形、尺寸，将其作为资料保存，不要求器物修复的完美性。以陶瓷类文物为例，考古型修复一般采用石膏、胶粘剂等对残破的陶瓷类文物进行拼对粘接并修补缺损部位，所修补部位必须与原物有差别，即粘接部分和补缺部分不能随色，以便保持出土古陶瓷的真实性。考古型修复的真实性要求是为了满足考古类型学等研究需要。考古型修复为短期、临时性措施，往往缺乏对于文物本身病害的分析，缺乏采用技术保护手段对文物病害进行消除、转化和缓蚀防腐等操作，不利于文物的长期保存。

商业型修复也称完美修复、无痕修复，是以商业交易和个人喜好为目的进行的修复操作，修复部位需接近器物原貌，达到肉眼近看无瑕疵的修复效果。商业型修复的要求很高，这种修复不仅要恢复破损器物的形状和颜色，而且要精心地对修复部位进行一系列技术处理，使器物的配色、釉面、纹饰、质感、自然旧态都呈现出极佳的视觉效果。以陶瓷类文物为例，作为一般商品，其修补部位应尽量达到肉眼看不出修复痕迹的效果，最好用放大镜也很难发现。此类修复甚至要求缺损部位所用的修补材料与陶瓷器胎质、釉层气泡疏密程度相同，在X光照射下也难以发现修复痕迹；釉色不退色，不怕紫外线照射；外表补色釉有一定的硬度，不怕金属利器划拨，等等。

展览型修复也称博物馆修复，是在充分的文物调查和分析检测基础上，确定文物材质、工艺和病害特征，制定具体的保护修复技术路线，从而去除或转化文物存在的病害、恢复文物原貌、尽量延长文物寿命。其修复效果介于考古型修复和商业型修复之间，是目前文博行业普遍遵循的文物修复标准。展览型修复的修复效果是“远观一致，近看有别”，即将器物修复得完整、整体协调。

本项目采用的是展览型修复标准，在瓷器文物修复方面借鉴了商业型修复的若干技巧，在最后的随色效果上，按照“修旧如旧”原则，力争达到完美修复效果。菏泽古船出土的大部分瓷器，器形优美，釉色温润，它们的“旧”本身就是一种美，故项目实施过程中主要采用展览型修复技巧进行修复。

四、保护修复技术路线

该批文物质地、病害种类及保存状况不尽相同，针对每件文物所采取的修复技术细节或有不同。瓷器类文物整体保护修复技术流程如下（图4-17）。

首先开展文物信息采集工作，包括登记文物信息，修复前拍照，记录文物检测结果、文物名称、收藏单位、文物登录号、文物来源、文物时代、文物材质、文物级别、提取日期、提取经办人、保存现状、病害状况，填写文物保护修复基本信息表和文物保存现状表等。在此基础上，建立文物保护修复档案。其次绘制文物病害图并开展文物本体和样品病害分析检测工作。然后根据分析结果采取成熟的保护修复技术措施如清理清洗、粘接补配、做釉作色等，完成文物本体保护修复工作。最后完善保护修复档案。

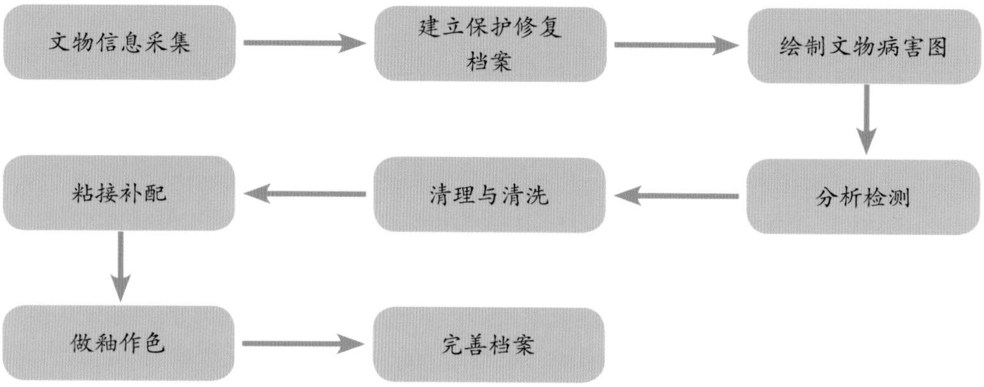

图4-17　瓷器类文物保护修复技术流程图

五、保护修复工具、材料

清理工具和材料：蒸汽清洗机、超声波清洗机、文物专用喷砂机、硬毛刷、手术刀、微型电磨机、超声波洁牙机、脱脂棉、棉棒、去离子水、复配稀释剂、丙酮、乙醇、双氧水、威派斯文物专用液体肥皂等。

修复工具和材料：除常用瓷器修复工具外，还包括负压渗透设备、可升降电动转盘、拉坯机、热熔胶枪、微型雕刻机、鼓风干燥箱、牙科钻、显微镜。修复材料包括热熔胶、丙烯酸树脂Paraloid B-72（简称“B-72”）、海克斯塔NYL-1型环氧树脂、爱劳达2020环氧树脂胶、西马斯达A+B树脂补土、瓷粉、雕塑油泥、红白打样膏、砂纸等。

封护工具和材料：B-72、丙酮、毛刷等。

做釉工具和材料：喷笔喷泵、毛笔、网刷、丙烯颜料、意大利麦玛丽矿物颜料、西马斯达专业2型室温修复釉、文物修复微晶蜡、金牌水性陶瓷修复釉等。

六、保护修复流程

目前博物馆行业常用的瓷器类文物保护修复技术路线包括建立保护修复档案、分析检测、清理与清洗、粘接补配、作色上釉、完善保护修复档案等。在开展保护修复工作前，首先要通过观察和仪器分析等手段充分了解和分析文物病害，搞清楚病害种类、分布状况、生成原因和发展趋势等，有的放矢，采取恰当的措施消除或转化各类病害，这样才能尽可能地延长文物寿命，起到良好的保护修复效果，达到科学保护修复目的。在实际工作中，要按照“修旧如旧”“最小干预”等修复原则，把活动病害、可诱发病害等尽可能地进行消除，同时兼顾展陈目的，对破碎、缺损等稳定病害进行处理，最大程度恢复文物原貌。

（一）照相建档

建档工作主要指用文字和图片对文物的相关属性进行描述，以及记录保护修复过程中采用的药品、技术及分析测试结果等。建档前需要设计符合标准规范要求的文物保护修复登记卡，严格对工作过程进行登记。除完成每件文物基本信息登记外，在保护修复过程中要随时记录所采取的方法和使用的化学药品，包括操作时间、药品名称、药品浓度、操作方法、操作人、预期效果和实际结果等，还要按照标准规范要求绘制文物病害图。

为完善保护修复档案，除采取文字记录方式外，还要收集图片、视频资料。建立文物档案所需的照片不仅要反映器物的整体外貌，还要反映器物的局部特征，尤其是病害严重位置的特征。在保护修复过程中也要注意留取照片资料，特别是在修复阶段。

（二）检测分析

为更好地做好清洗、粘接、补配和做釉等保护修复工作，必须对文物进行相关分析测试。项目组计划从附着物成分、制造工艺等方面进行分析测试，因此取样工作主要针对器物表面的不同附着物。

检测分析工作主要有以下两个方面：

1. 瓷器制造工艺研究

采用光学显微镜、X射线荧光光谱仪对瓷器表面进行无损分析，采用扫描电子显微镜等对瓷器残片（粉末）进行物相分析，为进一步分析该批瓷器的制造工艺、产地等提供科学依据。

2. 瓷器表面附着物分析

初步计划对部分瓷器进行X射线探伤拍照，以了解器物（凝结物）内部结构，同时在体式显微镜下进行观察，采用X射线荧光、扫描电镜、X射线衍射等分析手段对附着物成分进行分析，为进一步的保护修复工作提供科学依据。

（三）清理与清洗

清洗是瓷器文物修复的重要步骤。清洗行业对于清洗的定义是：物体表面受到物理的、化学的或生物的作用而形成污染或覆盖层，去除这些污染或覆盖层而使其恢复到原来表面状况的过程称为清洗[①]。广义的清洗包括初步对瓷器文物表面灰尘、疏松土垢的清理，对历史修复处的拆解，脱盐，对文物表面、冲口、断茬等处病害及污垢的去除。狭义的清洗主要指对瓷器的冲口、裂缝、断茬、伤釉等处的各类有机、无机污垢以及各类侵蚀进行彻底清理。清洗干净的瓷器才可以开展粘接补配和做釉作色等工作。下面以HZC035元青花花鸟纹盘（图4–18）为例，叙述瓷器类文物的清理与清洗步骤。

图4–18 HZC035青花花鸟纹盘保护修复前照片

1. 拆解

对于瓷器拆解，一般有水浴、试剂浸泡、局部加热、熏蒸等方式[②]。高分子胶类修复材料可以使用丙酮、天那水等软化去除[③]；二氯甲烷加二甲基甲酰胺可以在保证文物安全的情况下，很好地将环氧材料完全去除；虫胶等生物胶可以使用生物酶进行清除。因器物出土后采用瞬干胶临时粘接，并且稍有错位，为保证修复效果，修复前需采用丙酮溶液滴灌、贴敷胶粘位置，软化、溶解胶粘剂从而使瓷片分离（图4–19）。

图4–19 拆解

① 陆震维、陈玉梅：《清洗技术现状和展望》，载《化学清洗》1989 年第 4 期。
② 潘坤容：《胶粘瓷器再修复中的拆分方法初研究》，载《上海视觉》2019 年第 2 期。
③ 牛飞：《陶瓷再修复中拆胶技术的研究》，载《粘接》2018 年第 3 期。

2. 清洗

瓷器文物清洗方法一般有物理机械法、化学清洗法和仪器清洗法等。对于瓷器文物表面灰尘、疏松土垢，它们的结合方式往往是物理吸附和静电结合力，故可以采用机械手段物理擦除或利用水消除静电结合力，如利用吸尘器、毛刷、拍打、沾黏、擦拭等手段将污物直接赶走，或用纯净水、酒精等溶解污物，或利用纸浆毛细作用贴敷吸附污物。具体操作方法为：采用软毛刷蘸取清水、去污粉等进行清扫，剩余较难去除的污物可能存在油脂粘合情况，可配合乙醇、丙酮等有机溶剂进行软化后，采用手术刀等剔除。对于瓷器表面的环氧树脂胶粘剂，可以采用手术刀蘸取丙酮等有机溶剂或者火烧刀片等方式，软化胶体，从而使胶粘剂脱离瓷器表面。对于瓷器表面较硬的附着物，可以采用机械电动工具，在低倍显微镜等协助下，通过打磨、敲打等手段进行去除。这类工具有牙科打磨机、超声波洁牙机等。物理机械法虽然使用了乙醇等化学试剂，但从根本上没有改变污染物的化学性质。

我们也可以借鉴其他行业内的成熟清洗技术，将其应用于文物保护行业。在瓷器文物清洗方面，有不少超声波清洗、激光清洗、干冰清洗和蒸汽清洗①等应用实例。另外，还可以采用喷砂法去除瓷器表面的附着物，但要注意选择合适硬度的喷砂料，以免对瓷器胎釉层造成伤害。上海博物馆利用直径在50μm以下的微纳米气泡的高效界面活性、超强的渗透作用及微爆破力，通过渗透松弛及气浮作用，有效减弱了出水文物与表面坚硬附着物的结合力，从而使文物表面的钙化附着物与大多数金属侵蚀被清洗干净②。

瓷器表面较硬的附着物一般为无机盐类沉积物，按阳离子分，有钙质、硅质等；按阴离子团分，有碳酸盐、硅酸盐、硫酸盐类等。此外还有铁锈、有机碳水化合物、油脂混合物等。对于无机盐类、铁锈腐蚀类附着物，可以利用酸类物质的还原反应将附着物转化为可溶物去除③，或利用络合剂对金属离子有极强的捕捉能力和分散效果达到去除目的。对于硫酸盐类附着物，可采取苏打溶液浸泡，然后用酸类清洗。对于硅酸盐类附着物，可在盐酸中添加氢氟酸或氟化物清洗。对于硫酸盐水垢或硫酸盐与硅酸盐混合水垢，应预先碱煮转型，再用盐酸或盐酸添加氟化物清洗。对于有机油脂类附着物，可以采用表面活性剂、生物酶等方法去除，也可以采用碱洗剂去除。在清除动植物油脂的酸性污垢时，可通过化学反应生成皂和盐，将其溶解或分散于水溶液中。在加热条件下，碱会促进大分子蛋白质水解，使其转变成较小分子的氨基酸而溶解。对于难溶于酸和水的无机盐垢，例如坚硬的硫酸钙垢、硅酸钙垢等，可将其与某些碱性清洗剂进行化学反应，转化为疏松的易溶于酸的新盐后，再用酸洗方法清除④。

在实际操作中，也经常采用酸、络合剂、表面活性剂联用的方式来清洗较为顽固的污染

---

① 贺章、张秉坚：《蒸汽清洗技术在石材护理和文物保护中的应用和发展趋势》，载《石材》2011年第7期。

② 黄河、杨庆峰等：《微纳米气泡清洗“南海一号”出水瓷器的安全性评价研究》，载《文物保护与考古科学》2017年第3期。

③ 胡珺：《柳孜运河遗址出土刻莲瓣白釉盏和青白釉碗的研究与修复》，中国科学技术大学2016年硕士学位论文；吴启昌：《“南海Ⅰ号”两件出水瓷器文物的保护与修复》，载《文物保护与考古科学》2016年第1期。

④ 周双林：《瓷器表面硅质水垢的清洗》，载《中原文物》1995年第2期。

物，比如使用浓度为3%的苹果酸、5%的二乙烯三胺五乙酸和EDTA二钠盐作为华光礁出水瓷器表面黄白色沉积物的清洗试剂①。为增加化学清洗试剂的反应时间及对清洗位置的针对性，可采用凝胶缓释技术混合清洗剂对清洗部位进行贴敷处理。在具体实践中发现，硅藻土混合草酸对瓷器冲口土锈污染物有良好的清洗效果②。

研究表明，酸碱络合剂等对瓷器胎釉成分均有腐蚀溶解作用。常见的化学清洗剂中，酸性材料有草酸、柠檬酸、醋酸等，络合材料有六偏磷酸钠、EDTA二钠盐、NTA③等，碱性材料有碳酸钠等，氧化材料有84消毒液和双氧水等。碱性材料、络合材料对瓷器胎釉有非常严重的损伤，可造成胎釉内部物质的溶蚀流失。各类酸性材料也会对胎釉造成损伤，尤其是草酸。氧化剂中的84消毒液和双氧水对瓷釉损伤较小④。

在菏泽元代沉船出土瓷器文物的清洗工作中，我们采用的是双氧水加氨水的方法清洗瓷器表面的污染物⑤。双氧水是氧化剂，常用于木材、丝毛织品、象牙、纸浆的漂白。双氧水和水混合时发生化学反应，双氧水被分解并放出具有强氧化作用的原子态氧。氨水的作用就是促使原子态氧的生成。双氧水加氨水常用于对硅片的清洗。首先把器物放入威派斯文物专用液体肥皂中浸泡，软化器物茬口处残留的胶粘物。然后采用丙酮溶液将茬口清洗干净。对于表面大面积的黄色铁锈侵蚀，可先从腐蚀性小、成熟的化学清洗试剂入手，在器物上进行局部试验，取得一定效果后再大面积使用。双氧水和氨水的混合溶液对铁锈侵蚀等污染物的去除具有良好效果。污染物去除干净后，还需要将文物放入去离子水中浸泡，置换出残留的化学清洗剂（图4-20）。

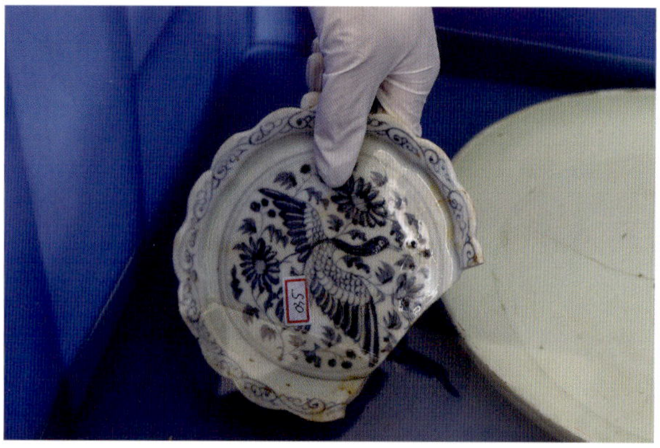

图4-20　浸泡清洗

图4-21　热熔胶临时加固

① 包春磊：《华光礁出水瓷器表面黄白色沉积物的分析及清除》，载《化工进展》2014年第5期。

② 朱善银、刘洁等：《古陶瓷冲口和冰裂纹清洗技术研究》，载《清洗世界》2017年第3期。

③ 刘舜强、张静：《陶瓷去垢剂NTA的去垢机理研究》，载《文物修复与研究》，2003年。

④ 胡东波、张红燕：《常用清洗材料对瓷器的影响研究》，载《文物保护与考古科学》2010年第1期。

⑤ 白广珍、段鸿莺等：《菏泽古船一件青花花鸟瓷盘的保护研究》，见《中国文物保护技术协会第十次学术年会论文集》，科学出版社2020年版。

（四）修复

前期去除附着物、清洗等工作都是为接下来的修复步骤做准备。瓷器类文物的修复以采用国际成熟工艺为主，结合部分现代新材料和新工艺。修复步骤主要包括粘接、补配、做釉作色。

1. 粘接

对于裂缝、破碎瓷器，可根据器物断口处的特点，采取胶粘剂进行粘合。在具体操作过程中，首先要采用胶带、热熔胶等对破碎的瓷器进行预拼合固定（图4–21），确定拼合无误后，选用海克斯塔NYL–1型环氧树脂、爱劳达2020环氧树脂胶等进行粘接。

针对该青花花鸟纹盘，拼对瓷片时不能有丝毫错位。先用热熔胶固定，确定无误后用手术刀片蘸取爱劳达2020环氧树脂胶并使之流入缝隙中进行粘接，使用不掉毛的棉签擦去缝隙边缘多余的胶液。然后将其置于室温下等待16—25小时，使树脂完全固化。

2. 补配

指采用填补材料对缺损部位进行充填支撑。瓷器类文物多采用硬质石膏或爱劳达2020环氧树脂胶等，加入瓷土调成黏稠状对缺损部位进行填补，并采用手术刀、刮刀等修整。待补配材料完全固化后，在预打磨部位旁边的釉层处刷涂保护液，等保护液干燥成膜后，使用砂纸由粗到细对补配处进行打磨，打磨到用手触摸接缝处感到衔接一致、光滑无阻即可（图4–22）。

爱劳达2020环氧树脂胶是一种无色透明、室温固化、低黏度、高粘接强度、耐老化的光学树脂，折射率为1.553。玻璃相是瓷釉的主要组成，玻璃的折射率一般为1.5，故该树脂胶十分适合作为玻璃、瓷器的粘接补配材料。此外，也可以采用市面上常见的AAA超能环氧树脂胶，这种树脂胶的粘接效果也不错。刷涂液体保护膜对于减轻砂纸对原有釉层的破坏有积极意义。瓷器补配填料除瓷土外，还可以根据瓷器胎体、釉层的不同，选择石膏、石英粉、滑石粉、玻璃微珠等。在打磨方法上，除使用由粗到细不同标号砂纸慢慢打磨外，为追求抛光效果，还可以使用抛光膏。另外要注意使用“十字打磨法”，即先横向打磨，再竖向打磨。

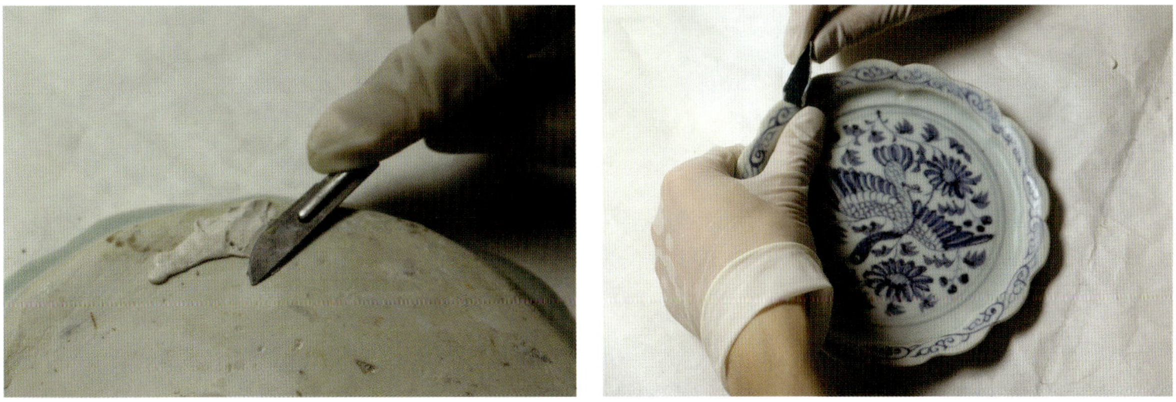

图4–22　补配和打磨

3. 做釉作色

以西马斯达专业2型室温修复釉为基料，使用意大利麦玛丽矿物颜料调出与文物色泽一致且覆盖力适当的底色，然后使用喷笔将文物上的裂缝及补配部位与文物本身色彩进行衔接。将底色浓度稀释至50%，再次对喷涂了底色的部位进行修饰，使之达到莹润质感，在视觉上接近文物本体。然后使用喷笔或画笔模仿文物本身纹饰，并制作纹饰以外的视觉效果。完成上述步骤后，刷涂无色透明釉料，对修复部位进行覆盖。

瓷器修复环节难度最大的是做釉作色，这项工作除需对文物本体的颜色进行细心观察并准确调色外，更重要的是用心寻求对文物质感的体现，尽量模仿那种自内而外生成的自然状态。在实际操作中，要把握好颜色、亮度的变化就要做好分层次作色。首先要按照原器调配出主色，运用互补色原理调出各种相近的颜色套色。整个作色过程可用喷笔喷涂与毛笔手绘相结合的方法，每喷涂完一层颜色之后，将文物放入烘干机中完全烘干或者用吹风机吹干，再用金相砂纸对喷涂好的部位打磨抛光，如此反复喷涂、打磨，直至修复部位颜色与原器大致相同。然后通过手绘的方式，使用矿物颜料对喷涂部位进行细微调整，利用美术学中的明暗关系对细部进行艺术处理，力求使颜色过渡自然。

瓷器修复釉料也可采用硝基清漆、丙烯酸清漆等，颜料除矿物颗粒颜料外，也可以采用丙烯酸快干色涂料等。

（五）封护

待修复部位凝固后，可使用文物修复微晶蜡对修复部位进行涂抹，使修复部位的光泽与原器表面吻合。

（六）完善保护修复档案

至此，这件青花花鸟纹盘的保护修复工作就完成了，然后拍照、称重，完善保护修复档案（图4-23）。

图4-23　HZC035青花花鸟纹盘保护修复后照片

（七）预防性保护

为便于今后保管及优化瓷器文物的保存条件，应将文物存放在专门的囊匣中，故需根据文物的形状制作无酸纸囊匣。

（八）移交

在完成以上工作后，单体瓷器的保护修复工作即宣告结束。完善保护修复档案后，需将该瓷器和保护修复档案的副本一并移交给所藏单位，同时对经过保护修复的瓷器进行观察，做好跟踪记录。

七、元青花鱼藻纹高足碗保护修复实例

（一）文物基本信息

元青花鱼藻纹高足碗（项目编号HZC036），口径17cm，底径6.6cm，通高10.9cm，重555g。侈口，圆唇，弧腹，竹节形高足，足中空。内壁口沿处饰一周卷草纹，底心饰水藻鳜鱼纹。竹节足柄，外壁上部饰缠枝莲花纹，下部饰仰莲瓣纹。青花发色浓重艳丽，有晕散，积釉处呈鸭蛋青色，色重处有黑色结晶斑，结晶斑浓重处下凹且有“锡光”现象。器物病害为口沿残缺，有冲口，表面有泥土附着物和铁锈（图4–24）。其口沿缺损部分在凝结物（HZC005）中找到一部分。

图4–24　HZC036元青花鱼藻纹高足碗保护修复前照片

（二）保护修复步骤

1. 建立文物保护修复档案

拍照，测量尺寸，称重，建立保护修复档案，绘制病害图（图4–25、4–26）。

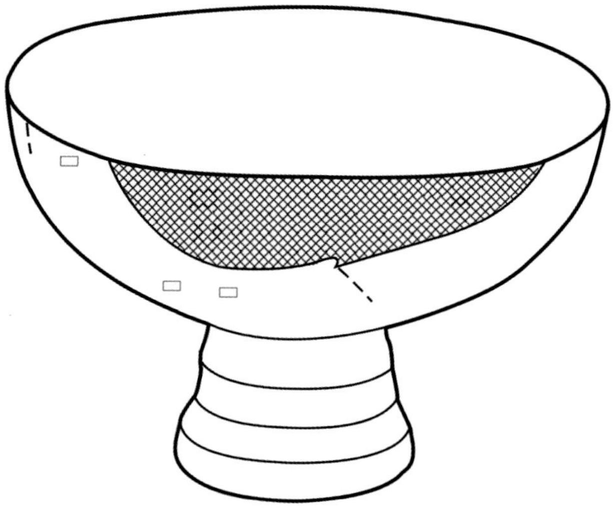

HZC036 元青花鱼藻纹高足碗正视病害图

调查	张坤	校对	白广珍	项目名称	山东菏泽古船出土文物保护修复项目		
绘图	问娜娜	审定	吴双成	制作单位	山东省文物保护修复中心	日期	2017.07

图4-25 HZC036元青花鱼藻纹高足碗病害图1

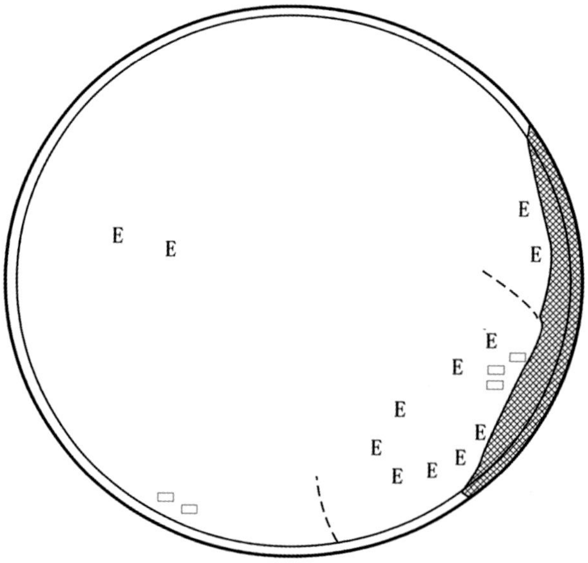

HZC036 元青花鱼藻纹高足碗俯视病害图

调查	张坤	校对	白广珍	项目名称	山东菏泽古船出土文物保护修复项目		
绘图	问娜娜	审定	吴双成	制作单位	山东省文物保护修复中心	日期	2017.07

图4-26 HZC036元青花鱼藻纹高足碗病害图2

2. 清理与清洗

将器物放入威派斯文物专用液体肥皂中浸泡，去除器物表面、断面和冲口中的污垢，用双氧水加氨水去除器物表面的铁锈等附着物，然后用蒸馏水将残留的化学试剂清洗干净（图4-27、4-28）。

图4-27 威派斯文物专用液体肥皂浸泡

图4-28 清洗后效果

3. 粘接补配

拼对瓷片，用胶带固定，确定无误后将爱劳达2020环氧树脂胶滴入缝隙进行粘接（图4-29）。采用石膏在器物完整处翻出内外模，再移至器物残缺处固定，将爱劳达2020环氧树脂胶加入瓷粉和矿物颜料搅拌均匀，用针管打入填充（图4-30）。待环氧树脂胶固化后，使用砂纸由粗到细对补配处进行打磨，直到补配处表面光滑无缝（图4-31）。

图4-29 环氧树脂胶粘接

图4-30 填充环氧树脂胶

4. 做釉作色

使用喷笔做釉作色（图4-32），颜色的色相、稀释度和透明度需经反复试验，每喷一遍后用环己酮喷涂在做旧处，使颜色自然晕染。为保证修复效果，还可以使用画笔配合做旧。

图4-31 砂纸打磨光滑

图4-32 喷笔作色

5. 完善档案

拍照，称重，完善保护修复档案（图4-33）。

（三）自评估意见

该文物主要存在断裂、残缺、铁锈侵蚀等病害。通过使用威派斯文物专用液体肥皂、双氧水加氨水清洗除锈，环氧树脂材料粘接、补配，毛笔、喷笔随色做旧等技术措施修复了该文物，并建立了文物保护修复档案。经过保护修复，文物原貌得以展现，基本达到了既揭示文物信息又延长文物寿命的目标。

图4-33 HZC036元青花鱼藻纹高足碗保护修复后照片

八、青白釉印花瓷盘保护修复实例

（一）文物基本信息

青白釉印花瓷盘（项目编号HZC009），直径8cm，底足径5.5cm，通高2.6cm。敞口，圈足，青白釉，底足不施釉，内部有印花图案。器物破碎成15块，临时粘接固定，表面有铁锈侵蚀。目前文物难以满足博物馆展陈要求，文物承载的信息无法得到全面展现，亟待保护修复处理（图4-34）。

图4-34　HZC009 青白釉印花瓷盘保护修复前照片

（二）保护修复步骤

1. 建立文物保护修复档案

对文物进行拍照，测量尺寸，称重，建立保护修复档案，绘制病害图（图4-35、4-36）。

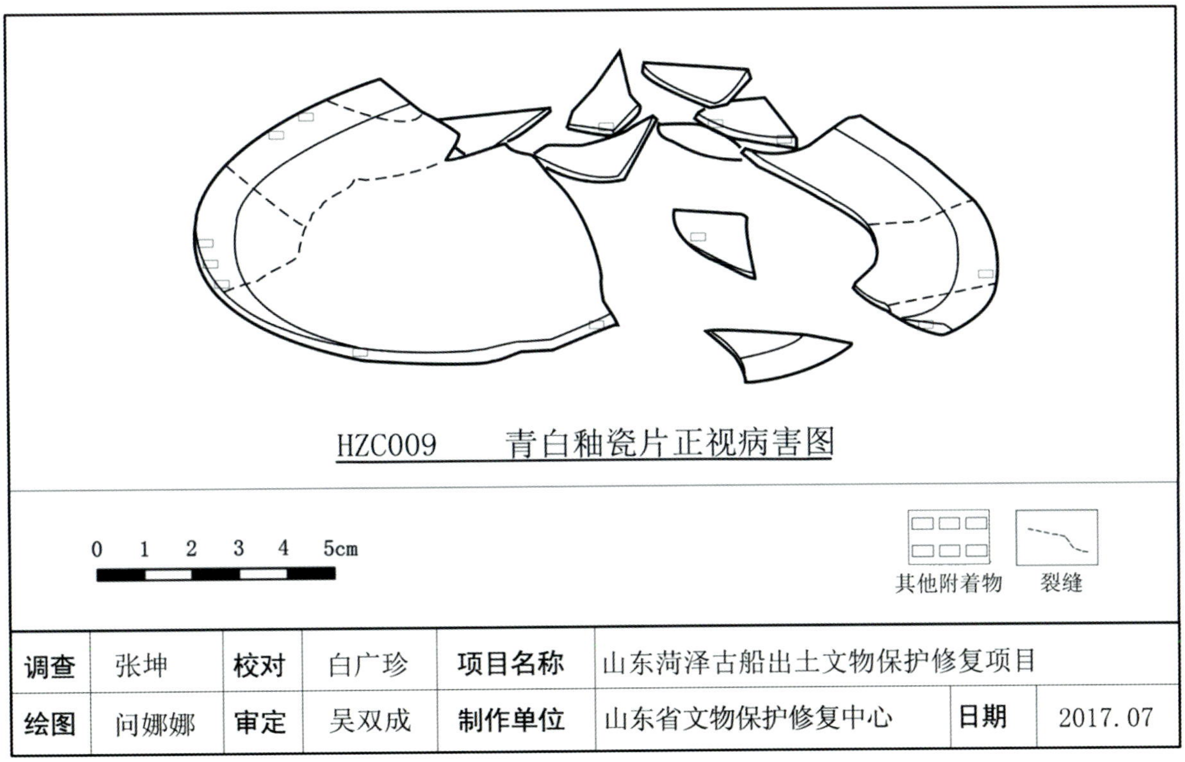

图4-35　HZC009 青白釉印花瓷盘病害图1

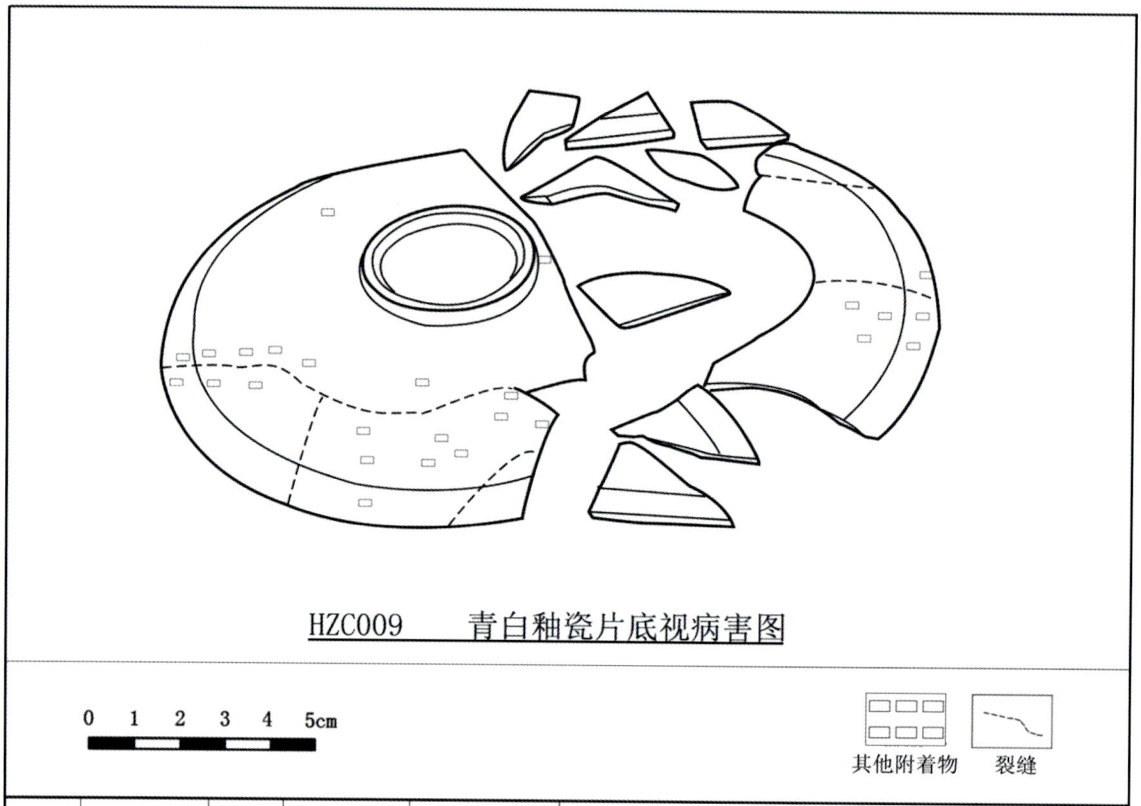

调查	张坤	校对	白广珍	项目名称	山东菏泽古船出土文物保护修复项目		
绘图	问娜娜	审定	吴双成	制作单位	山东省文物保护修复中心	日期	2017.07

图4-36　HZC009 青白釉印花瓷盘病害图2

2. 清理与清洗

因器物曾临时粘接且稍有错位，故先将器物置于盛有丙酮溶液的熏蒸器中进行拆解，拆解后的瓷片放入威派斯文物专用液体肥皂中浸泡，软化器物茬口处残留的胶粘物（图4-37），然后用双氧水加氨水去除表面铁锈并用蒸馏水清洗干净。随后用pH检测仪检测双氧水清洗浸泡液酸碱度，pH值为8.0，为弱碱性（图4-38）。清洗后效果见图4-39。

图4-37　威派斯文物专用液体肥皂浸泡

图4-38　pH检测仪检测其酸碱度

3. 粘接补配

粘接前首先要去除粘接面上的尘土及污垢，尽可能将浮土和污垢清除干净，以保证粘接效果。然后按照从底部至口沿的次序拼对瓷片，拼好后用胶带临时固定，确定无误后再向瓷片接缝中滴入爱劳达2020环氧树脂胶（图4–40）。补配时，采用双组分环氧树脂胶填补其他缝隙。对于较大的缺损部位，则需在胶中加入瓷粉和矿物颜料调成黏稠状进行填补，待其固化后用砂纸打磨。

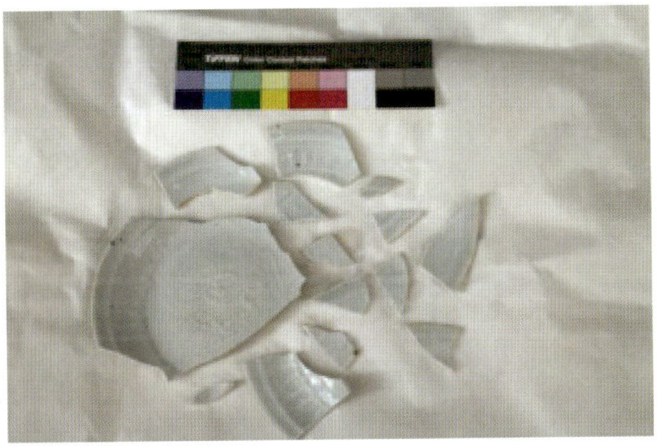

图4–39　清理与清洗后

图4–40　环氧树脂胶粘接

4. 做釉作色

环氧树脂胶固化后，使用砂纸对补配处进行打磨，直到补配处表面光滑、衔接无缝（图4–41）。然后使用喷笔做釉作色，颜色的色相、稀释度和透明度需经反复试验，每喷一遍后用环己酮喷涂在做旧处，使颜色自然晕染。最后使用画笔做旧，使补配部位与器物整体视觉效果协调（图4–42）。

图4–41　砂纸打磨

图4–42　喷笔做釉

5. 完善档案

拍照，称重，完善保护修复档案（图4–43）。

图4-43 HZC009 青白釉印花瓷盘保护修复后照片

（三）自评估意见

青白釉印花瓷盘主要存在破碎严重、铁锈侵蚀、缺失等病害。使用威派斯文物专用液体肥皂、双氧水加氨水对其进行清洗除锈后，用环氧树脂材料进行粘接、补配，又用毛笔、喷笔等工具做釉作色，等等。通过上述修复步骤修复了该文物，并建立了文物保护修复档案。经过保护修复，青白釉印花瓷盘的原貌得以展现，基本达到了既揭示文物信息又延长文物寿命的目标。

第五章　金属类文物保护修复

金属类文物包括金器、银器、青铜器、铁器、锡器、铅器等。除金等少数金属元素外，大部分金属元素的化学性很活跃。金属材料容易因周围介质（水、空气、酸、碱、盐、溶剂等）的作用而发生腐蚀。

青铜器是以铜和锡、铅等合金铸造的器物。青铜器原本为金黄色，历经长期的地下埋藏和自然环境的侵蚀作用，表面多有青绿色锈蚀，故称“青铜器”。青铜器锈蚀物中危害最大的是“粉状锈”，它会由点腐蚀逐渐扩散，由文物局部腐蚀至整体，破坏文物的花纹、图案、铭文等①。同时，粉状锈可以随环境扩散，传染至其他青铜器。铁质文物易腐蚀是共识，影响铁质文物腐蚀的内因除铁元素本身化学性质活跃外，还包括古代的铁器一般都是铁、碳合金，二者的电位差易引起电化学腐蚀；外因方面，水和氧气是引起铁质文物腐蚀的罪魁祸首②。地下出土的银质文物多呈黑色或灰黑色，这是硫化腐蚀的结果。

经长期埋藏的金属类文物，受外界环境和自身材质的影响，大部分会产生腐蚀病害。金属类文物往往存在全面腐蚀、点腐蚀、表面硬结物、残缺、裂隙、矿化等病害，形态上表现为支离破碎、残缺不齐、锈蚀遮盖纹饰甚至通体矿化，文物形状难存，危在旦夕。因此，采取科学的保护修复措施和预防性保护措施，消除或转化金属类文物病害，恢复文物价值，延长文物寿命，更好地发挥其艺术、历史、科学价值，是文物保护工作者的一项重要工作。

一、基本信息

此次菏泽沉船出土铜器共21件（套），包括铜权4件（套）、铜镜2件、铜灯3件，以及花口铜盘、铜匙、铜镂空底座、铜铃、铜提梁、铜香炉、铜勺、铜铆钉、铜网坠一组、铜钱等。其中该沉船出土的一组铜网坠共94个，皆由青铜铸造，这点也能反映出该船主人身份地位之特殊。

沉船出土的铁器文物数量亦不少，除船体所带上千枚铁船钉外，此次保护修复项目涉及

① 贾文忠：《金属文物保护修复前的检测分析》，载《文物修复与研究》，2003 年。

② 申桂云：《铁质文物锈蚀机理及广西出土、出水铁质文物保护研究》，吉林大学 2009 年硕士学位论文。

的还有铁叉、铁钩、铁勺、铁锅、铁炭盆等。从铁器功能上看，多数是随船工人打鱼作业以及生火做饭等日常用具。银质文物为一枚方孔银币，金质文物为一对绿松石金耳坠。

二、病害评估

沉船考古发掘出土的瓷器、铁器、青铜器等百余件（套）文物，被打包运至菏泽市博物馆保存收藏。至2017年保护修复工作开始前，部分保存较为完整的、欣赏价值高的瓷器类文物已经陈列展出，其他大部分器物存放于库房内。博物馆缺乏预防性保护措施，无恒温恒湿控制系统，部分器物受自然环境影响较大，保存状况堪忧。

参照2014年实施的文物保护行业标准《可移动文物病害评估技术规程　金属类文物（WW/T 0058—2014）》，金属类文物病害分为残缺、断裂、裂隙、变形、层状堆积、孔洞、表面硬结物、矿化、点腐蚀、微生物损害、含氯腐蚀产物、可溶盐腐蚀产物十二种。根据以上标准，经病害调查统计，沉船出土金属类文物保存状况各异，单件文物存在如层状堆积、表面硬结物、断裂、残缺、矿化等多种病害。特别是铁器文物，基本都是通体腐蚀状态，表面硬结物较多，难以看到铁质原貌。

本次保护修复的金属类文物中，存在残缺类病害的有6件（套），存在断裂类病害的有8件（套），存在变形类病害的有2件（套），存在层状堆积类病害的有19件（套），存在表面硬结物类病害的有27件（套），存在矿化类病害的有5件（套），存在点腐蚀类病害的有2件（套）。按病害程度统计，有中度病害文物5件（套）、严重病害文物15件（套）、濒危病害文物11件（套）。每件（套）文物存在的典型病害情况参见表5-1、图5-1、图5-2。

表 5–1　金属类文物典型病害情况统计表

编号	名称	材质	数量	存在病害情况	病害等级
HZC051	铁叉	铁	1	残缺、层状堆积、表面硬结物	濒危
HZC063	铁灯盏	铁	1	断裂、矿化、表面硬结物	濒危
HZC071	铁锅	铁	1	表面硬结物	濒危
HZC072	铁勺	铁	1	残缺、断裂、矿化、表面硬结物	濒危
HZC076	铁钩	铁	1	矿化、表面硬结物	濒危
HZC077	铁钉	铁	1	矿化、表面硬结物	濒危
HZC094	大铁盆	铁	1	层状堆积、表面硬结物、断裂	濒危
HZC095	铁炭盆	铁	1	层状堆积、表面硬结物、断裂、残缺、矿化	濒危
HZC044	铜权和称盘	铜	2	层状堆积、表面硬结物	严重

（续表）

编号	名称	材质	数量	存在病害情况	病害等级
HZC045	至正十四年款铜权	铜	1	层状堆积、表面硬结物	严重
HZC046	铜权	铜	1	表面硬结物	中度
HZC047	平字款铜权	铜	1	表面硬结物	中度
HZC048	花口铜盘	铜	1	层状堆积	严重
HZC049	铜匙	铜	1	表面硬结物	严重
HZC050	铜镂空底座	铜	1	断裂、变形、残缺、表面硬结物	严重
HZC053	花钱	铜	1	层状堆积、表面硬结物	严重
HZC054	五行大布花钱	铜	1	层状堆积、表面硬结物	严重
HZC055	铜钱一宗	铜	1宗	层状堆积、表面硬结物	严重
HZC056	铜镜	铜	1	断裂、层状堆积	严重
HZC057	铜铃	铜	1	表面硬结物	严重
HZC058	铜提梁	铜	1	层状堆积、表面硬结物	严重
HZC059	铜鹤形灯	铜	1	残缺、断裂、层状堆积、表面硬结物	濒危
HZC060	铜网坠一组	铜	94	层状堆积、表面硬结物	严重
HZC061	铜灯盏	铜	1	层状堆积、表面硬结物	严重
HZC062	铜香炉	铜	1	层状堆积、表面硬结物、点腐蚀	中度
HZC065	铜灯盏	铜	1	表面硬结物、残缺	濒危
HZC068	铜勺	铜	1	残缺、断裂、层状堆积、变形	濒危
HZC074	铜镜	铜	1	层状堆积、表面硬结物、点腐蚀	严重
HZC075	铜铆钉	铜	1	层状堆积、表面硬结物	中度
HZC052	银币	其他	1	层状堆积、表面硬结物	严重
HZC032	绿松石金耳坠	其他	2	表面附着物	中度

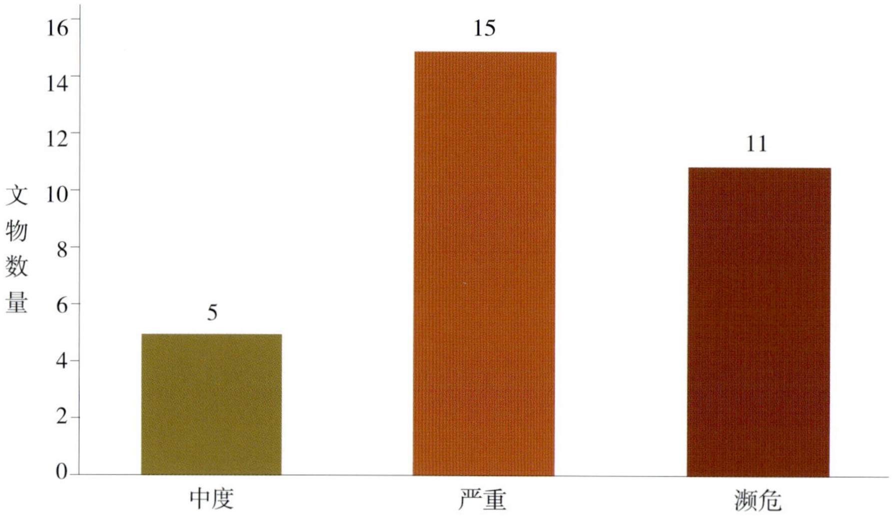

图5-1 金属类文物病害程度分类图

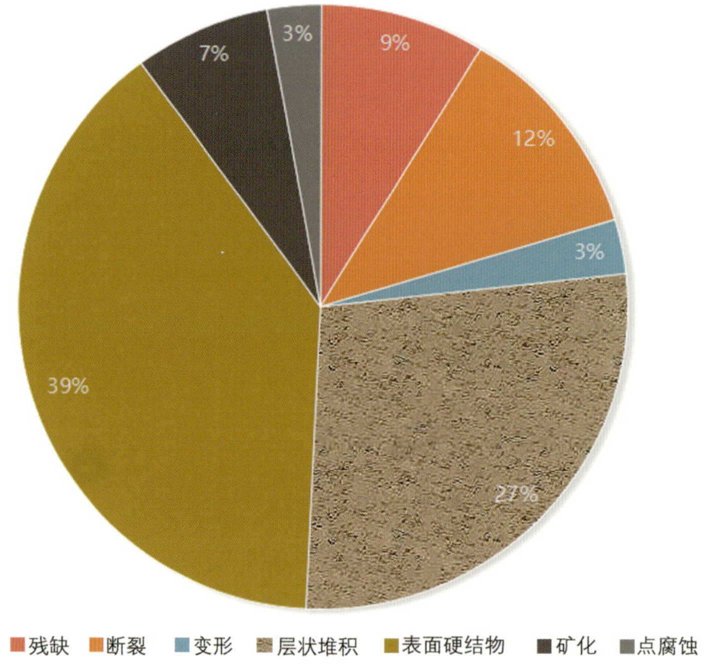

图5-2 金属类文物典型病害种类分布统计图

下面举例说明金属类文物存在的典型病害情况。

HZC074铜镜存在层状堆积、表面硬结物、点腐蚀病害（图5-3）；HZC050铜镂空底座存在断裂、变形、残缺、表面硬结物病害（图5-4）；HZC051铁叉存在残缺、层状堆积、表面硬结物病害（图5-5），HZC095铁炭盆存在层状堆积、表面硬结物、断裂、残缺、矿化病害（图5-6）。

图5-3 HZC074铜镜

图5-4 HZC050铜镂空底座

图5-5 HZC051铁叉

图5-6 HZC095铁炭盆

整体上看，铁器类文物病害比较严重，绝大多数表现为通体矿化，表面遍布铁锈、泥土等附着物，难以看到铁器的本来面貌。而青铜器也多存在表面硬结物，或呈现全面腐蚀状态。大部分青铜器表面及内部存在硬质土锈或钙化物，部分器物通体锈蚀，局部锈蚀较厚，纹饰部位被锈蚀层或附着物覆盖，难以辨认。

三、保护修复技术路线

（一）铜器类文物保护修复技术流程

首先开展文物信息采集工作，包括登记文物信息，修复前拍照，记录文物检测结果、文物名称、收藏单位、文物登录号、文物来源、文物时代、文物材质、文物级别、提取日期、提取经办人、保存现状、病害状况，等等。在此基础上，填写文物保护修复基本信息表和文物保存现状表，建立文物保护修复档案。其次绘制文物病害图并开展文物本体和样品病害分析检测工作。然后根据分析结果采取成熟的保护修复技术措施如清理除锈、缓蚀、粘接补配、封护做旧等，完成文物本体保护修复工作。最后完善保护修复档案（图5-7）。

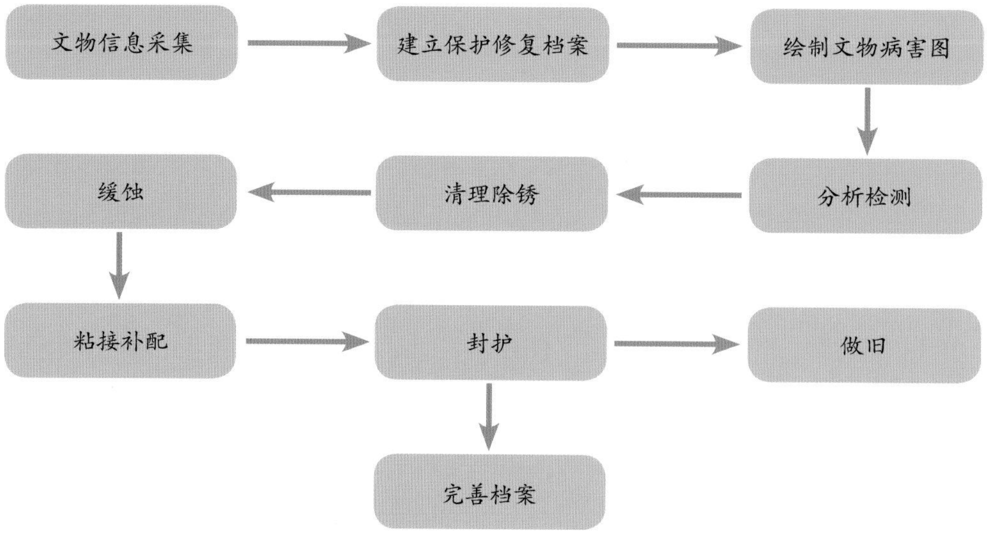

图5-7 铜器类文物保护修复技术流程图

（二）铁器类文物保护修复技术流程

首先开展文物信息采集工作，包括登记文物信息，修复前拍照，记录文物检测结果、文物名称、收藏单位、文物登录号、文物来源、文物时代、文物材质、文物级别、提取日期、提取经办人、保存现状、病害状况等基本信息，填写文物保护修复基本信息表和文物保存现状表，建立文物保护修复档案。其次绘制文物病害图并开展文物本体和样品病害分析检测工作。然后根据分析结果采取成熟的保护修复技术措施如脱盐除锈、缓蚀、粘接补配、封护做旧等，完成文物本体保护修复工作。最后完善保护修复档案（图5-8）。

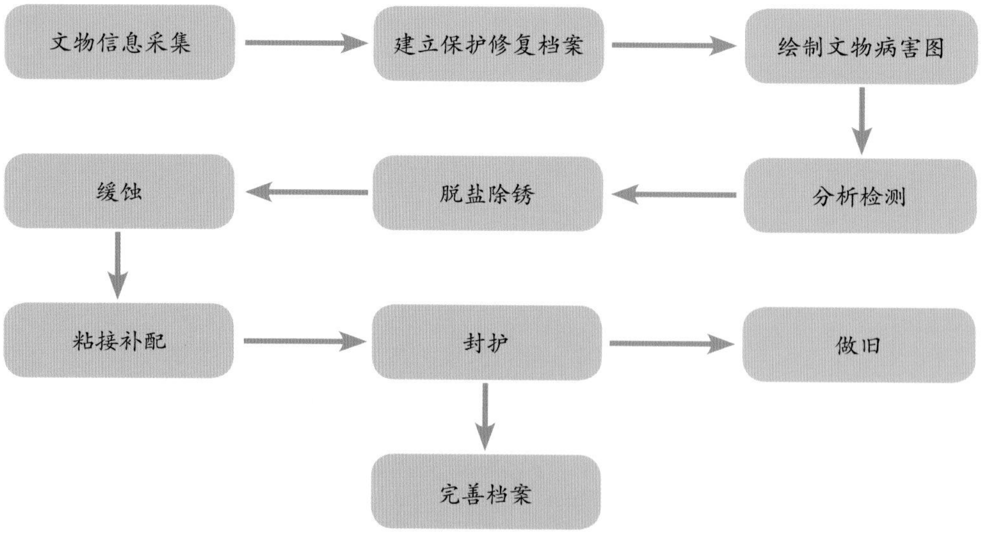

图5-8 铁器类文物保护修复技术流程图

四、保护修复工具、材料

1. 铜器类文物保护修复工具、材料

清理工具和材料：文物专用喷砂机、超声波清洗仪、硬毛刷、手术刀、微型电磨机、超声波洁牙机、脱脂棉、棉棒、去离子水、EDTA、六偏磷酸钠、乙醇、丙酮等。

去除有害锈材料：柠檬酸、双氧水、碳酸钠、碳酸氢钠、酒石酸钾钠、氧化银等。

修复工具和材料：除常用铜器修复工具外，还包括铜器矫形器、吊磨机、牙科钻、显微镜。修复材料包括环氧树脂、B-72、锡焊、松香、纯铜片、无纺布、速成铜、矿物颜料、油泥、红白打样膏、砂纸等。

缓蚀材料：乙醇、BTA。

封护材料：B-72、丙酮等。

作色工具和材料：喷笔、矿物颜料等。

2. 铁器类文物保护修复工具、材料

清理工具和材料：文物专用喷砂机、超声波清洗仪、硬毛刷、手术刀、微型电磨机、超声波洁牙机、脱脂棉、棉棒、纯净水、无水乙醇、EDTA、六偏磷酸钠、柠檬酸等。

去除有害锈材料：柠檬酸、碳酸钠、碳酸氢钠等。

修复材料：双组分环氧树脂胶、矿物颜料、油泥、红白打样膏、砂纸等。

缓蚀材料：蒸馏水、单宁酸、磷酸、无水乙醇。

封护材料：B-72、丙酮等。

作色工具和材料：喷笔、矿物颜料、无水乙醇、去离子水、虫胶漆等。

五、铜器类文物保护修复流程

（一）照相建档

建档工作主要指用文字和图片对文物的相关属性进行描述，以及记录保护修复过程中采用的药品、技术及分析测试结果等。建档前需设计符合标准规范要求的文物保护修复登记卡，严格对修复过程进行登记。除完成每件文物基本信息登记外，在保护修复过程中要随时记录所采取的方法和使用的化学药品，包括操作时间、药品名称、药品浓度、操作方法、操作人、预期效果和实际结果等，还要按照标准规范要求绘制文物病害图。

为完善保护修复档案，除采取文字记录方式外，还要收集图片、视频资料。初步建立文物档案所需的照片不仅要反映器物的整体外貌，还要反映器物的局部特征，尤其是病害严重位置的特征。在保护修复过程中也要注意留取照片资料，特别是在修复阶段。

（二）取样

为更好地做好清洗、除锈等保护修复工作，必须对青铜器进行相关分析测试。项目组计划从锈蚀成分、铸造工艺等方面进行分析测试，因此取样工作主要针对器物表面的不同锈蚀物，尤其是粉状锈。

（三）检测分析

检测分析工作主要有以下两个方面：

1. 青铜器铸造工艺研究

对部分器物进行X光拍照，以了解器物内部结构，同时在体式显微镜下进行观察，特别要注意器物铸造特点、表面加工痕迹、范线残留等，为该批青铜器的铸造工艺、产地等方面的研究提供科学依据。

2. 青铜器表面锈蚀成分分析

采用扫描电镜、能谱、X射线衍射等分析手段对锈蚀成分进行分析，为接下来的保护修复工作提供科学依据。

（四）清洗

主要指去除青铜器表面附着的灰尘、污垢等残留物。青铜器表面的灰尘、附着泥土、污垢等相对较容易去除，可采用去离子水浸泡后，用稍硬的毛刷将残留物刷去。器物表面残留的大面积颜料、漆膜、木材痕迹，可在对器物进行局部加固的基础上提取，然后采取棉签蘸取酒精或去离子水轻轻擦拭的方式去除表面土锈等残留物。

（五）除锈

主要是对青铜器表面影响器物外观的锈蚀物和较坚硬的钙化物进行清理。除锈一般采用物理或化学方法，有时需要两者相结合。物理方法指使用机械、电动工具或五金工具，在低倍显微镜下，通过打磨、敲打等手段将锈蚀及矿化物摩擦、震落下来，从而达到除锈目的。从该批青铜器的保存状况来看，部分器物可采用物理方法除锈。

对于物理方法难以去除或不宜使用物理方法去除的锈蚀，可采取化学方法，如采用柠檬酸、六偏磷酸钠、EDTA二钠盐、酒石酸钾钠的碱性溶液、双氧水等化学试剂去除。这些化学试剂的酸碱性质有差别，对不同锈蚀产物有着不同的作用。本次计划先从腐蚀性小、成熟的化学试剂入手，在器物上进行局部试验，取得一定效果后再大面积使用。化学方法除锈后容易使器物颜色发生变化，要注意将器物浸泡在去离子水中，清洗、置换出残留的化学药品。

（六）缓蚀

考虑到环境等因素以及青铜器本身保存状况不稳定，因此必须对部分器物进行缓蚀处理。目前国内外比较成熟的方法就是BTA缓蚀。具体方法是配制低浓度（1%—3%）酒精溶液，采用减压渗透浸泡、喷涂、刷涂等方式进行处理。经过BTA缓蚀后的青铜器，颜色会加重。需要注意的是，器物缓蚀前需保持完全干燥状态，以防止出现泛白现象。另外要注意抽真空设备的安全性能。

（七）稳定性检验

目前来看，无论使用化学方法还是物理方法，青铜器内部的氯化物很难被清除干净，一旦氧气和水分达到其生长的条件，粉状锈就会再次“冒”出来。因此在缓蚀工作完成后，还应对器物进行稳定性检验。将器物置入恒温恒湿箱内，将温度调整到30℃，相对湿度（RH）调整到80%，放置一段时间（约半个月），观察器表是否有粉状锈的锈点出现。如果出现，则证明以前的工作还不够彻底，需要重复除锈、除氯步骤。

（八）封护

表面封护是为了在不利环境下，减缓环境变化对青铜器的腐蚀影响。经过表面封护的青铜器，能够大大增强对空气污染的抵抗能力。目前比较成熟的封护材料是丙烯酸树脂Paraloid B-72。本次计划对项目所涉及的所有青铜器采取表面封护措施。

（九）修复

前期清洗、除锈、封护等工作都是为修复步骤做准备。修复工作以采用传统修复工艺为主，融合部分现代新材料和新工艺。修复步骤主要包括矫形、粘接、补配、做旧。

1. 矫形

部分青铜器存在变形、扭曲病害，为复原器物形状，必须对变形处进行矫形处理。由于变形青铜器胎体较为脆弱，在矫形过程中应充分利用矫形工具，循序渐进，慢慢使变形器物恢复原貌，切不可急于求成、一步到位。

2. 粘接

对于断裂、开裂的青铜器，可根据器物断口处的特点，选择焊接或胶粘方法进行粘接。在具体操作过程中，使用胶粘方法能达到修复效果的，尽量采取胶粘方法，可选用的粘接材料有环氧树脂等；对于胶粘达不到一定强度或无法胶粘的情况，可在尽量减少焊接面的情况下，采取局部打扒钉的焊接方法提高粘接强度，焊接方式主要为锡焊。

3. 补配

指按照青铜器残缺部位的大小，使用环氧树脂、铜皮等材料制作出同样大小和厚度的“残片”，然后粘接在青铜器的残缺部位。补配材料有纯铜、速成铜、无纺布和环氧树脂等。该批青铜器以纯铜、环氧树脂粘贴层层无纺布为补配材料，对于有一定机械强度且缺损面积较大的器物，可采取纯铜补配。纯铜补配主要有两种类型，一种是素面铜器，可直接采用厚度相当的铜片，按照器物的外形进行加工，然后再补配；另一种是有纹饰的铜器，可采用薄铜皮结合原子灰等材料雕刻花纹进行补配。

对于缺损面积小且本身机械强度不高的器物，可采取环氧树脂粘贴层层无纺布的补配方法。具体工艺流程是，按照青铜器残缺部位的形状和厚度，将无纺布和环氧树脂层层粘贴，做成“残片”，然后用环氧树脂将新做“残片”粘接在相应位置。

4. 做旧

为更好展示文物的完整性，一般对修复、补配和加固部位进行做旧、做锈处理。一件残破的青铜器复原后，需使用各种做锈材料涂在补配部位，使之达到与原器表面色泽整体协调的效果。做锈材料以酒精、漆片、树脂胶及各种矿物颜料为主。

（十）预防性保护

为便于今后保管及优化该批青铜器的保存环境，应将器物存放在专门的囊匣中，故需根据每件器物的形状制作囊匣。

（十一）完善档案、移交

在完成以上工作后，单体青铜器的保护修复工作即宣告结束。完善保护修复档案后，需将该批青铜器和保护修复档案的副本一并移交给所藏单位，同时对经过保护处理的青铜器进行观察，做好跟踪记录。

六、铁器类文物保护修复流程

（一）照相建档

铁器类文物保护修复流程中的照相建档步骤及要求与铜器类文物相同，此处不再赘述。

（二）取样

为更好地做好清洗、除锈等保护修复工作，必须对铁器进行相关分析测试。项目组计划从锈蚀成分、铸造工艺等方面进行分析测试，因此取样工作主要针对器物表面的不同锈蚀物

（附着物）。

（三）检测分析

检测分析工作主要有以下两个方面：

1. 铁器铸造工艺研究

初步计划对部分器物进行X光拍照，以了解器物内部结构，同时在体式显微镜下进行观察，特别要注意器物铸造特点、表面加工痕迹、范线残留等，为该批铁器的铸造工艺、产地等方面的研究提供科学依据。

2. 铁器表面锈蚀成分分析

采用扫描电镜、能谱、X射线衍射等分析手段对锈蚀成分进行分析，为接下来的保护修复工作提供科学依据。

（四）清洗

在“最小干预”原则指导下，根据每件器物的特点和状况，在分析研究的基础上采用机械和化学软化相结合的方法，并使用文物专用喷砂机、超声波清洗仪等仪器对文物进行清洗，从而去除表面硬结物和可溶盐类附着物。从局部着手，采取边试验、边清理、边改进的循序渐进式方法，对器物纹饰较为集中的部位进行重点清理，对病害较为突出、情况复杂的部位进行谨慎处置。通过清理，进一步揭示文物的历史信息，了解文物本体的机理及病害，随时调整保护修复方法。

清理工作以机械清理为主。先使用软化类溶液对铁器锈蚀和表面硬结物进行软化，再使用文物专用喷砂机、超声波洁牙机、微型电磨机、手术刀等工具进行去除。在清理过程中，可以用棉签蘸乙醇溶液配合擦拭疏松的土垢、钙质沉积及器表不太平整的锈层。堆积较为严重的锈蚀也可适当采用超声波清洗仪，以提高清理效率。

对于面积较大、质地坚硬的硬结物或者质地较薄的器物，上述办法无效时，可采用化学方法辅助，用浓度为5%的EDTA二钠盐溶液（pH值为8—10）、浓度为5%的六偏磷酸钠溶液或浓度为5%的柠檬酸溶液进行局部贴敷或者整体浸泡（可以使用超声波清洗仪），待硬结物软化后，再使用毛刷、手术刀等工具进行机械清理。使用化学试剂清洗后，应当用纯净水将文物表面残留的化学试剂洗去，避免化学试剂对文物造成不良影响。

清理工作要在大视野工作台上或体式显微镜下操作，以确保清理工作的安全和彻底。若清理之后器物表面或者内部残余水分，会使器物结构变得疏松，并且为腐蚀的发生提供媒介，还会吸收有害离子、滋生有害微生物等，对器物的保存极为不利，因此可使用烘干箱或吹风机等工具进行强制烘干。

（五）除锈

用手术刀等小型工具小心剔除最易吸附灰尘、水蒸气及有害成分的器物表面膨胀疏松的浮锈，以消除使器物进一步腐蚀的媒介。

（六）修复

针对该批铁器的病害现象，有所选择地采取以下修复措施：

1. 加固

针对矿化严重、基本无铁质的铁器，应尽快采取加固及封护处理，以保持器物形态完整。

2. 粘接和补配

这批铁器中部分器物存在残缺及裂隙病害，应对残缺和裂隙部位进行修补，以加强连接强度，使文物更加完整，恢复其原有的形貌。由于裂隙和残缺面积都不大，拟采用高分子材料粘接和补配。此次粘接、补配以环氧树脂胶为主，它操作方便、性质坚硬、粘接力强、抗老化性能好并可用于制作模具。

（七）缓蚀

为了提高文物对环境变化的抵抗能力，阻止本体内部继续腐蚀或减缓腐蚀的发展进程，应立即对已完成清理、除锈和修复步骤的铁器进行缓蚀保护处理。拟使用蒸馏水＋单宁酸+磷酸＋无水乙醇复配缓蚀剂，将器物置于盛有缓蚀剂的密闭容器中浸泡24小时，或者用软毛刷在器物表面刷涂缓蚀剂。在进行缓蚀处理之前如有条件对器物进行加热，缓蚀效果会更好。缓蚀处理后的文物要待其自然风干才能进行下一步保护工作。

进行缓蚀处理时，要根据器物的腐蚀程度配比缓蚀剂，同时做好防护工作，在通风条件良好的操作室或通风橱内进行操作。

（八）封护

表面封护是减缓环境变化对文物的冲击以及环境达不到文物保护要求时一种很好的文物保护方法，能够增强文物对空气污染的抵抗能力。根据铁器类文物的表面状况，选择浓度为1%—2%的Paraloid B–72（以丙酮作为溶剂）进行刷涂封护处理。需注意刷涂后器物表面颜色不应有明显变化，也不应有眩光。

（九）作色

经过粘接、补配等修复工序，残破的铁器基本恢复原形，但要恢复其古朴风格，还需对粘接、补配部位进行作色处理。用无水乙醇调和虫胶漆并加入矿物颜料调出与器物表面接近的颜色，通过弹、拨、崩等技法进行修饰、遮盖，不断进行颜色过渡、套色等，直到使整个修复部位的颜色、层次与器物周边衔接自然、浑然一体。

以上保护修复操作步骤是针对该批铁器整体而言，每件器物的具体操作步骤因个体病害不同而有所不同。

（十）预防性保护

为便于今后保管及改善该批铁器的保存环境，应将器物存放在专门的囊匣中，故需根据每件器物的形状制作囊匣。

（十一）完善档案、移交

在完成以上工作后，单体铁器的保护修复工作即宣告结束。完善保护修复档案后，需将该批铁器和保护修复档案的副本一并移交给收藏单位，同时对经过保护修复的文物进行观察，做好跟踪记录。

七、铜镂空底座保护修复实例

（一）文物基本信息

铜镂空底座（项目编号HZC050），宽10.5cm，长16cm，通高7.5cm，重340.93g。表面锈蚀严重、硬结物较多，锈蚀与硬结物覆盖了大部分纹饰，并且存在残缺和变形。文物出土后被运至菏泽市博物馆保存，博物馆室内环境较为简陋，无恒温恒湿控制系统，文物受自然环境影响较大，保护状态较差。目前该文物难以达到展陈要求，文物承载的信息无法得到全面展现，亟待进行保护修复处理（图5-9）。

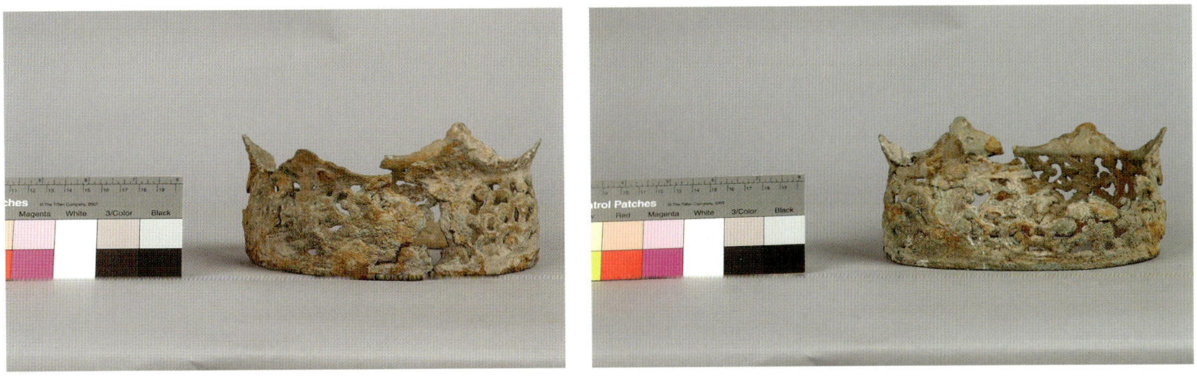

图5-9　HZC050铜镂空底座保护修复前照片

（二）保护修复步骤

1. 建立文物保护修复档案

对文物进行拍照，测量尺寸，称重，建立保护修复档案，绘制病害图（图5-10）。

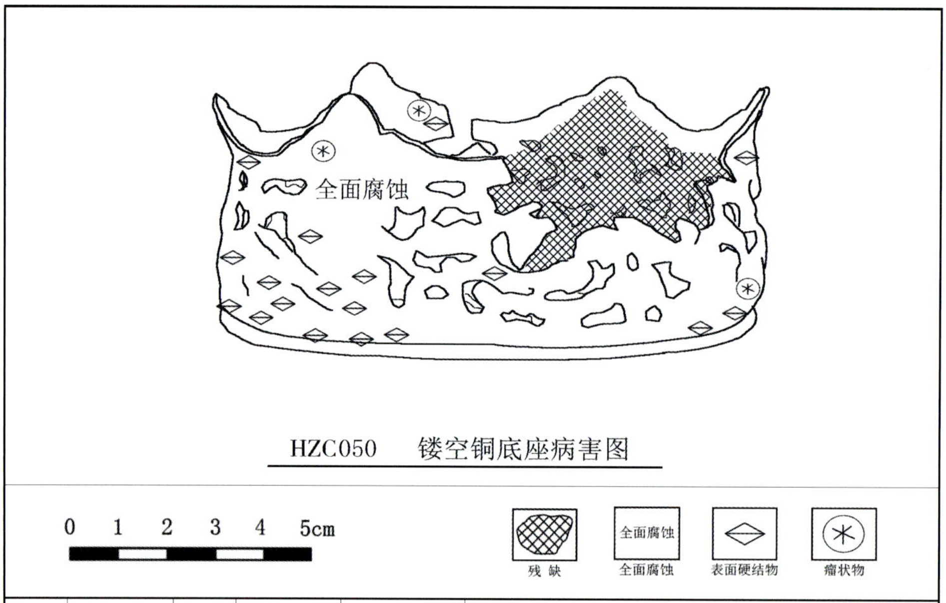

调查	侯博超	校对	白广珍	项目名称	山东菏泽古船出土文物保护修复项目		
绘图	刘建国	审定	吴双成	制作单位	山东省文物保护修复中心	日期	2017.12

图5-10　HZC050铜镂空底座病害图

2. 清理与清洗

利用手术刀、喷砂机和超声波洁牙机清理除锈。喷砂机对黄色表面附着物的清理效果较好，用喷砂机清理后，再采用洁牙机对覆盖纹饰的坚硬锈蚀进行清理（图5-11、5-12）。

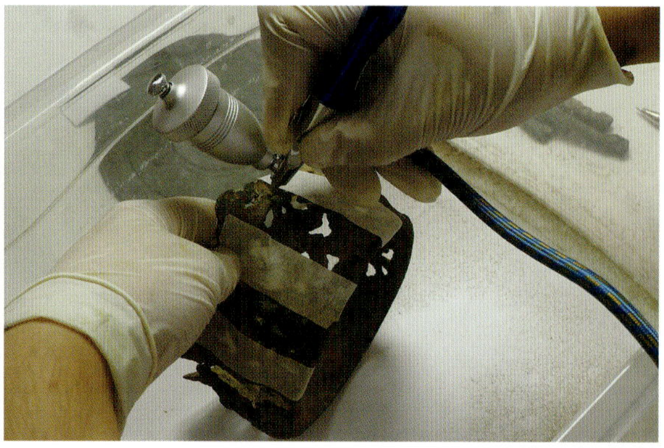

图5-11　喷砂机除锈

图5-12　超声波洁牙机除锈

3. BTA 缓蚀

使用毛刷蘸取浓度为3%的BTA溶液刷涂器物表面，进行缓蚀处理（图5-13）。

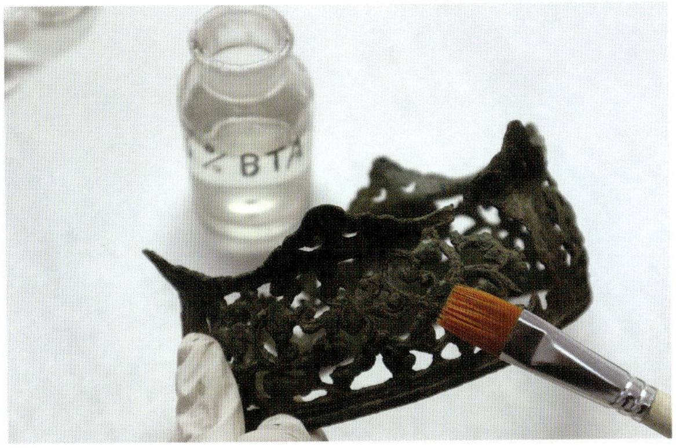

图5-13　BTA缓蚀

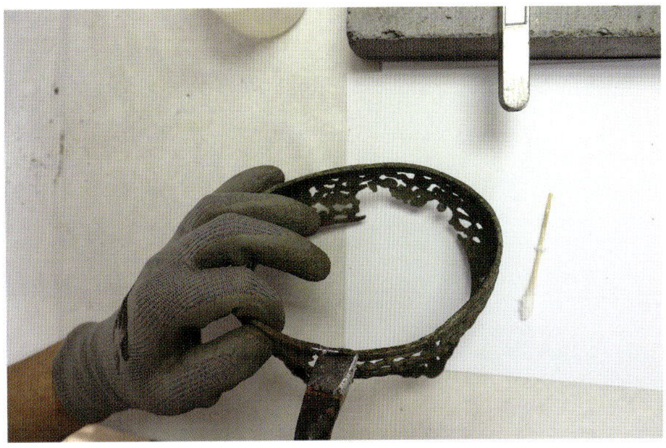

图5-14　焊接

4. 补配粘接

采用锡焊方式进行焊接（图5-14）并用0.5mm厚的铜皮配缺失处（图5-15），用扒钉做支架并用速成铜补配缺失镂空处（图5-16），然后用原子灰混合矿物颜料腻平补配处（图5-17）。

图5-15　铜皮补配

图5-16　扒钉支架

图5-17　原子灰腻平

图5-18　B-72封护

5. 做旧封护

使用浓度为3%的B-72丙酮溶液进行封护（图5-18），然后用矿物颜料随色做旧。

6. 完善档案

拍照，称重，完善保护修复档案（图5-19）。

（三）自评估意见

该铜镂空底座存在断裂、变形、残缺、表面硬结物等病害。通过采取清理除锈、BTA缓蚀、锡焊焊接、原子灰补配、B-72封护等技术措施，修正了器物变形、残缺，稳定了器物锈蚀，使其基本符合博物馆展陈和保存要求，达到了预期保护修复目标。

图5-19　HZC050铜镂空底座保护修复后照片

八、铜鹤形灯保护修复实例

（一）文物基本信息

铜鹤形灯（项目编号HZC059），鹤体长25cm，宽9cm，厚4cm，杆长32cm，杆宽2.5cm，总重545g。灯杆已经断裂，接口不清晰，表面附着有大量土垢及硬结物（图5-20）。

文物出土后，考古队员现场打包装箱，将其运至菏泽市博物馆展览。博物馆室内环境较为简陋，无恒温恒湿控制系统。目前该文物难以达到展陈要求，加之早期不当修复，文物承载的信息无法得到全面展现，亟待进行保护修复处理。

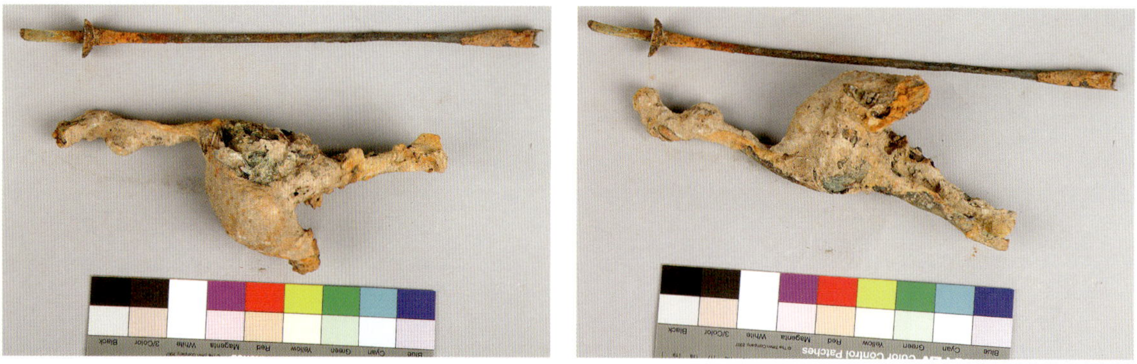

图5-20　HZC059铜鹤形灯保护修复前照片

（二）保护修复步骤

1. 建立文物保护修复档案

对文物进行拍照，测量尺寸，称重，建立保护修复档案，绘制病害图（图5–21）。

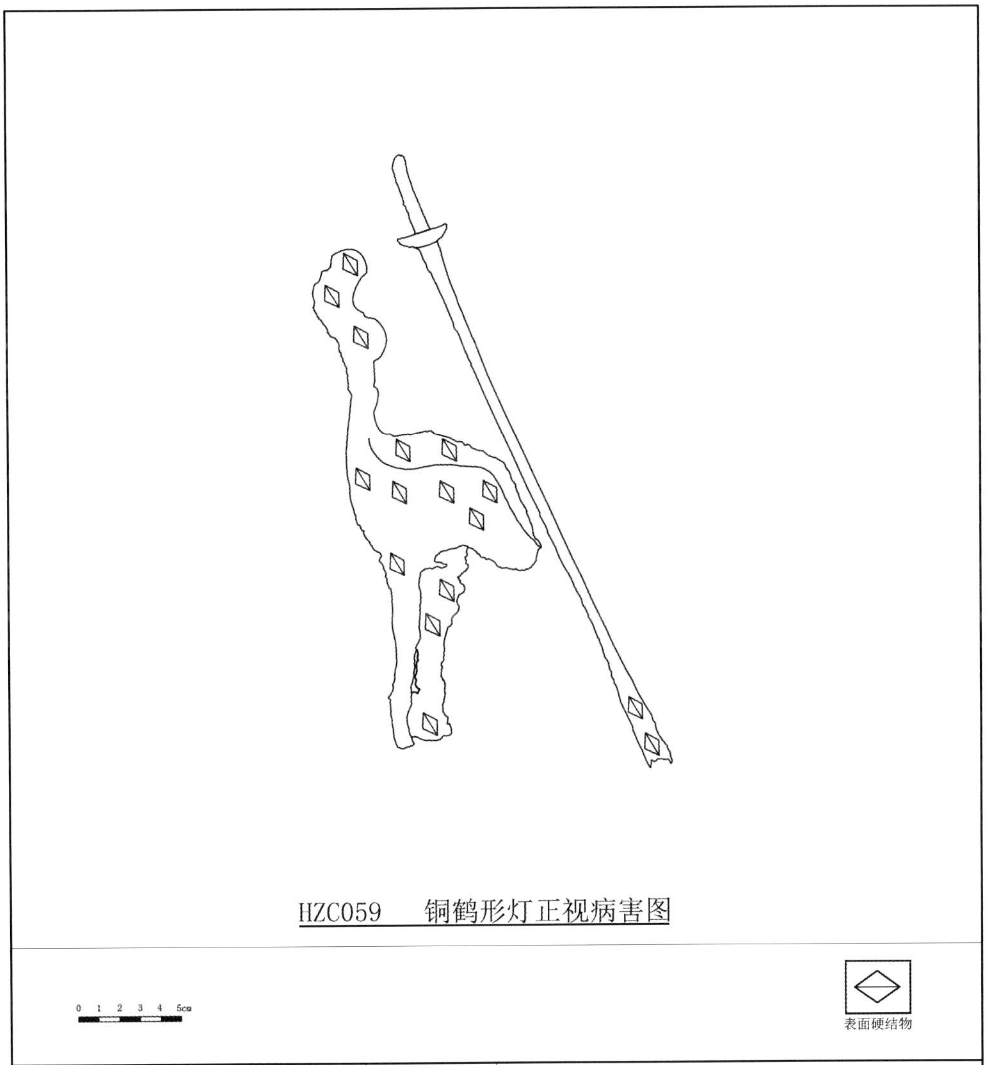

调查	张坤	校对	白广珍	项目名称	山东菏泽古船出土文物保护修复项目		
绘图	何美霖	审定	吴双成	制作单位	山东省文物保护修复中心	日期	2017.06

图5–21 HZC059铜鹤形灯病害图

2. X 射线拍照

采用德国依科视朗便携式X射线探伤仪及CR成像系统进行X射线拍照，拍摄参数为管电压110kV、管电流1mA、曝光时间1s。通过X射线拍照，发现铜鹤形灯文物轮廓清晰，本体保存尚好，背部有较厚的附着物（图5–22）。

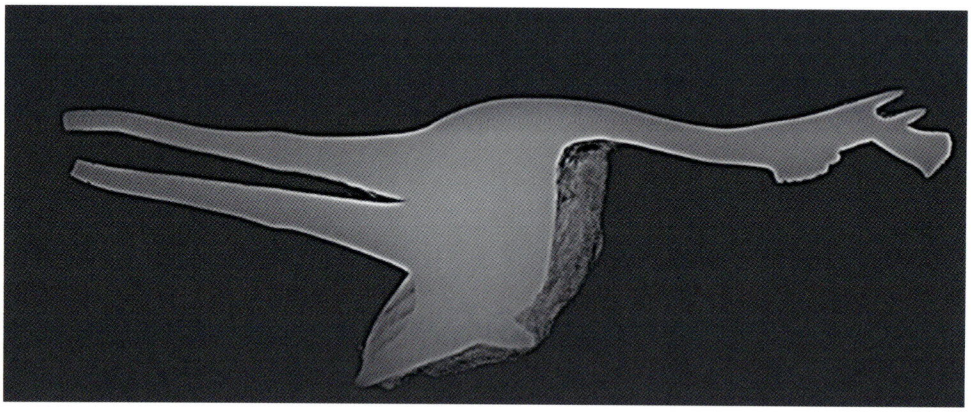

图5-22 HZC059 铜鹤形灯X射线探伤照片（经电脑调整对比度等）

3. 清理与清洗

用毛刷清理器物表面浮土后，使用手术刀剔除表面钙化物及锈蚀（图5-23）。剔除过程中发现铜鹤表面纹饰雕刻细致，每根羽毛雕刻十分清晰，故使用超声波洁牙机进行仔细清理（图5-24）。

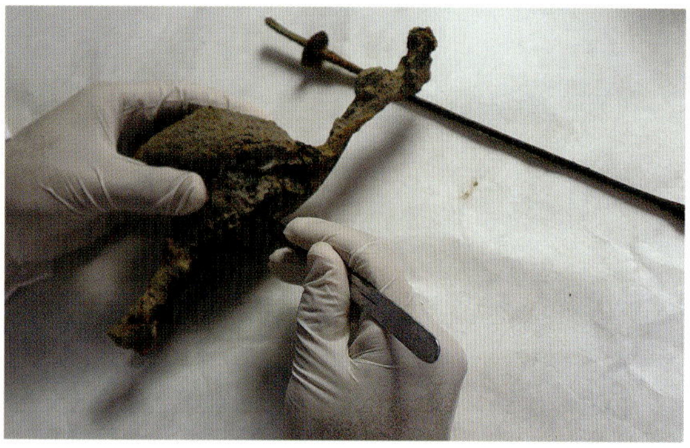

图5-23 手术刀剔除表面钙化物及锈蚀

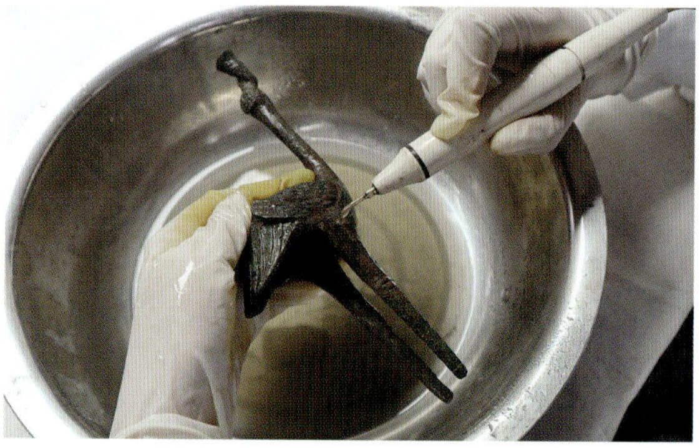

图5-24 超声波洁牙机除锈

4. 缓蚀封护

使用浓度为3%的BTA溶液刷涂器物表面，进行缓蚀处理（图5-25），干燥后再使用浓度为3%的B-72丙酮溶液在通风橱内刷涂封护（图5-26）。

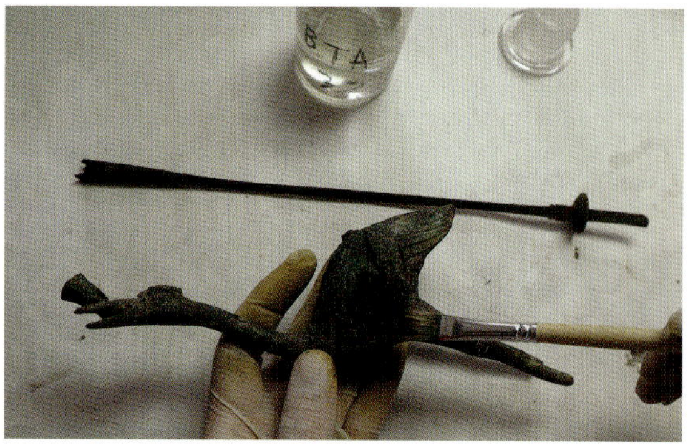

图5-25 BTA缓蚀

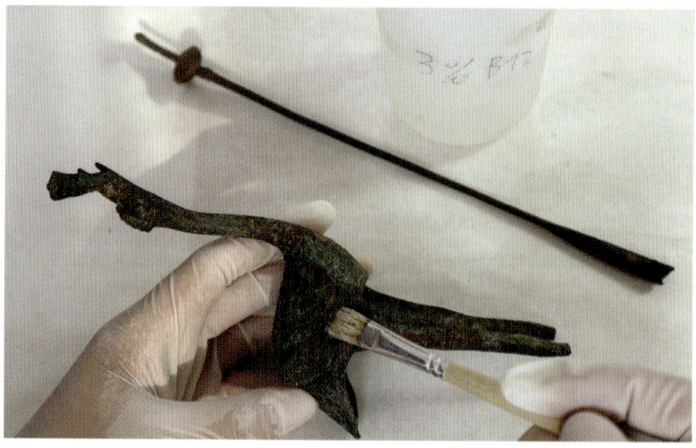

图5-26 B-72封护

5. 制作底座模型

因铜鹤本身无法站立放置，影响展示效果，故使用石膏制作出器物底座模型，石膏完全凝固后用砂纸由粗到细打磨平整，然后用丙烯颜料加土粉进行做旧处理。

6. 完善档案

拍照，称重，完善保护修复档案（图5–27）。

需要特别指出的是，因灯杆有部分缺损，缺少与鹤形灯主体准确连接的信息，故未对灯杆进行粘接处理。

（三）自评估意见

该铜鹤形灯存在层状堆积、表面硬结物、断裂、残缺等病害。通过X射线探伤仪拍照，发现鹤形灯文物轮廓清晰，本体保存尚好，背部有较厚的附着物；通过采取清理除锈、BTA缓蚀、B–72封护等技术措施，恢复了文物原貌，稳定了文物锈蚀，使其基本符合博物馆展陈要求，达到了预期保护修复目标。

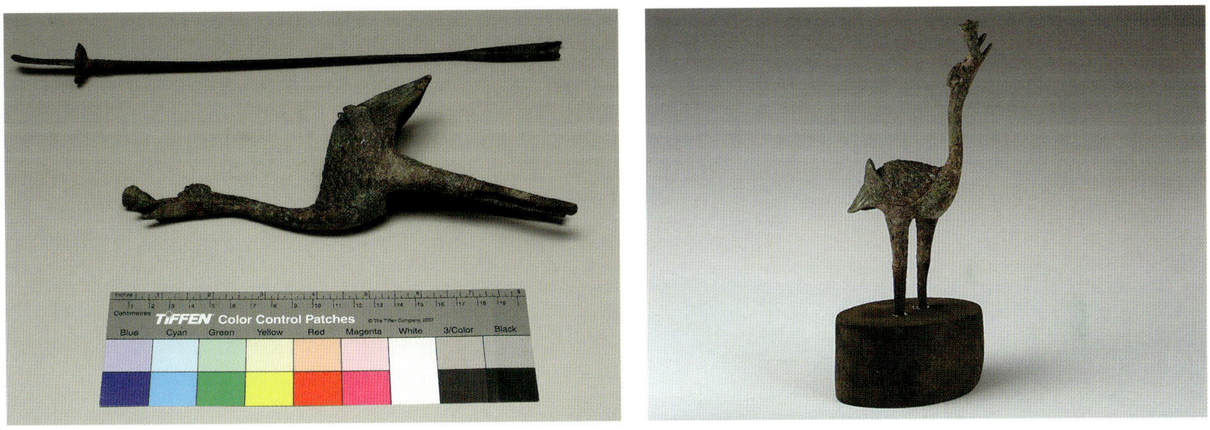

图5–27　HZC059铜鹤形灯保护修复后照片

九、铁叉保护修复实例

（一）文物基本信息

铁叉（项目编号HZC051），通长38cm，通宽16cm，厚3.5cm。器物表面被土质硬结物（锈蚀层）完全覆盖，感观上表现为通体矿化。表面腐蚀物一层层从本体剥离，稍一触碰就有残渣脱落。此外，表面疏松锈蚀层极易吸收空气中的水分，形成电化学反应病灶，若不及时采取保护修复措施，则该文物存在整体损毁灭失危险（图5–28）。

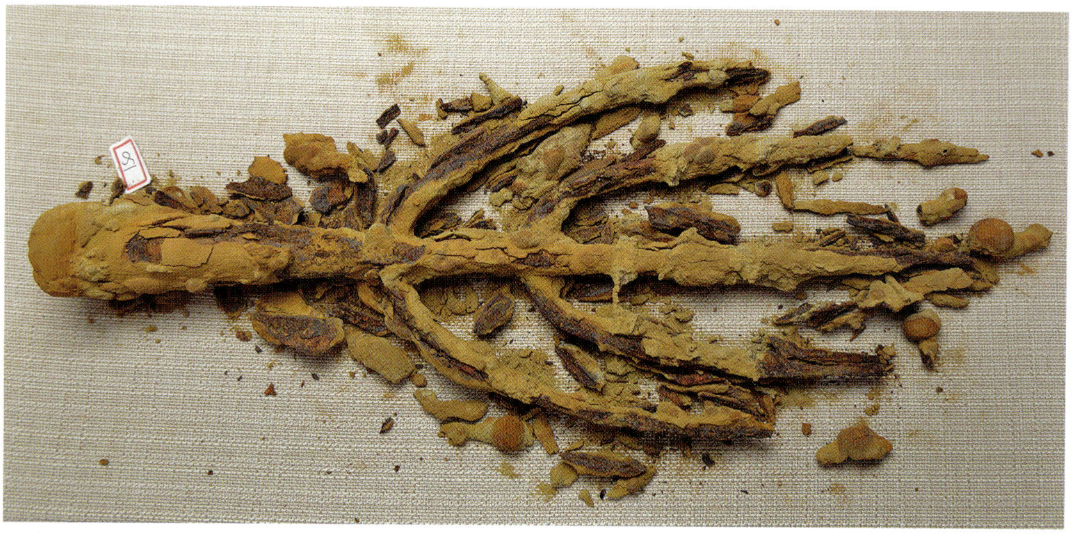

图5-28 HZC051铁叉保护修复前照片

（二）保护修复步骤

1. 建立文物保护修复档案

对文物进行拍照，测量尺寸，称重，建立保护修复档案，绘制病害图。

2. X射线拍照

使用德国依科视朗便携式X射线探伤仪及CR成像系统对铁叉整体进行透视拍摄。拍摄参数为管电压90kV、管电流1mA、曝光时间1s。因文物较为脆弱，故连同展览时所用木质底座一块进行X光拍摄，导致照片中有较多底座加固气钉等非文物信息。从X光探伤照片中可以看出，该文物整体轮廓尚好，尤其是四根叉子前端的倒钩十分清晰，说明该文物确为捕鱼鱼叉，同时证明其铁质本体保存尚好，纠正了此前肉眼判断该文物腐蚀程度偏高的错误，为下一步清洗除锈等保护操作提供了很好的参考依据（图5-29）。

图5-29 HZC051铁叉X光探伤照片（经电脑调整对比度等）

铁质文物除锈是个重要课题。铁器锈蚀产物可分为稳定锈蚀产物和不稳定锈蚀产物。稳定锈蚀产物如磷酸铁、四氧化三铁、针铁矿等，结构紧密坚硬，性质稳定。不稳定锈蚀产物如亚铁氧化物和铁的氯化物，结构疏松可吸水，可使水分子深入内部不断发生化学腐蚀、电化学腐蚀等①。所以铁器除锈要在不改变器物的原始形状、不损伤纹饰和铭文、保留器物表面的历史信息如织物残留等前提下，尽量清除器物表面疏松的不稳定锈蚀。

该铁叉表面的硬结物锈蚀层相对疏松，为不稳定锈蚀和病害病灶，需进行清除。硬结物锈蚀层非常脆弱，多数可自行剥离，故使用手术刀、毛刷等机械手段结合去离子水软化即可轻轻将其剔除干净（图5-30）。

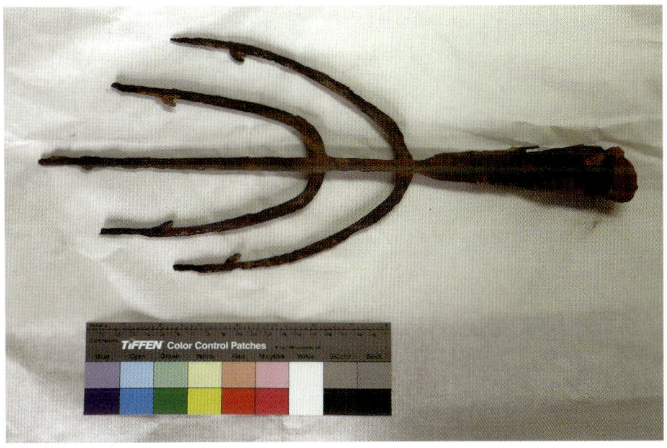

图5-30　手术刀剔除表面锈蚀物及初步清理后

3. 清理脱盐

铁器脱盐实质上主要是脱除氯化物，脱盐对于铁质文物长久保存具有非常重要的意义。研究表明，氯离子能够阻止钢铁表面生成的活性γ-FeOOH向非活性α-FeOOH转变，并且破坏钢铁钝化膜的形成②。同时，氯离子能加速点蚀、应力腐蚀、晶间腐蚀和缝隙腐蚀等局部腐蚀③。因此，去除铁质文物内的氯化物等有害盐对保持铁器的稳定性有重要作用。

该铁叉的脱盐工作采用去离子水浸泡法。首先使用电导率测试仪检测去离子水空白样的电导率数值，为35μS/cm；然后将器物浸泡于3000ml去离子水中，每天更换新的去离子水并检测浸泡液电导率数值，当数值接近空白样或者平稳时，表示脱盐工作结束。经过一个多月的脱盐工作，浸泡液电导率值由最高的327μS/cm降至45.4μS/cm（图5-31），脱盐工作结束。

① 魏书亚：《化学原理与方法在文物保护中的应用》，载《华夏考古》1995年第3期。
② 张安富：《影响钢铁大气腐蚀的因素》，载《材料保护》1989年第2期。
③ 韩小康、覃明等：《不锈钢在海水中的腐蚀行为研究进展》，载《材料保护》2017年第9期。

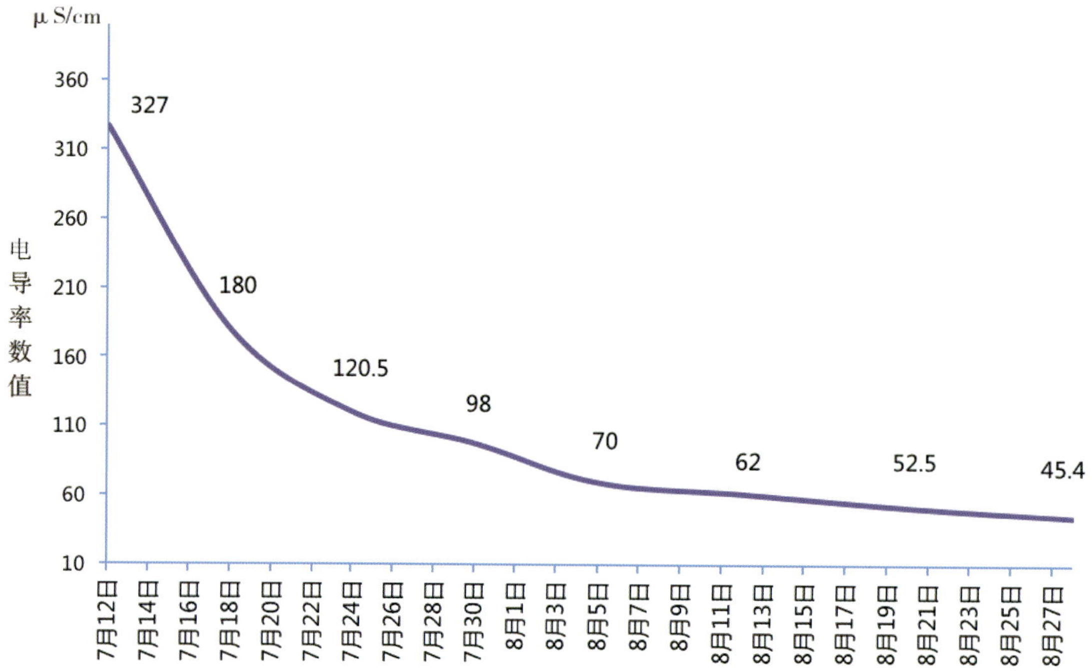

图5-31 电导率曲线变化图

4. 缓蚀封护

使用单宁酸刷涂法进行缓蚀操作。首先将单宁酸、磷酸、无水乙醇、去离子水按照比例配制缓蚀溶液，待溶液充分混合后，使用软毛刷进行器表刷涂工作，每天刷涂一遍，连续刷涂三天。然后使用纯净水清洗掉器物表面残留的药液，待器物干燥后再刷涂一遍无水乙醇，完成缓蚀操作。最后采用浓度为1%的B-72丙酮溶液进行封护，每隔2小时刷涂一遍，共刷涂三遍（图5-32）。

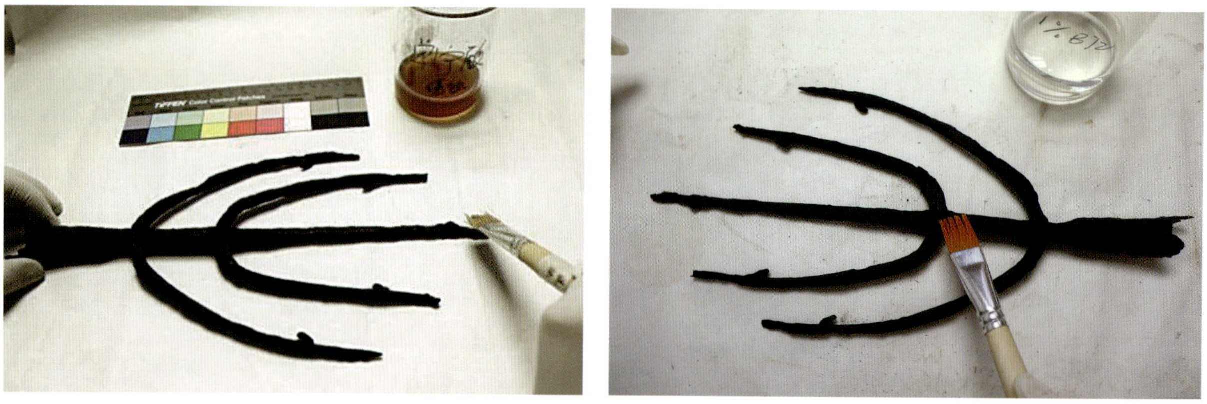

图5-32 缓蚀封护

5. 粘接做旧

使用环氧树脂胶粘接、加固断裂及脆弱处，并用环氧树脂胶加填料补配缺失处。然后使用矿物颜料笔涂法对粘接补配部位进行随色做旧（图5-33）。

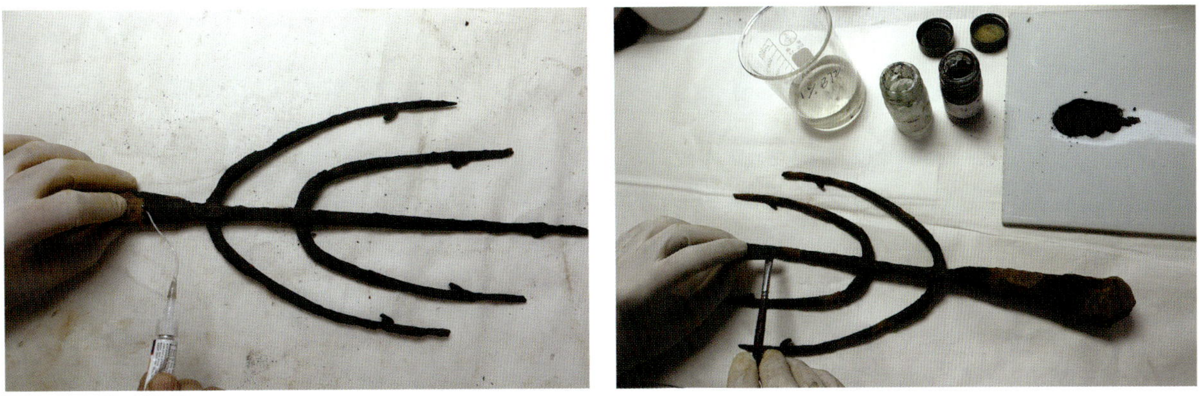

图5-33 粘接做旧

6. 完善档案

至此，这件铁质文物的保护修复工作结束，然后拍照，称重，完善保护修复档案（图5-34）。

（三）自评估意见

菏泽元代古船出土的铁叉，保存环境较为简陋，文物表面覆盖有大量疏松锈蚀，存在极大的腐蚀病灶。经X射线探伤分析，发现文物本体保存尚好，符合捕鱼鱼叉特征；经离子色谱和X射线衍射分析，发现文物存在氯离子和不稳定铁质腐蚀产物。

通过清理疏松锈蚀、脱盐和缓蚀封护等技术措施，使病害得到消除，文物原貌得以展现，文物整体强度得到增强，达到了既揭示文物信息又延长文物寿命的目标。

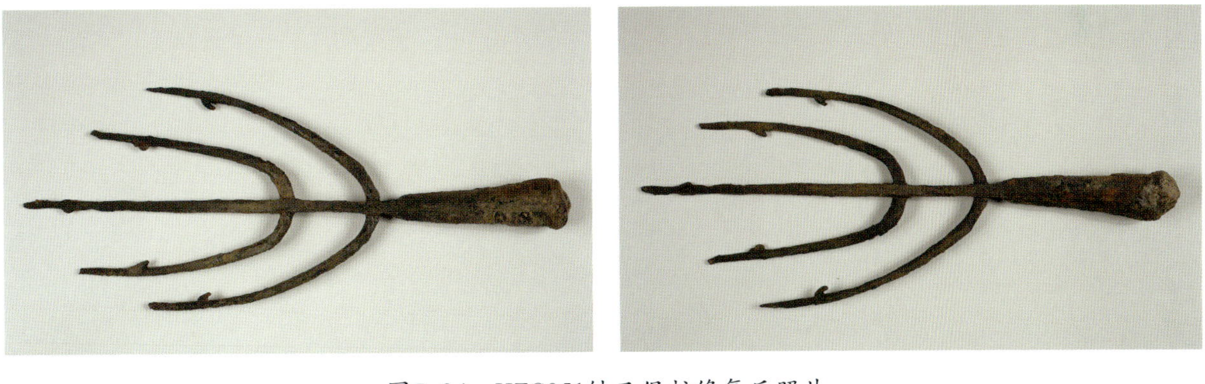

图5-34 HZC051铁叉保护修复后照片

十、大铁盆保护修复实例

（一）文物基本信息

大铁盆（项目编号HZC094），口径67cm，通高30.5cm，重25kg。表面有大量土垢等附着物，口沿及器身有多处残缺、裂缝。目前该文物强度大大降低，已经不可轻易移动，难以达到展陈要求，文物承载的信息无法得到全面展现，亟待进行保护修复处理（图5-35）。

图5-35 HZC094大铁盆保护修复前照片

（二）保护修复步骤

1. 建立文物保护修复档案

对文物进行拍照，测量尺寸，称重，建立保护修复档案，绘制病害图。

2. 清理与清洗

首先使用手术刀、錾子等器械去除表层较厚的土垢及疏松锈层，然后使用超声波洁牙机清理余下的锈层（图5-36）。但此举效果不理想，锈蚀物十分坚硬，故采用浓度为30%的草酸溶液软化锈层。软化前需选定一较小区域进行试验，将脱脂棉敷在表面，滴加浓度为30%的草酸，待2小时后再次进行清理，涂敷期间注意观察（图5-37）。

器物内里有大面积硬结物附着并且质地十分坚硬，背面可见多处裂纹，裂纹已完全断裂，但因为内里有锈蚀物附着，所以还未脱落下来。考虑到这种情况，清理时需格外仔细（图5-38），并记录好脱落残块的位置。

图5-36 超声波洁牙机除锈

图5-37 草酸软化锈层

图5-38　手术刀清理

图5-39　加温矫形

3. 加温矫形

对于变形部位，使用热风枪进行加温矫形处理。热风枪温度设定为200℃，缓慢施压，直到变形部位自然吻合复位（图5-39）。

4. 缓蚀

首先用单宁酸、磷酸、无水乙醇、蒸馏水按照比例配制缓蚀溶液，待液体充分溶解后，在器物表面进行刷涂处理（图5-40），每天涂刷一遍，连续刷涂三天。然后使用蒸馏水冲洗掉器物表面残留的药液（图5-41）。

图5-40　刷涂单宁酸缓蚀剂

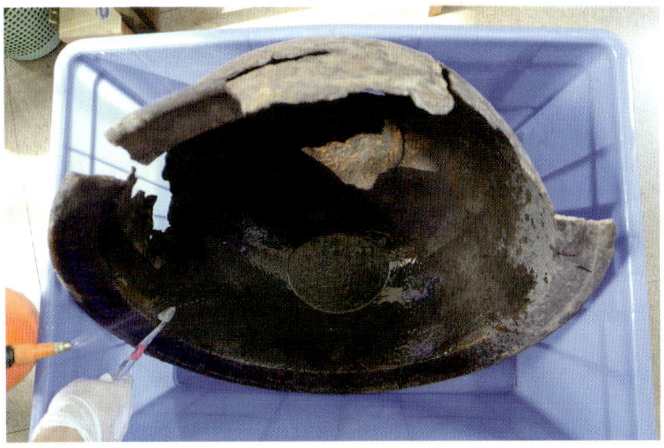

图5-41　蒸馏水冲洗

5. 补配粘接

使用环氧树脂胶填充裂缝。对于脱落的残块，使用环氧树脂胶进行粘接，然后使用热熔胶枪临时加固，待干燥后再取下（图5-42、5-43）。

裂缝处使用碳纤维布进行加固。首先在外侧断裂处进行打磨（图5-44），打磨出器物本体后，在打磨部位刷涂爱劳达2020环氧树脂胶（图5-45），然后将碳纤维布粘接上（图5-46），在碳纤维布上面刷涂一遍胶，待24小时干燥后再进行下一步处理（图5-47）。碳纤维布干燥后强度十分高，原计划贴2—3层，实际操作过程中只用了1层。然后打磨碳纤维布边缘部位，使用原子灰腻平（图5-48、5-49）。

图5-42 树脂胶粘接

图5-43 热熔胶枪临时加固

图5-44 打磨粘接面

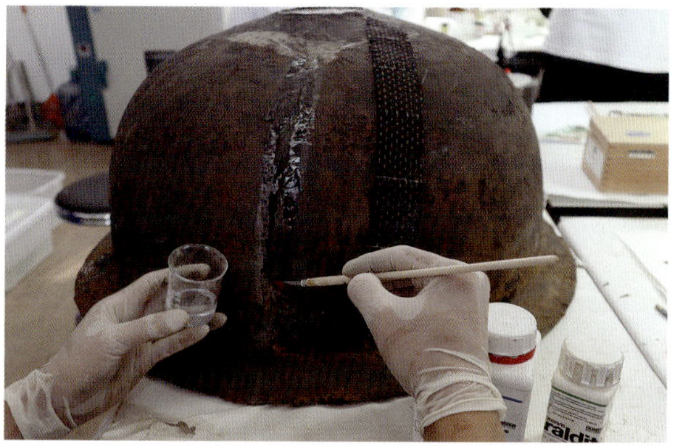

图5-45 刷涂爱劳达2020环氧树脂胶

图5-46 粘接碳纤维布

图5-47 粘接完成后

图5-48 打磨

图5-49 腻平

6. 封护做旧

使用浓度为3%的B-72丙酮溶液进行封护（图5-50），然后使用矿物颜料随色做旧，使补配处与周围颜色协调（图5-51）。

图5-50　B-72封护

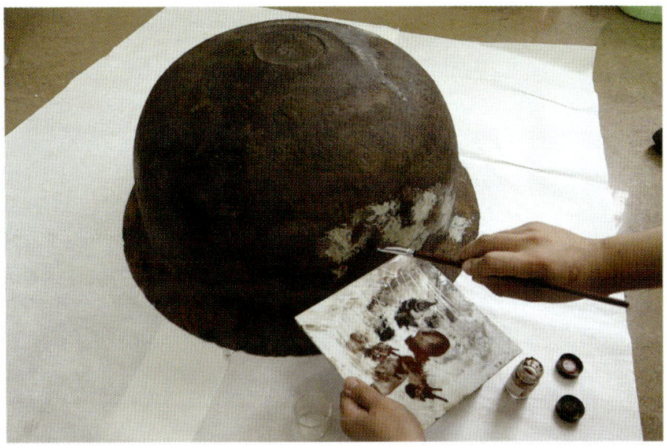
图5-51　做旧

7. 完善档案

拍照，称重，完善保护修复档案（图5-52）。

（三）自评估意见

该大铁盆存在层状堆积、表面硬结物、断裂等病害，通过清理除锈、加温矫形、缓蚀、补配粘接、封护做旧等技术措施，对文物病害进行了处理，使文物处于稳定状态，基本符合博物馆展陈要求，达到了预期保护修复目标。

图5-52　HZC094大铁盆保护修复后照片

第六章 相关研究与讨论

菏泽元代沉船出土文物质地多样，包括陶器、瓷器、漆木器、玉石器、铁器、铜器、金饰等类别。本次保护修复项目的实施，一是对文物病害进行了清理，在一定程度上恢复了文物原貌、延长了文物寿命、揭示了文物蕴含的基本信息；二是对凝结物进行了分离，发现了新的文字信息。本章拟从文字信息汇总及初步解读、“天地日月国王父母”龟趺碑浅议、“哥窑小碗”的窑口研判、元青花典型特征探析、古陶瓷传统修复技艺概述、瓷器文物常用清洗方法简述、瓷器文物修复效果可辨识性尝试、文物表面纹饰的提取以及和田玉笔洗的鉴定与修复九个方面进行阐述与讨论，这些信息均可为科学开展文物保护修复以及破解沉船来历、船主身份等提供有益帮助。

一、文字信息汇总及初步解读

在沉船出土文物中，最初发现的带文字信息的文物有“辛卯年何家造”漆碗、“天地日月国王父母”龟趺碑、“至正十四年”款铜权、“平”字款铜权、“大寺”款枢府瓷盘、“伊上”款螺钿漆盒等。这些文字信息为研究沉船来历及其所处时代背景等提供了有益线索。通过本次保护修复，又有新的文字信息被发现。

在对HZC067锈结文物进行保护修复过程中，成功分离出铜勺、陶砚台和锡铅板各1件。其中铜勺保存完好，锡铅板使用功能不详，陶砚台背面阴刻有疑似“至正柒年三月”铭文（图6-1）。在清理HZC090漆香炉时，发现其底部存在款识，疑似“平江枒巷季家造”（图6-2）。HZC055铜钱文物经过清理，分解为44枚，其中可辨识钱纹的有32枚，包括29枚北宋钱币、1枚南宋钱币、2枚元代钱币，未见元代以后钱币。32枚可辨识钱纹的钱币具体包括：开元通宝（唐玄宗）4枚，景德元宝（北宋真宗）3枚，祥符通宝（北宋真宗）4枚，天禧通宝（北宋真宗）1枚，天圣元宝（北宋仁宗）1枚，景祐元宝（北宋仁宗）2枚，皇宋通宝（北宋仁宗）2枚，熙宁元宝（北宋神宗）3枚，熙宁重宝（北宋神宗）2枚，元丰通宝（北宋神宗）4枚，圣宋元宝（北宋徽宗）1枚，政和通宝（北宋徽宗）1枚，宣和通宝（北宋徽宗）1枚，皇宋元宝（南宋理宗）1枚，至大通宝（元武宗）1枚，至元通宝（元顺帝）1枚。

图6-1 HZC067陶砚台背面阴刻文字

图6-2 HZC090漆香炉足底款识

（一）纪年款文字

菏泽沉船出土文物中，带有纪年款特征的文字有漆碗上的“辛卯年何家造”、铜权上的“至正十四年”、陶砚台上的“至正柒年三月”以及各时代铜钱上的文字。元代辛卯年份有2个，分别是至元二十八年（1291）、至正十一年（1351）。从以上已知信息看，这批文物中文字表征的最晚时间是至正十四年，即公元1354年。“至正”是元顺帝孛儿只斤·妥懽帖睦尔的年号，元顺帝为元朝第十一位皇帝，也是元朝作为统一帝国的最后一位皇帝。

（二）漆香炉文字

在清理HZC090漆香炉底部时发现疑似“平江枒巷季家造”红字底款。“平江”应指现在的苏州，宋元时期称为平江。宋朝开宝八年（975），吴越王钱俶改中吴军为平江军，隶江南道。太平兴国三年（978）吴越纳土归宋，恢复苏州建置，转属两浙路。政和三年（1113）敕升苏州为平江府，属江南道浙西路，于是苏州又有平江之称。宣和五年（1123）置浙西提举司，建炎四年（1130）置浙西提点刑狱司，治所均在平江城。元朝至元十二年（1275）设江淮行省，置浙西路军民宣抚司，次年即改宣抚司为平江路，属江淮行省。至元十八年（1281）升平江路为达鲁花赤（蒙古语意为“长官”）总管府。至元二十八年（1291）划江而治，江南设江浙等处行中书省，苏州属之。元贞元年（1295）升昆山、常熟、吴江、嘉定四县为州。元末至正十六年（1356）张士诚入据平江，建大周政权，一度改称隆平府，次年张士诚接受元朝封册，复改为平江路。明朝太祖吴元年（1367），改平江路为苏州府，隶江南行中书省。

江浙地区在宋代属江南东路和两浙路，入元则为江浙行省的北部区域。这一地区自北宋晚期以来就成为全国的漆器制作中心①。《宋史纪事本末》载："徽宗崇宁元年春三月，命宦者童贯置局于苏、杭，造作器用。诸牙、角、犀、玉、金、银、竹、藤、装画、糊抹、雕刻、织绣之工，曲尽其巧。"宋人曾敏行《独醒杂志》载："时苏、杭置造作局，岁下州县征漆千万斤。"南宋遗老周密《癸辛杂识》则载："周汉国公主下降，诸阃及权贵各献添房之物，如珠领宝花、金银器之类。时马方山天骥为平江发运使，独献罗钿细柳箱笼百只，并镀金银锁百具，锦袱百条，共实以芝楮百万。理宗为之大喜，后知出于承受姚某者，遂赐金带一条。承受者，即姚静斋之父也。"这些均为江浙地区髹漆制作的繁盛提供了史料证明。

由此推断，"平江枒巷季家造"漆香炉应是在苏州制作的，时间不晚于至正二十七年（1367）。这年正月，朱元璋始称吴元年；九月，徐达破苏州，俘张士诚；十月，汤和等攻方国珍，又以徐达为大将军、常遇春为副将军北上灭元；十二月，方国珍降，元朝山东诸将多降，南军入济南、益都等地。另外，南宋绍定二年（1229）所刻平江图刻绘了宋代平江城的平面轮廓和街巷布局，详绘城墙、护城河、平江府、平江军、吴县衙署和街坊、寺院、亭台楼塔、桥梁等各种建筑物，是中国现存最大、最完整的古代碑刻城市地图。图中街巷虽多，但通过查询，并未发现"枒巷"，或许是宋元时期街巷名称有变所致。

（三）"大寺"款枢府瓷盘

HZC010青白釉"大寺"款瓷盘修复完成后显示其口沿样式为八瓣菱口。从器形、胎釉特征及"大寺"款识来看，这件器物应属"枢府瓷"。《景德镇陶录》卷五"枢府窑"条记载："元之进御器，民所供造者。有命则陶，土必细白，埴腻，质尚薄。式多小足印花，亦有戗金五色花者；其大足器则莹素。又有高足碗、蒲唇弄弦等碟、马蹄盘、耍角盂各名式。器内皆作'枢府'字号，当时民亦仿造，然所贡者俱千中选十、百中选一，终非民器可逮。"

传世枢府瓷以元代最高军事机构枢密院订烧的卵白釉瓷为多见，枢密院订烧瓷在纹饰中印有"枢府"二字，因此卵白釉瓷又称为枢府瓷，这一称呼一直沿用至今。除此之外，元代也曾有其他部门订烧卵白釉瓷器，如已发现"东卫""昌江""国用"等特殊铭款的元代卵白釉器物，这说明当时官府衙门、皇亲贵族以及社会上层人士是通过一定途径订烧瓷器并要求将这些字印上去的。

枢府瓷可分为四个等级②，分别是宫廷祭祀用瓷、官府机构用瓷、社会上层人士用瓷和民间贸易用瓷。其中，"太禧"款枢府瓷为太禧宗禋院专用，"枢府""东卫""玉"字款枢

① 袁泉：《略论宋元时期手工业的交流与互动现象——以漆器为中心》，载《文物》2013年第11期。
② 朱良赛：《元代枢府瓷的考古学观察》，山东大学2014年硕士学位论文。

府瓷为官府机构所用，社会上层人士所用枢府瓷多装饰三爪、四爪龙纹纹样，而民间贸易用瓷则与前三类品相差距较大。

HZC010青白釉“大寺”款瓷盘复原后，“大寺”二字在瓷盘中的位置得以确定（图6–3）。该款识存在三种情况。第一种是不存在其他字，只有“大寺”二字。但目前所见其他二字款识如“太禧”“东卫”等均绕圆心对称排列，所以这种可能性不大，该款识应存在字款缺失情况，且缺少对应的两个字（图6–4）。

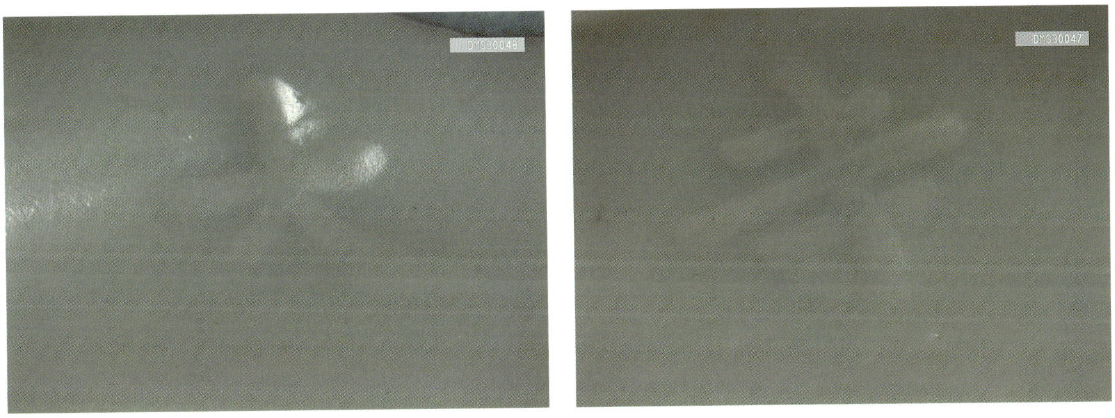

图6–3 “大”“寺”款识细节照片

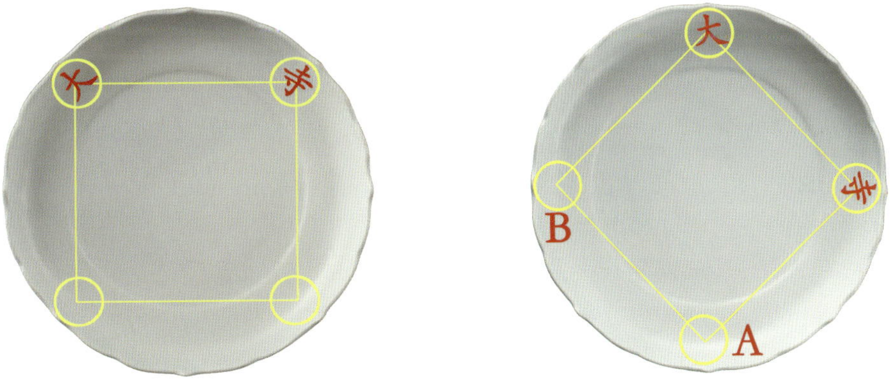

图6–4 “大”“寺”款识标记图

第二种若按照“大AB寺”读法顺序，则有可能为寺院名号。根据史料记载，元代在大都敕建的佛寺共有大护国仁王寺、大兴教寺、大承华普庆寺、大天寿万宁寺、大永福寺（青塔寺）等十二座，用来供奉帝后御容。结合该沉船中出土的降龙及伏虎罗汉寿山石、“天地日月国王父母”龟趺碑、青釉八宝纹印花大盘、漆香炉、螺钿漆盒等文物宗教信息强烈等情况，不排除该“大寺”款瓷盘为寺院订做之器，其款识应为“大兴教寺”“大永福寺”之类。元代佛教盛行、佛教寺院众多与朝廷的积极支持有关。尤其是佛教中的藏传佛教特别受到元代朝廷的尊重，藏传佛教僧人为朝廷诵经祈福，朝廷也为藏传佛教提供了巨大支持。所以，朝廷命令景德镇浮梁磁局管辖下的官窑作坊给寺院订做一批佛教用器应在情理之中。

第三种情况为“大A寺B”，应该更符合旧时常规。元枢府瓷“宪台公用”青花铭碗，其款识顺序同于“大A寺B”[①]。按“宪台公用”的顺序，该“大寺”款识或为“大理寺用”。元代大理寺存在时间非常短，根据《元史》记载，“都护府，秩从二品。掌领旧州城及畏吾儿之居汉地者……十七年，改领北庭都护府，秩从二品，置官十二员。二十年，改大理寺，秩正三品。二十二年，复为大都护”。

按照“大A寺B”的读法，还有一种猜测，即该“大寺”款识为“大字寺园”。宋代《邵氏闻见录》记载，唐代诗人白居易洛阳故居为唐白乐天园，宋时称“大字寺园”[②]。另有塔里赤神道碑[③]载：“公先祖康里人也，曾祖也里里伯，以收付亡金受知太祖皇帝，称都那延。父亦连赤拔都，管领帐前军马，奉旨南征，过洛阳，爱其山水，得唐白乐天故址因而家焉。”

塔里赤，蒙古族，祖籍康里。幼习文艺，颇颖异，长而武勇，性彪悍。后袭父职，佩银符莅理官，参佐戎幕，调度军马。征讨南宋时，累以战功，官福建招讨使。远出交趾、两广，收捕诸叛，迁浙东道宣慰使都元帅。大德年间因箭疮复发，死于延平驿，年六十三岁。塔里赤嫡子二人，长脱脱木儿，宣武将军、邵武汀州新军万户府达鲁花赤，先卒；次万奴，通奉大夫、就佩公虎符、广西道宣慰使都元帅。另有庶子八人，嫡孙五人，庶孙十九人。

由此推测，塔里赤父子位高权重，向景德镇浮梁磁局订做“大字寺园”款瓷器并无不可。塔里赤神道碑点明以白乐天故居为家，表明该家族对汉文化的认可。再从随船出土文物看，瓷器名贵且多出自南方景德镇、龙泉等地，另有福建产的寿山石，这与该家族多年经营福建建立联系，同时，该家族对汉文化十分认可，所以随船的文房用具颇为高端。此外，随船出土文物中的佛教等宗教物品不少，也与碑文中的“公守不嗜杀人之戒，坐降都统陈宗荣等，而八路之民归者如市”相符。

另外，白居易《赠东邻王十三》诗中有“能来为伴否，伊上作渔翁”句，诗句中的“伊”即指洛阳的伊水，诗句中的“伊上”也与沉船出土螺钿漆盒上的“伊上”字样相对照。

古船沉没地点为赵王河旧河道。赵王河古称灉水，本为黄河决口故道，自河南入山东曹县界，至菏泽城东双河口分为两支，一支东流，经巨野、嘉祥、济宁、滕县入南四湖；一支东北流，经郓城、汶上、寿张，至阳谷县张秋镇入运河。清朝时灉水始改称赵王河。同时，菏泽历史文化与中华古代文明研究会会长潘建荣认为“辛卯年”透露了该船比较准确的沉没时间。据史料记载，元代首个“辛卯年”即1291年，黄河尚未从菏泽流过，沉船所在水域不通航，没有沉船的机会；第二个“辛卯年”即1351年，黄河已经改道从此经过，沉船事故应在此年号之后发生。但1351—1363年，菏泽一带元军、起义军征战不休，不论官船、私船、商船，在没有武装保卫的情况下，根本无法在此地区通行。1364—1367年，河南、江苏、山东以及其他北方地区被元军控制，可正常通航。其间，据史料记载，运河徐州至济宁段被黄河泥沙淤死，船只不得不绕道菏泽黄河北支，应该是在这一时间段内发生了此次沉船事故。

《明史》记载，明洪武元年黄河决堤于曹州双河口，流入鱼台。双河口距离沉船沉没地

---

① 王晓莲：《元枢府瓷“宪台公用”青花铭碗》，载《收藏家》2000年第3期。

② 李优优：《〈洛阳名园记〉之“大字寺园”考》，载《文学教育》2016年05上。

③ 任崇岳：《从塔里赤墓碑看〈元史〉的舛误》，载《中州学刊》1998年第3期。

点直线距离约为4公里。另外在该船出土时邀请的黄河边老船工认为，该船为洛阳上河船。综上，或许能这样推演：

塔里赤至洛阳后，该家族世居洛阳，直至元末。至正二十七年（吴元年），朱元璋北伐开始。塔里赤家族从洛阳乘船沿黄河东行，经运河回大都。此时赵王河为黄河岔流，也是运河支线，为必经之路。由于元朝末年黄河多次泛滥，赵王河河床上形成各种形态的泥沙堆积，浅滩与深槽交替分布，河床上出现波状起伏的微地貌如边滩、心滩、砂埂等航道浅滩。航道浅滩隐伏于水面之下，河道中急速前行的船只在浅滩处来不及变换方向，极易倾翻，并且由于重力作用，倾覆方向是未受破坏的一侧向下翻转，而倾翻后经水流冲调，船体与水流方向会基本保持一致。由于古船西侧为被冲撞面，因此古船沉没位置应该位于古河道中心线附近或主河道西侧。船沉没后，来不及被埋没的船左舷经水砂侵蚀和风蚀氧化后消失。船上人员或许得以撤离，但船上的大部分物品被永远埋在了水底[①]。

二、“天地日月国王父母”龟趺碑浅议

菏泽元代沉船出土青石龟趺碑（项目编号HZC066）一件，碑长18cm，碑宽5.3cm，碑厚1.2cm。该龟趺碑出土于沉船的尾封板和一号舱壁之间的尾空舱，伴随该碑出土的还有漆香炉、寿山石罗汉等文物[②]。龟趺碑碑阳以楷书阴刻“天地日月国王父母”两行八字，周边绘缠枝花卉纹，螭龙碑首圭形碑额处刻有“寿”字。碑阴刻有三爪龙纹纹饰（图6–5）。

图6–5 “天地日月国王父母”龟趺碑

① 黄文峰、孙明等：《山东菏泽古沉船地区沉积地层和地貌研究》，载《地质与资源》2011年第4期。
② 孙明：《大朝余晖：泥沼下的菏泽元代沉船》，载《东方收藏》2011年第11期。

（一）龟趺碑的历史

此碑尺寸虽小，但形制与通常墓葬所见龟趺碑并无差别。石碑多用于记功勒名，其中比较典型的代表是墓碑。中国古代“墓而不冢”，即只将墓埋在地下，不在地表树立明显标记。后来逐渐有了地面堆土的坟，又有了墓碑。碑的出现始于先秦，到了汉代，随着人们对祖先的祭祀由宗庙移至坟墓之前，墓祀成为祭祖的主要方式，立碑树碣正是在此时逐渐流行起来，其主要作用也变为记功勒铭。龟趺碑在晋以后成为较普遍的形制，龟趺之制最早的官方记载见于隋代。《隋书》载：“三品已上立碑，螭首龟趺，趺上高不得过九尺。七品已上立碣，高四尺。圭首方趺。”由于这条记载之前还有“撰《仪礼》百卷。悉用东齐《仪注》以为准”，或说明这种规定北朝即有。龟趺螭首成为等级象征且形制成为定式，一直沿用到明清。现存时代最早的龟趺螭首碑为东汉王舍人碑，1982年出土于山东平度，其上刻铭“光和六年”。龟趺碑的表现形式来自龟灵崇拜，与中国古代丧葬文化、礼乐制度等紧密相连①。从距今8000—7000年的贾湖文化等新石器时代墓葬中多有相当数量的龟甲遗存，到商代的卜辞龟甲，古人的龟灵崇拜由此可见一斑。

（二）“天地日月国王父母”源考

元代这类刻有“天地日月国王父母”字样的石（陶）碑，应是祭祀用器。目前考古发现的这类碑刻并不多，有金乡县壮观碑（元至治三年）、秦城起宅记碑（元元贞二年）、翠微亭安仁甫诗刻碑（元延祐三年）。另外内蒙古出土有3件，高度也在十几厘米左右。传世的金石碑刻和木质牌位也有发现，大小不一，时代多为元代②。

其实，我们对另外一种类似的祭祀牌位比较熟悉，那就是“天地君亲师”神牌位。“天地君亲师”为中国儒教、道教祭祀的对象。儒道信徒多设“天地君亲师”牌位或条幅并供奉于中堂。“天地君亲师”五字充分表现出中国民众敬天法地、孝亲顺长、忠君爱国、尊师重教的价值取向，是传统社会中伦理道德合法性和合理性的依据，由于它深入人心，所以对民众的物质生活和精神生活各方面都产生了巨大影响，这也使得中国人不同于西方人、中国文化不同于西方文化。国学大师梁漱溟在其著作《中国文化要义》中指出，文化始于宗教，中国也不例外。中国的宗教与其他宗教有相同的情况，也有特殊的情况。最早之图腾崇拜、庶物崇拜、群神崇拜等，即其一般的情形。其自古相传未断之祭天祀祖，则须分别观之，在周孔教化未兴时，当亦为一种宗教，在周孔教化既兴之后，表面似无大改，而留心辨察实进入一特殊情形了。质言之，此后之中国文化，其中心便移到非宗教的周孔教化上，而祭天祀祖只构成周孔教化之一条件而已。两千余年来中国之风教文化，孔子实为其中心，沿袭自古的祭天祀祖之类业已变质，构成孔子教化内涵之一部分。

---

① 王丹：《龟趺的缘起与流传》，载《大众考古》2018 年第 6 期。

② 赵立波、李冀洁：《元代“天地日月国王父母”考》，见《北方民族考古》第 4 辑，科学出版社 2017 年版。

“天地君亲师”的观念可以一直追溯到荀子所在的战国时期。钱穆先生曾指出：天地君亲师五字，始见于《荀子》书中，此下两千年，五字深入人心，常挂口头，其在中国文化、中国人生命中意义价值之重大，自可想象。《荀子》是儒学经典，由此可见“天地君亲师”思想来源于儒家思想，是中国传统伦理观念的总和。

据元熊梦祥《析津志辑佚》记载，元代有位名叫黄道盈的道士，号天祐道人，生于至元九年，卒于至正十二年。黄道士闻胶州即墨县鳌山刘真人有道术，往师之，数年归。适关西云游，至缅历诸方。遇道术者张公带黄教习书细字，每芝麻一粒，书“天地日月国王父母”八字。最后提到“黄真人则师刘云岩真人，云岩真人则师郭真人，郭师王真人，真人所师，则丘真人也”。有研究指出，“鳌山刘真人”即崂山道士刘志坚，根据《全真宗派之图》，刘志坚的宗派传承为王重阳—丘处机—王志演—郭志仙—刘志坚（云岩子）[①]。可见黄道盈师承清晰有序，为丘处机所开创之全真教龙门派一脉。

佛、道教经文中有四重恩之说，与儒家“天地君亲师”相近。佛教四重恩或指父母恩、众生恩、国王恩、三宝恩（见《心地观经》），或指父母恩、师长恩、国王恩、施主恩（见《释氏要览》）。前者泛指世人当报之恩，后者专指僧徒当报之恩。《目连救母出离地狱升天宝卷》载：“更愿七祖先之，离苦生天，地狱罪苦，悉皆解脱，以此不尽功德，上报四恩，下资三有。”唐义净《道希法师求法西域，终于庵摩罗跋国。后因巡礼希公住房，伤其不幸，聊题一绝》云：“百苦忘劳独进影，四恩在念契流通。”

道教《高上玉皇本行集经》中也有“发愿上报四重恩”之语。道教说的四重恩则是天地盖载，日月照临，皇王水土，父母生身。在全真正韵《大赞韵》中也有四重恩：酬天地盖载恩，蒙日月照临身形，皇王水土万万春，抱父母养育深恩。如此来看，“天地日月国王父母”八字应该是道教四重恩教义的说法。

全真教于金初创立，创始人为王重阳。该派汲取儒、释部分思想，声称三教同流，主张三教合一，倡导毋忘天地、国王、父母、师长恩，在传承道教思想的基础上，首次提出了“天地日月国王父母”的说法。随着元廷对全真教的推崇，回报“天地日月国王父母”恩德之说在长江以北地区流行开来。民众多于家宅中安置“天地日月国王父母”碑，除寄希望于镇宅外，亦必有拜谢、祭祀之意，以提醒自己不忘回报四重恩，并希望由此获福。

金元之交是全真教的鼎盛时期，教首丘处机曾不远万里到达西域大雪山，会见正在西征的成吉思汗。成吉思汗对丘处机的到来慰勉有加，多次召见他并与他长谈。丘处机对成吉思汗所问为治之方及长生久视之道，皆仔细作了回答，由此深得成吉思汗的礼敬，被尊称为“丘神仙”。当他请准东归时，成吉思汗令他掌管天下的出家人，并免除全真门下道士的差役赋税。

忽必烈时，藏传佛教萨迦派首领八思巴在六盘山谒见忽必烈，备受忽必烈崇敬。当时，佛教与道教为争夺蒙古汗廷的信任，争夺权力和徒众，引起了一场激烈的论战。元宪宗八年（1258），八思巴在忽必烈面前与道教首领辩论《老子化胡经》真伪，驳倒了对方。中统

---

① 于洁：《元代崂山道士刘志坚交游考》，载《元史及民族与边疆研究集刊》2018年第1期。

元年（1260），忽必烈即帝位，封八思巴为国师，赐玉印，让他统领天下释教。全真教在竞争中渐落下风，发展落入低谷时期。虽然元成宗即位后对全真教欣赏尤佳，但全真教教务松弛，人才渐显凋零，渐显衰老之气。入明以后，全真教步入衰落时期，这有它本身活力大减的原因，也有明王朝所施政策的原因。朱元璋崛起于江南，在宗教上首先获得正一道支持，因此明立国后，对正一道优礼有加，而全真道则因同元廷关系紧密，受到明廷排斥[①]。明太祖在为《大明玄教立成斋醮仪》所作的御制序文中说："禅与全真，务以修身养性，独为自己而已。教与正一，专以超脱，特为孝子慈亲之设，益人伦，厚风俗，其功大矣哉。"表现出只支持正一、不支持全真的意向。从此，全真教逐渐淡出主流历史舞台。"天地日月国王父母"作为特定的全真教符号也随之远离主流宗教祭祀用途。除了元代，还未发现其他时段的同类遗物。

三、"哥窑小碗"的窑口研判

此次保护修复项目中涉及一件青釉开片碗（项目编号HZC025），造型简洁大方、端庄浑厚，通高3.8cm，口径8.2cm，直口，直腹，平底圈足，器表施浅蓝色釉，釉色乳浊，底部不施釉。器物釉层有开片，纵横交错，如网状分布。器物出土时断为两块，断裂部位有伤釉，圈足大部分残缺，器表存在大量黄色硬结物，疑似铁锈侵蚀和土壤硬质沉积（图6-6）。项目组取样分析其表面硬结物成分，从而制定科学保护修复技术路线。通过保护修复，消除了器物表面硬结物污染，恢复了器物原貌，便于其长久保存和展示。此外，该瓷器的窑口归属存有争议，有哥窑和钧窑等不同意见。项目组通过显微观察和仪器分析，探究器物的胎釉化学组成，对其窑口归属进行了分析与判断。

图6-6　HZC025青釉开片碗保护修复前照片

① 周郢：《全真道与蒙元时期的五岳祀典》，见《丘处机与全真道：丘处机与全真道国际学术研讨会论文集》，中国文史出版社 2008 年版。

（一）分析测试及病害评估

1. 显微观察

采用莱卡S9i数码体式显微镜（变倍比9：1，放大倍数6.1—55倍），对文物表面釉层和胎釉断面进行显微观察，结果见图6-7。

a.断面（20×）

b.表面釉层（10×）

图6-7 胎釉断面及表面釉层显微结构

2. X 射线荧光光谱分析

采用布鲁克公司TracerⅢ-SD型便携X射线荧光光谱仪对器物胎釉进行无损分析测试。测试条件如下：选用真空泵，在抽真空情况下，采用15kV电压、55μA电流，测量时间为300s，测量面积为3mm×4mm，利用仪器自带的陶瓷主次量元素曲线对Na-Fe元素进行定量分析。无损分析尽量选择器物断面、外壁腹部较为平整或局部略微凸出部位，测试区域要小心避开裂纹或者污染区域。测试结果见表6-1。

表 6-1 受测样品胎釉化学组成（wt%）

组成	Na_2O	MgO	Al_2O_3	SiO_2	K_2O	CaO	TiO_2	MnO	Fe_2O_3	P_2O_5
釉层	0.45	2.05	8.92	69.94	3.48	8.80	0.20	0.05	1.69	0.34
胎体	0.22	0.51	26.30	65.45	2.03	0.61	1.53	0.04	2.67	0.08

3. X 射线衍射分析

采用日本理学D/max-2550PC型X射线衍射仪，测试条件为工作电压40kV，工作电流150mA，扫描角度范围3°—90°，步长0.02°，发散狭缝（DS）、防散射狭缝（SS）1°，接收狭缝（RS）0.3mm。采集瓷器表面黄色硬结物，在玛瑙研钵中将样品研成精粉，然后将其涂敷在单晶硅样品架上，送入X射线衍射仪进行测试。测试结果见图6-8。

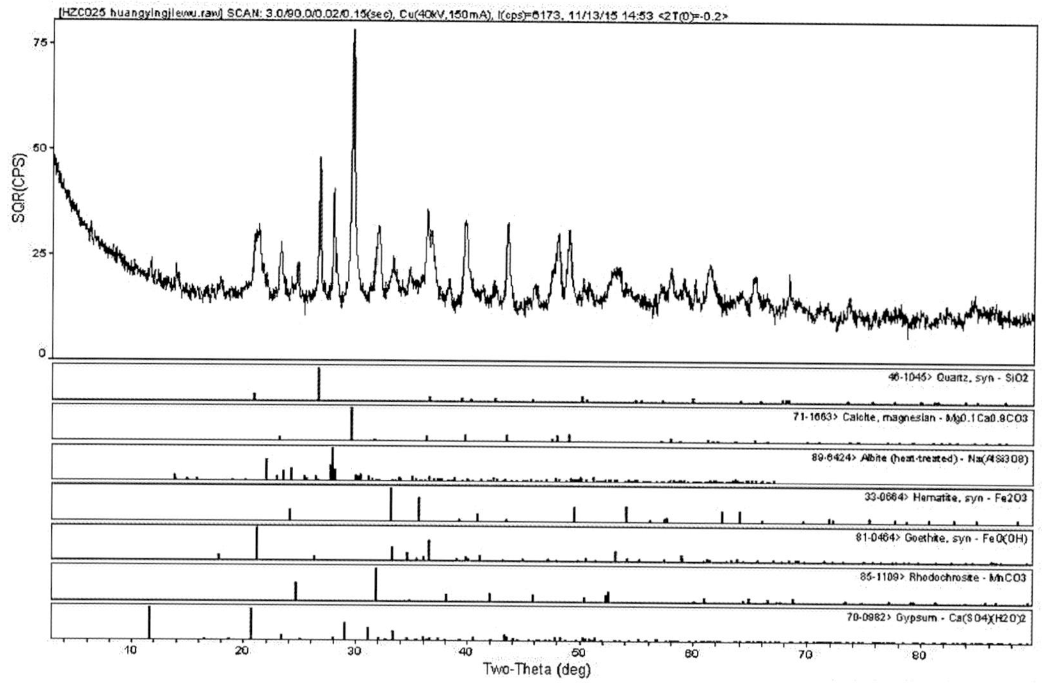

图6–8　黄色硬结物X射线衍射图谱

（二）保护修复

遵守“修旧如旧”“最小干预”等文物保护修复原则，制定保护修复技术路线，建立保护修复档案，绘制文物病害图，并对文物表面病害进行定性分析。分析结果显示，样品中含有石英、方解石、钠长石、赤铁矿、针铁矿、菱锰矿和石膏。赤铁矿、针铁矿、菱锰矿属于铁锰的氧化物，石英、方解石、钠长石、石膏属于土壤成分。该文物表面附着有大量的黄色硬结物，应该是由于沉船本体有数千枚铁钉和多件大型铁器，导致文物受到铁腐蚀和埋藏环境影响。

1. 清洗脱盐

通过检测分析，发现该文物表面硬结物中存在针铁矿，说明腐蚀现象还在发展之中，需要对器物进行清洗、脱盐处理。首先采取去离子水去除文物表面浮尘，然后采用威派斯文物专用液体肥皂对文物进行浸泡，去除表面有机杂质等。再用双氧水浸泡法去除文物表面和开片中的铁锈侵蚀。待文物表面侵蚀被清洗干净后，使用去离子水轮换浸泡法进行脱盐处理，并使用电导率仪定时检测，直至脱盐工作结束。

2. 粘接补配

保证断面干净、拼对无误后用热熔胶临时固定，渗入流淌性良好的爱劳达2020环氧树脂胶。待胶完全固化后，进行补配工作。采用A＋B树脂补土对缺损部位进行填补，使用手术刀、刮刀等修整。待填补部位固化后，使用粗细不同型号的砂纸进行打磨，直到接缝处衔接一致、无凹凸感。

3. 作色上釉

为更好地恢复文物原貌，使修复部位与文物整体色彩协调一致，需对修复部位进行作色上釉处理。以室温修复釉为基料，用矿物质颜料调出与文物色泽一致且覆盖力适当的底色，然后用喷笔将文物上的裂缝和补配部位与文物本身进行色彩衔接，并使用画笔模仿开片等视觉效果。上述操作完成后，用无色透明釉料对修复部位进行光度处理，尽量做到修复部位与瓷器其他部位光亮度一致（图6–9）。

4. 完善保护修复档案

拍照，称重，完善保护修复档案。

图6–9 HZC025青釉开片碗保护修复后照片

（三）结果讨论

下文从胎体、中间层、开片和釉色等方面的宏观、显微特征及分析结果，探讨该青釉开片碗的特点和窑口归属。

1. 胎体

从图6–6中可看出瓷胎呈土黄色，胎质粗糙，中间夹杂有黑色、棕色砂粒，表明胎体没有达到完全烧结程度。口沿薄釉处露出胎色而呈黄褐色，底足露胎处经过清洗处理后，仍然呈黄褐色，属于元代瓷器较为常见的“火石红”特征。关于瓷器上出现“火石红”的原因，一般说法是器物胎坯原料中铁杂质含量过高，胎体所含的铁元素在烧成过程中以铁离子状态向器物露胎处富集，在器物冷却过程中未及逃逸而被二次氧化并附着于露胎表面。哥窑胎体大多呈紫黑色、铁黑色，也有黄棕色[1]。哥窑器物的典型特征为“紫口铁足”，即口沿薄釉处由于露出胎色而呈紫色，底足未挂釉处呈铁黑色。所以从胎体特征上看，这件器物不符合哥窑、宋官钧瓷的典型特征，而与元钧瓷的普遍特点基本吻合。

2. 中间层

图6–7a的断面显示，器物釉层较厚，非透明釉，釉色乳浊，釉中有气泡零散分布。这与

① 陈显求、李家治等：《元大都哥窑型和青瓷残片的显微结构》，载《硅酸盐学报》1980 年第 2 期。

孙瀛洲先生所说的哥窑釉内气泡细密像颗颗小水珠一样满布在器表上有很大区别。胎釉之间有薄薄的白色中间层，中间层与胎釉互融交错，胎体、中间层和釉层间界线模糊。这个白色中间层是化妆土层还是胎釉烧结反应层，值得探讨。

古代有些窑口瓷坯原料中铁元素等杂质含量过高，导致烧制出来的瓷胎粗糙、颜色过深。为掩盖这一缺陷，窑工通常会在坯体上施一层细淘的白瓷土，然后施釉，烧制成的胎釉间的白色层称之为化妆土层。化妆土工艺最初见于六朝婺州窑，在磁州窑、耀州窑中得到普遍应用，其中最为典型的就是磁州窑。据研究，耀州窑瓷器化妆土厚度与釉层相近或者厚于釉层，并且与胎釉间有明显的界线，而北方青瓷的中间反应层则与胎釉界线不明显①。

王恩元、熊樱菲等学者对古陶瓷化妆土与反应层进行了研究区分②。北方高铝胎瓷器在烧结过程中，当达到烧结温度后又降温时会发生相变，氧化铝含量的提高会析出更多的钙长石及莫来石晶体，而胎釉分别提供氧化铝与氧化钙也造成了钙长石晶体呈现线性的生长方向，从而导致胎釉间出现晶丛生长的现象，即胎釉反应层。胎釉的相互渗透，主要是瓷釉向瓷胎的渗透。在烧结过程中，助熔剂含量高的瓷釉（石灰碱釉）首先熔融成液态玻璃相，而助熔剂含量低的瓷胎仍主要为固态，于是液态瓷釉就向粗糙胎体的孔隙中渗透，从而形成反应层——中间层。由于胎釉烧结反应层是胎釉组分相互融合而形成，故反应层的化学组成介于胎釉化学组成之间③。

结合此件器物胎釉间薄薄的白色中间层与胎釉互融交错，胎体、中间层和釉层间界面模糊的特点，基本可断定其白色中间层是胎釉烧结反应层。哥窑器物未见中间反应层现象，而钧瓷胎釉反应层的研究成果较多，有学者研究过钧瓷标本断面上出现的胎釉间白色中间层，证明该中间层不是化妆土层，而是烧结过程中胎釉成分相互渗透反应，经离子交换析晶而形成的钙长石层④。

3. 开片

利用体式显微镜观察瓷器胎釉表面特征，从图6-7b中可看出，该瓷器釉层有大量开片。开片又称冰裂纹，为瓷器釉面的一种开裂现象。有研究表明，瓷器烧结过程中胎釉间热膨胀系数差异导致胎釉间产生应力是出现开裂的根本原因⑤。开裂原是瓷器烧造缺陷，但人们掌握开裂的规律而制出的开片效果釉，变成了瓷器的一种特殊工艺。开片釉器以哥窑所产最具代表性，除哥窑外，钧窑、汝窑都有这类瓷器产品。然而此青釉开片碗的开片裂纹粗细较为一致，开片类型近似“文武开片”，与哥窑瓷器上典型的“金丝铁线”“百圾碎”开片特征不同。

---

① 凌雪、姚政权等：《耀州窑青瓷白色中间层和化妆土的微观结构》，载《武汉大学学报（理学版）》2008年第4期。

② 王恩元、熊樱菲等：《古陶瓷化妆土与反应层结构的研究》，载《中国陶瓷》2018年第8期。

③ 李清临、徐承泰等：《化学成份在钧瓷胎釉反应层中分布模式的线扫描分析》，载《化学学报》2011年第8期。

④ 陈显求、黄瑞福等：《宋、元钧瓷的中间层、乳光和呈色问题》，载《硅酸盐学报》1983年第2期；李媛、贾翠等：《钧窑月白釉及其中间层显微结构与艺术外观》，载《中国陶瓷》2012年第11期；丁银忠、李合等：《汝州东沟窑金元时期青瓷与钧瓷原料和工艺特征的比较研究》，载《文物保护与考古科学》2014年第3期。

⑤ 梁铎：《冰裂纹青瓷的制备工艺及形成机理研究》，景德镇陶瓷学院2011年硕士学位论文。

4. 釉色

保护修复后的青釉开片碗露出本来面目，釉色接近钧窑天青乳浊釉，与哥窑典型的灰白色无光釉不同。X射线荧光光谱分析结果显示，釉中SiO_2含量高达69.94%，属于典型的高硅釉；CaO含量为8.8%，K_2O含量为3.48%，属于钙碱釉。另含有少量的磷，应该是釉料中添加草木灰时引入。

古代瓷器釉色五彩纷呈，有白色、黑色、蓝色、绿色、黄色、红色等，各种不同的颜色是瓷釉对光的吸收、折射、散射、漫反射和反射现象造成的。太阳光是一种包含各种波长的复色光，不同的物质对各种波长的光的散射和吸收程度不同，就产生了各种不同的颜色。古陶瓷呈色机理可分为离子呈色、分相呈色等，呈色元素一般是铁、铜、钴、锰、镍、钛等。蓝釉呈色元素一般是铁、铜或者钴，该分析结果中不含钴和铜，则铁元素呈色的可能性很大。

有研究表明，钧窑的乳浊釉是一种典型的二液相分相釉，即在连续的玻璃相介质中悬浮着无数圆球状孤立第二相。玻璃相和其他第二相对可见光的反射、散射强度不同，降低了光的反射强度，才使釉出现乳浊效果。然而钧窑的蓝釉又称为蓝色乳光釉，它的分散相是一种液滴状玻璃相，粒度介于40—200mm之间，远远小于可见光，当颗粒小于蓝紫光波长400nm的1/10时，通过瑞利定律散射短波光，就呈现出蓝色乳光。天蓝、天青、月白釉的效果，也是由于颗粒大小不同，导致或瑞利散射影响大或米氏散射影响大。这件青釉开片碗的釉料中含有一定量的磷元素，磷对釉的乳浊效果也具有一定作用①。在高硅质釉中，由于磷酸盐和硅酸盐不相溶，可产生分相现象，从而使釉呈现乳浊外观。另外，通过验证分析得出，钧瓷天蓝、天青系列釉色中，真正起呈色作用的是釉中的氧化铁等着色剂，第二相微粒散射呈色并非钧釉的普遍现象，或只是起辅助呈色作用②。总之，钧瓷釉色多变，是离子呈色、分相呈色等多种效应或强或弱互相影响、共同作用的结果。

（四）结论

综合胎质粗糙、足底“火石红”等胎体特征，底部不挂釉的施釉工艺，胎釉间白色反应层，以及釉色乳浊呈天青色、开片特征、釉料成分等特点，这件青釉开片碗应属于元代钧窑产品，而不是宋官钧窑或哥窑产品。具体来说，通过胎釉微观特征和修复后的整体特征观察，这件器物胎质粗糙疏松，底部不施釉，底部露胎处具有“火石红”特征，这些是元代钧窑瓷器的特点；器表施天青色乳浊釉，与哥窑典型的灰白色无光釉不同；开片稀疏、粗细较为一致，与哥窑典型的“金丝铁线”“百圾碎”开片特征不同；器物胎釉中间层、釉料含量和釉色的分析结果也与哥窑瓷器研究结果不同，接近目前元代钧窑瓷器的研究结果。因此，这件青釉开片碗应是元代钧窑产品，可称之为元钧窑天青釉小碗。

---

① 孙洪巍、高力明：《分相—析晶釉的组成结构及应用》，载《陶瓷》1995年第1期。

② 王芬、苗建民等：《钧瓷天蓝、天青釉色中氧化铁的呈色作用》，载《故宫博物院院刊》2012年第3期。

钧窑为宋代五大名窑之一，以钧州得名，北宋时多为官窑。金灭北宋后，钧窑并未停烧，而是在民窑基础上重新发展起来。元代是钧窑蓬勃发展的时期，形成钧窑系——以今河南禹州为中心向四周扩展，烧制钧窑瓷器的窑厂众多，瓷器生产数量也多。元代钧瓷质量虽与宋代钧瓷差距较大，但依然有不少精品出现，该元钧窑天青釉小碗就属于其中的佼佼者，在本次元代沉船出土的元青花瓷、龙泉瓷等精品瓷器中并未相形见绌。

四、元青花典型特征探析

瓷器旧时多称“磁器”，是中国古代的伟大发明。距今约4200年的山西夏县东下冯龙山文化遗址中就出土有原始青瓷[①]。两晋、隋唐时期，越窑青瓷风骨渐成，秘色瓷成为李唐皇家贡品[②]。始烧于隋代的邢窑更是白瓷之祖。宋代瓷业繁荣，五大名窑名扬天下，其他窑系如龙泉窑、磁州窑、景德镇窑、耀州窑等也精品频出。元代以来瓷业重心南移[③]，元廷在景德镇置浮梁磁局，掌烧造磁器等，景德镇从此走进中国瓷器生产的舞台中央，逐渐成为中国“瓷都”。

元时景德镇创烧青花和釉里红瓷。《景德镇陶录》载:“镇瓷在唐、宋不闻有彩器，元、明来则多青花或仿他处青瓷矣。”到了元代后期，青花则开始在多地生产并风靡于世，成为官窑和民窑、内销和外销的重要产品[④]。元青花瓷的诞生和成熟，标志着由传统素瓷（青白瓷器）向彩瓷过渡的新时代到来，青花瓷逐渐取代传统素瓷，成为中国瓷器生产的主流产品之一。青花瓷也称白地青花瓷，是以含钴矿物（钴土矿）作为着色料绘画在素白瓷坯上，经罩透明釉后高温一次烧成的，属于釉下彩瓷[⑤]。青花瓷在唐代河南巩义偶有出现[⑥]，成熟的青花瓷则出现在元代景德镇，并在清康熙、乾隆时期发展到顶峰。本文所指元青花，是元代景德镇所产典型青花瓷。其实，元代云南玉溪窑、建水窑也有青花瓷器产出[⑦]，但产品质量与景德镇窑相比略差。

（一）元青花的起源

我们认识元青花的历史并不久远，对元青花瓷器的科学研究开始于西方。1949年，美国学者辛佐·希尔瑞（Shinzo Shirae）和沃伦·考克斯（Warren E. Cox）发表《中国最早的青花瓷》一文，以伦敦大维德爵士收藏的至正十一年（1351）青花象耳瓶为标准器，首次辨别出

---

① 黄石林：《龙山文化中出土的原始青瓷》，载《景德镇陶瓷》1984 年 S1 期。
② 赵婧：《法门寺出土秘色瓷之“秘色”涵义再认识》，载《中国陶瓷》2016 年第 3 期。
③ 刘江辉、丁传国等：《历史的必然：明代陶瓷御器厂在景德镇的设置》，载《陶瓷学报》2016 年第 6 期。
④ 黄云鹏：《馆藏和窑址出土的元青花、釉里红瓷》，载《江西历史文物》1983 年第 4 期。
⑤ 李家治：《中国科学技术史·陶瓷卷》，科学出版社 1998 年版。
⑥ 罗宏杰、李伟东等：《中国白瓷和青花瓷的起源研究》，载《自然杂志》2017 年第 2 期。
⑦ 葛季芳：《云南古代青花料和青花瓷器》，载《江西文物》1990 年第 2 期。

一批元青花瓷器。至正十一年青花象耳瓶（也称大威德瓶）是迄今为止所发现的有准确纪年款识的青花瓷中年代最早的器物，是至关重要的“断代标准器”，它的发现，纠正了中国青花瓷是从明代才开始创烧的观点。

元青花色彩艳丽，画风豪放，与唐宋以来传统的、内敛质朴的审美情趣大相径庭，实在是中国陶瓷史上的一朵奇葩[①]。学者们最初面对这样一种风格迥异、工艺成熟的瓷器品种时，在元青花的起源和钴料来源等方面存在很大的争议。

对于元青花，学界最初的观点是：景德镇大量烧造的元代青花瓷器用于外销，是为中东、西亚地区生产的海外贸易用瓷。因为在伊朗、土耳其、欧洲以及日本等地区保存有一批器形硕大、质地精良、纹饰精美的元青花瓷器，而国内元青花瓷器较少见，加之元青花蓝白色调符合伊斯兰风格与审美。但近些年来，全国各地不断发现元青花瓷器遗存[②]，并且瓷器上绘有中国古代人物故事、八宝等具有中国文化特征的纹饰，似乎证明元青花瓷不只用于外销。又有观点认为，元青花绝非元廷官方所用，因为清朝宫廷中没有留下元青花实物遗存，也没有档案资料，并且《马可·波罗游记》中曾谈到元代皇帝御用餐具是漂亮的镀金属制成品。由此推断当时的蒙古贵族多使用金银器皿[③]。其实元大都遗址也出土有不少元青花瓷器[④]，可以推断元青花瓷器是用于元朝宫廷生活的。事实上，明清时期青花瓷器的充分继承和蓬勃发展，也能证明元青花不只用于外销。

五代以来，景德镇白釉技术不断发展创新，出现了著名的影青釉，为元青花的烧制创造了坚实的基础。至于青花色釉技术，应该有伊斯兰制瓷工艺的引入。景德镇红卫影院窑址发现的一批有波斯文字的元青花早期类型瓷器，其形制、纹饰都与伊斯兰世界有着密切的关系，而且从器物上书写的流畅的波斯文字来看，或许有波斯陶工亲自参与。综合来看，元青花色釉技术起源于伊斯兰釉下蓝彩陶器，并且是由来自波斯地区的陶工通过亲身技术传授或示范产生的[⑤]。

（二）元青花的典型特征

元青花的器类很多，绝大多数是生活实用器，部分是祭供专用器，少量为装饰器。元青花胎体的组成多数为二元配方，即瓷石掺高岭土（早期为麻仓土）。引入高岭土，可增加胎体中铝的含量，从而较大程度控制高温变形，提高大件器物的成型率。元青花瓷器多数器底

---

① 邹志桥、周华：《元代青花瓷纹饰的文化内涵探析》，载《佛山陶瓷》2013 年第 1 期。

② 刘裕黑、熊琳：《江西高安县发现元青花、釉里红等瓷器窖藏》，载《文物》1982 年第 4 期；王守功、孙明等：《菏泽沉船与元青花》，载《走向世界》2011 年第 7 期；曹建文、徐华烽：《近年来景德镇元代青花窑址调查与研究》，载《故宫博物院院刊》2009 年第 6 期；王永彪：《常德出土的几件元青花瓷》，载《收藏》2010 年第 4 期；胡朝辉：《21 世纪元青花考古新发现及其意义》，载《文物天地》2020 年第 7 期。

③ 施茜、王一伟：《元青花装饰纹饰风格及其形成背景》，载《中国陶瓷》2010 年第 2 期。

④ 郭演仪、陈尧成：《元大都发掘的青花和影青瓷》，载《考古》1982 年第 1 期。

⑤ 黄薇、黄清华：《元青花瓷器早期类型的新发现——从实证角度论元青花瓷器的起源》，载《文物》2012 年第 11 期。

不施釉，修底不光滑。青花瓷的发色往往差别很大，胎料、釉料、青花料的淘练配比，以及烧成温度及还原气氛的控制，都是影响青花最终呈色效果的因素。典型元青花纹饰色浓而不艳，浓淡不一；青花颜色多有晕散流淌，下笔浓重处有铁褐色黑斑，侧视发锡光或铁锈色，用手触摸有凹凸感，俗称吃胎[①]。

1. 元青花的钴料

现在流行的观点是，元青花所用钴料为“苏麻离青”。明万历成书的王世懋所著《窥天外乘》载:“我朝则专设于浮梁县之景德镇。永乐、宣德间内府烧造，迄今为贵。其时以鬃眼、甜白为常，以苏麻离青为饰，以鲜红为宝。”此后《事物绀珠》《文房肆考》《陶说》与《窥天外乘》所载相近，而《遵生八笺》中记述有“苏浡泥青”，《景德镇陶录》中又出现了“苏麻泥青”。苏麻离青、苏浡泥青和苏麻泥青应是一物。陈尧成等[②]对景德镇和云南元青花钴料进行了研究探讨，发现云南元青花用的是以高锰为特征的当地钴土矿，而景德镇元青花所用钴料含高铁、低锰，并含硫和砷，而基本无镍和铜，它不同于唐青花（唐青花所用钴料以含铜、低锰为特征），也不同于后期的明清青花。同时，他们根据钴矿资料判断最接近这一元素组合特征的钴矿是钴毒砂，这种钴毒砂很可能来自中亚和欧洲，也可能来自与中亚同一地质构造的我国甘肃、新疆地区。郭演仪等[③]对景德镇落马桥窑址、湖田窑址和元大都遗址出土的元青花瓷片进行了分析，发现落马桥窑址存在高铁高钴高砷、高铁高钴无砷、低铁高镍钴铜砷3种钴料且均不含锰，湖田窑址、元大都遗址出土的元青花瓷片为低铁高砷钴矿原料。温睿等[④]分析研究了12—13世纪产自伊朗的伊斯兰米奈瓷器和中国元代青花瓷器碎片，发现它们的瓷釉蓝色呈色物质均为钴，随着钴含量的增加，氧化铁和砷的含量也随之增加。另外，砷元素和铁元素沿扫描线的分布规律与钴元素完全一致，表明它们是钴矿石中的伴生元素。同时，他们认为伊朗喀山地区卡姆萨尔村苏莱曼尼（sulaimani）钴矿石不仅是14世纪波斯早期米奈瓷器的原料，也是中国元青花钴料的来源。北京大学考古文博学院崔剑锋课题组[⑤]利用高分辨显微分析技术（FIB-TEM），对蒙古帝国窝阔台时期哈拉和林城址、北京毛家湾瓷器坑等出土的元、明青花瓷器中亚微米级残留色料颗粒进行表征，首次证实至迟在宣德时期，景德镇御窑已经开始人为混合使用国产钴土矿料与进口的砷钴矿料。并且通过能谱分析（EDS）表明，青花釉层中的高亮度粒子一般具有较高的钴含量，富集砷、镍和铜，根据元素组合和地质矿产理论，伊朗高原阿纳拉克（Anarak）矿区钴矿床最有可能是元青花钴料的来源之一。

云南出土的元青花瓷用当地钴土料绘画，瓷胎用石英含量很高的瓷石作原料，釉是含钙

---

① 苏文堂：《元青花瓷器发色研究》，载《造形艺术学刊》，2009年。

② 陈尧成、郭演仪：《中国元代青花钴料来源探讨》，载《中国陶瓷》1993年第5期。

③ 郭演仪、钱伟君：《几片元代民窑青花瓷片的研究——关于元青花瓷钴蓝色料的新发现》，见《'05古陶瓷科学技术6国际讨论会论文集》，上海科学技术文献出版社2005年版。

④ Wen R, Pollard A M. The Pigments Applied to Islamic Minai Wares and the Correlation with Chinese Blue-and-White Porcelain. *Archaeometry*, 2016, 58（1）.

⑤ Jiang X, Weng Y, Wu X, et al. Early globalized industrial chain revealed by residual submicron pigment particles in Chinese imperial blue-and-white porcelains. *Proceedings of the National Academy of Sciences*, 2020, 117（12）.

较高的灰釉，经1200℃高温烧成，釉质粗，白度不高，普遍发绿，与景德镇窑所产元青花瓷相比略差[①]。

2. 青花晕散

元青花色料的晕散是典型特征之一。所谓“晕散”，就是色料从着色区向非着色区扩散。青花的晕散大致表现为两种：第一种是串珠状小点晕组成的凝聚斑边缘的模糊或流散态；第二种即绘出的底色颜料如同墨汁滴在宣纸上的洇开态，其面积大于前者。第一种串珠状凝聚斑的晕散，也称流散，须以第二种为基础，即前者之散借助于后者之洇。实际上，第一种串珠状流散要多于并且明显于第二种洇开态情况。

李家治主编的《中国科学技术史·陶瓷卷》指出，晕散主要由以下两点原因造成：一是色料本身SiO_2、Al_2O_3含量较低，甚至没有；二是由于釉是高钙釉，高温下黏度小，釉本身容易流散，所以也增加了晕散的效果。李合等[②]采用能量色散X射线荧光光谱分析（EDXRF）和激光诱导击穿光谱分析（LIBS）对明早期官窑青花瓷器和在阿联酋采集的伊斯兰蓝彩器标本进行了研究。由于以往多采用的EDXRF分析不能对硼等轻元素进行测试，故补充采用LIBS分析检测硼等轻元素。分析发现，景德镇明早期青花瓷器所用钴料与伊斯兰蓝彩器标本类似，均为含有硼元素的经过预熔处理的低锰型钴料。根据《陶瓷工艺学》相关内容可知，氧化硼一方面可有效降低釉的熔融温度，另一方面可降低釉的表面张力，从而导致釉的高温流散，造成晕散效果。姜晓晨阳通过扫描电子显微镜和显微拉曼光谱仪分析“南澳Ⅰ号”出水青花瓷残片，在扫描电镜背散射模式下，发现样品瓷釉中存在大量发育充分的灰色针状（板条状）晶体，晶间存在因晶体生长时固液再分配所形成的液液分相结构，同时在部分晶体之间发现明亮颗粒，其粒径尺寸为亚微米范围。结合能谱分析数据，推测灰色针状晶体为钙长石，明亮颗粒为富含钴、锰、铁、镍的残留钴料。面扫描结果中钴元素与铝元素的含量变化一致而与硅、氧元素相反，因而初步推测该瓷片中的残留明亮颗粒为铝酸钴晶体。在高温烧结过程中，钙（碱）釉体系中釉料熔解释放的大量钙离子与钴料中熔解释放的铝离子自发结合，形成化学势更低的钙长石晶体。随着反应时间的累积，界面处的钙长石晶体不断长大并逐渐覆盖钴料颗粒，这种类似于“钝化层”的包裹结构最终会阻碍扩散过程，导致反应终止。该现象也可以为深入解释青花的晕散问题提供新的视角。不同于国产钴料铝含量高的特点，进口钴料的铝含量通常不能满足钙长石晶体生长的热力学条件，所以在同等环境下，进口钴料颗粒会充分熔解并在釉层中扩散，宏观上呈现出晕散的艺术效果。

另外，青花料中铁含量的高低对晕散现象的产生也有一定的影响。元代和明代早期的青花色料，其铁含量明显高于清代，在还原烧成条件下形成的FeO有一定助熔作用，会降低色料的熔融温度，促进晕散现象的产生[③]。

---

① 余婷、刘敏芳等：《云南玉溪窑青花瓷组成配方的 EDXRF 研究》，载《陶瓷研究》2020 年第 5 期。

② 李合、李晨毓等：《明早期官窑青花瓷器所用钴料的产地特征和晕散成因分析》，载《文物保护与考古科学》2018 年第 6 期。

③ 周洁：《康熙青花色料的再现研制及呈色机理研究》，景德镇陶瓷学院 2014 年硕士学位论文。

3. 青花黑斑

黑斑，也称铁斑、铁锈斑，是元青花色料的又一典型特征。黑斑常见于元代和明永乐、宣德年间的部分青花瓷，这类瓷器因所用钴料含铁量高，故常在青花部分出现黑色斑点即铁斑[①]。冯先铭先生在《中国陶瓷》中论及元青花时说“青花色泽有浓翠及灰淡二种，均有铁斑”，在论及明永乐窑瓷器时又说“永乐、宣德直至成化前期的青花都有黑铁斑”。耿宝昌先生在《明清瓷器鉴定》中则说：“线条的纹理中常有钴铁的结晶斑点，呈星状点滴晕散，浅淡处结晶斑点较少，浓重处则凝聚成黑青色、藏青色或呈现金属锡光。”

吴隽等[②]对景德镇青花瓷彩上斑点的显微结构进行了研究，发现不仅在宣德青花彩上，而且在元代和明代洪武及永乐青花彩上的着色浓重处，亦时有颜色相近的斑点。明宣德以前的样品，其青花料主要是低锰高铁的钴料，所以青花斑点主要由铁及其氧化物形成；而明宣德青花瓷用的青花料是低铁高锰的钴料，铁含量降低，锰含量提高，因此青花斑点主要由固溶了铁、钴离子的锰的氧化物晶体着色形成，如明宣德的3个青花瓷样品的斑点主要由所用的青花料中含量较高的铁或锰经高温过程后，在釉熔体中偏析出铁或锰等的化合物晶体所形成，基于画师们绘画时使用画料的浓淡及运笔的轻重，而在相应的一些部位形成大小、形状不一的斑点。青花瓷斑点的形成取决于所用的青花钴料的组成，含高铁低锰的钴料易形成主要由不同价态的铁的氧化物晶体所构成的斑点，而低铁高锰的钴料则易形成固溶了铁、钴离子的锰的氧化物晶体所构成的斑点。左健等[③]对一件明永乐青花瓷瓷片的拉曼光谱分析结果表明，该瓷片表面的黑色斑点有三类：网状斑点、颗粒性斑点与条纹状斑点，分别含有Fe_3O_4结晶、MnO与Mn_2O_3结晶、Co_3O_4结晶，可见“铁斑”并非仅是铁的化合物。

中国学者王甜等[④]对景德镇元青花铁锈斑进行了拉曼光谱分析，结果表明铁锈斑晶体具有三价钴的尖晶石结构，主要有两种晶体类型：铁较丰富的$Co_{0.8}Fe_{2.2}O_4$和钴较丰富的$Co_{1.3}Fe_{1.7}O_4$。中法联合研究小组[⑤]对明代青花瓷器的黑斑进行分析研究后，认为黑斑是富锰尖晶石。

（三）小结

元青花是在特定历史条件下出现的，它的出现得益于中国白瓷技术的成熟以及西亚波斯蓝釉技术的引入。其特征包括苏麻离青青花料、青花的晕散和黑斑等。苏麻离青青花料应来

① 吴思仪：《青花瓷“铁斑”小考》，载《大众考古》2019年第11期。

② 吴隽、李家治等：《景德镇青花瓷彩上斑点显微结构的研究》，载《无机材料学报》1999年第1期。

③ 左健、杜广芬等：《明永乐青花瓷片的显微拉曼光谱分析》，载《光散射学报》2007年第4期。

④ Wang T, Zhu T, Brunet M, et al. Raman study of Yuan Qinghua porcelain: the highlighting of dendritic $CoFe_2O_4$ crystals in blue decorations. *Journal of Raman Spectroscopy*, 2016.

⑤ Pinto A, Sciau P, Zhu T, et al. Raman study of Ming porcelain dark spots: Probing Mn-rich spinels. *Journal of Raman Spectroscopy*, 2019, 50（5）.

自伊朗地区。晕散是由于进口钴料的铝含量较低，难以形成足够的钙长石晶簇固定色粒，同时，青花料中较高含量的助熔剂如铁、硼等会助推晕散现象的产生。黑斑则多出现在青花浓重处，并非仅是铁的化合物，而是由钴、铁、锰等元素相对富集形成的钴、铁、锰固溶体或富相尖晶石所导致。

元青花是中国古代著名瓷器品种，拉开了彩绘瓷器繁荣发展的大幕。元青花是中外文明互鉴合作的历史例证，体现了中华文明巨大的审美包容性和对外来优秀文化的吸收能力。

五、古陶瓷传统修复技艺概述

瓷器是由陶器演化而来的，是中国的伟大发明和创造。瓷器是由瓷石、高岭土、石英石等在窑内经过高温（通常1200℃以上）烧制而成，外表施有玻璃质釉或彩绘。瓷器具有耐腐蚀、耐高温、硬度高等优点，在常温下无塑性变形，且抗压强度大。但瓷器的缺点也很明显，最大缺点是抗拉、抗弯、抗冲击强度较小，表现为易脆性断裂、不耐摔碰、易破损。冲口、缺损、破碎等是瓷器文物常见的病害类型。

瓷器文物是我国的重要文物宝藏，采取科学方法修复存在病害的瓷器文物，最大程度恢复瓷器文物的原貌，使其呈现出应有的艺术价值和历史文化价值，这是当前瓷器文物保护的重要课题和任务。在了解和掌握当前瓷器文物常用保护修复方法与技巧的同时，我们有必要了解一些古陶瓷保护修复知识。

经过烧制的陶瓷器，在日常使用过程中，由于性质硬脆，难免出现因磕碰、掉落而导致的破碎等情况。破碎的陶瓷器往往失去了使用价值，人们出于继续使用目的，对破碎的陶瓷器进行修补，这样就产生了陶瓷修复工艺。人们最初的修复愿望是恢复其使用功能，当社会经济发展到一定水平之后，部分陶瓷器从实用器转变为艺术品，有了装饰和收藏功能，至此，陶瓷器不仅实用，还可以供人欣赏、把玩。在这个过程中，陶瓷修复的目的和内容也逐渐丰富起来。

破损陶瓷的修复方式主要有两种，其中一种是像缝衣服一样将碎片用钉、绳等方式缝合或者使用各类黏合剂粘连在一起。早在新石器时代，人类已经开始修复破损的陶罐了。中国的马家窑文化马厂类型墓葬中，以及中东和埃及都出土过几千年前带有锔孔的碎陶片。从这些被修复过的原始陶器或残片的情况来看，原始的修复方法是在相邻的两片碎块上钻孔，然后用植物纤维、皮条或金属丝将碎片连接起来。要实现这种修复，必须解决在陶器上面钻孔的问题。从考古资料中可以看到，早在新石器时代我们的祖先就懂得如何在坚硬的玉石上面钻孔（利用砣机、解玉砂），面对硬度相对较软的陶器，在上面钻孔应该并非难事。这种方法修复的案例在伊朗地区、欧洲罗马时代遗址、日本绳纹时代遗址（图6-10）、韩国新石器时期遗址中都有发现。[①]

① 陈馨：《陶瓷修复技术之锯钉补瓷技术的起源发展及其相关》，载《文博》2006年第3期。

图6-10 日本静冈县登吕遗址出土的日本绳纹时代带有修补孔和樱花树皮纽的陶片

图6-11 《清明上河图》中的“锔瓷匠”形象

这种钻孔方法直到宋元以后逐渐改良成熟，称作锔瓷。北宋《清明上河图》中就有锔瓷艺人锔瓷的情景（图6-11）。明代时期，意大利教士利玛窦在《利玛窦中国札记》中对瓷器修补有这样的记载：“这种瓷器还可以耐受热食的热度而不破裂，而尤其令人惊异的是，如果破了，再用铜丝缝起来，就是盛汤水也不会漏。”锔瓷修复技艺的过程为：先用刮刀或锉刀除去破损器物断面处的灰尘和杂物，接着用手工调制的黏合剂进行粘接。粘好之后，用绳缚紧，再用钻子在器物拼接处的接缝两边钻眼，然后铆上锔钉敲紧。最后再沿接缝处涂抹一次黏合剂，待三四天后即可使用。

古代民间瓷器修复技艺除锔瓷以外，也有利用动植物胶粘接修复的记载。如《景德镇陶录》卷八载："凡瓷器破损，或用糯米粥和鸡子青，研极胶粘，入粉少许，再研，以粘瓷损处，亦固。"清张习孔《云谷卧馀》载："定窑器皿有破损者，可用楮树汁浓涂破处，扎缚十分紧，俟阴干，永不解。"《景德镇陶录》卷九载："诸名窑古瓷，如炉欠耳足，瓶损口棱，有以旧补旧，加以釉药，一火烧成，与旧制无二，但补处色浑然，得此更胜新者。"民间也有由日本传过来的金缮技法，即用大漆粘接后，待未完全干燥时用金粉粘涂其上，金粉既起到修复作用，又起到装饰作用。据清朝内务府活计档记载，乾隆皇帝根据自己的爱好，指示工匠将口部破损的古瓷磨砺加工，镶口装饰。清末民国一直到1970年之前，民间和部分文博单位还在使用虫胶漆作为粘接陶瓷和石器的材料。将虫胶漆片在热水中捏塑成棍状，粘接时将两侧加热并趁热将虫胶漆棍涂在相邻碎块的碴口上，然后迅速对接，或在漆片加热过程中加入砂子（增强强度）用于补配缺失之处。民国时期民间也有用天然沥青、树胶、动物胶粘接陶瓷的做法。

另一种陶瓷修补工艺属于金属工艺中的锤揲技术。传世的许多瓷器如越窑、定窑产品上都可看到这一技术的沿用。宋代定窑采用芒口覆烧工艺，器物口部无釉但用金、银或铜包边，成为一种时尚。唐宋时期出现了制作金装瓷器的行业，宋朝的工部文思院、后苑造作所都设有"棱作"。清末民国时期，一些口沿有损伤的瓷器大多用此方法遮掩修复，这种技术在民间一直沿用至今。

在古代日本，人们将瓷器视为宝物，并利用漆器修复工艺来修复破损的瓷器。修补瓷器采用的是大漆和金粉或者金箔，即将瓷器碎片用天然大漆进行粘接，表面再敷以金粉或者金箔。这种修复方法叫金缮，是漆器修复工艺的外延。金缮技法除用于瓷器和紫砂器修复外，也可用于竹器、象牙器、小件木器和玉器的修复。

六、瓷器文物常用清洗方法简述

瓷器是一种易碎品。冲口、缺损、破碎及附着物等是瓷器文物常见的病害类型。科学修复存在病害的瓷器文物、使其呈现出应有的艺术价值和历史价值，是当前瓷器文物保护的重要课题和任务。展览型修复是目前博物馆文物修复行业通常采用的修复标准，要求在修复过程中尽可能减少修复造成的破坏，恢复瓷器文物本来面目，达到"修旧如旧"的效果。同时，利用现代分析技术科学分析病害，制定保护修复预案，以达到揭示文物内在价值、最大程度延长文物寿命的目的。另外，为达到较好的展览效果以及满足观众欣赏需要，可吸取商业型修复的某些技法，尽可能达到"远观一致，近看有别"的修复效果。

目前瓷器文物清洗材料和方法多种多样，但缺乏系统整理和介绍。过去，瓷器文物修复师由于缺少化学等知识背景或欠缺修复经验，在清洗方法的选择上往往无的放矢、多方尝试，或遵师嘱，或照本宣科，缺乏明晰的清洗方法及材料筛选技术路线。不恰当的清洗方法会对瓷器胎釉造成严重损害。本小节系统整理瓷器文物存在的污染物情况、清洗方法及材料的作用机理和适用范围，以期为广大瓷器文物修复师提供参考。

（一）清洗工作的内容

瓷器文物的保护修复技术路线包括建立保护修复档案、开展分析检测工作、清理脱盐与清洗、粘接补配、做釉作色、完善保护修复档案等内容。在开展保护修复工作前，我们首先要通过观察和仪器分析等手段充分了解和分析文物病害，搞清楚病害种类、分布状况、生成原因和发展趋势等，这样才能采取恰当的措施消除或转化各类病害，尽可能地延长文物寿命，达到科学保护修复的目的。在实际工作中，要按照"修旧如旧""最小干预"等修复原则，把活动病害、可诱发病害尽可能地进行全部消除，同时兼顾展陈目的，对破碎、缺损等稳定病害进行处理，最大程度恢复文物原貌。

清洗是瓷器文物修复的重要步骤。广义上的清洗包括初步对瓷器文物表面灰尘、疏松土垢的清理，对历史修复材料的拆解，脱盐，对文物表面、冲口、断茬等处病害、污垢的去除。狭义上的清洗内容主要是指对瓷器的冲口、裂缝、断茬、伤釉处的各类有机、无机污垢以及各类侵蚀进行彻底清理。清洗干净的瓷器，才可以开展下一步的粘接补配工作。

瓷器表面的土垢、钙质等附着物及盐分等污染物对瓷器的原貌体现和稳定保存具有不良影响。为了达到良好的保护修复效果，许多污染物都需要去除，而认识污染物是去除污染物的前提。

1. 须清洗的对象种类

有学者从位置、状态、种类、物质、成因和对器物的影响六个方面对瓷器文物污染物进行了研究[①]，认为污染物的种类可分为附着物、可溶盐、修复材料三类，物质上可划分为矿物质沉积物、金属氧化物色斑、有机物色斑、炭黑、可溶盐、胶粘剂、配补材料、做釉材料、锔钉九类。

这些污染物覆盖在器物表面，并且本身带有颜色，会影响器物外观以及对器物信息的识别。此外，盐析和材料老化会影响器物稳定性。

具体来说，瓷器文物特别需要去除的污染物有器物表面灰尘、疏松土垢，器物表面附着物和冲口、裂缝中的污垢。瓷器文物表面灰尘、疏松土垢一方面会阻挡外界光线，从而掩盖或改变文物本来面貌，另一方面会通过静电、毛细吸附等作用吸收外界水分，加速盐析，使微生物滋生，腐蚀瓷器胎釉。威胁瓷器安全保存的典型表面附着物有硬结物、锈蚀物，一般是埋藏环境下的无机盐类、金属氧化物等附着沉积所导致，如碳酸盐类、铁锈等。出水瓷器特有的凝结物，其中包括锰白云石、文石等碳酸盐矿物[②]，以及藻类贝壳沉积[③]等。另外，冲口、惊纹和裂缝中的杂质往往由附着物、炭黑、环境灰尘、有机油脂和使用污染（如茶渍）

---

① 潘坤容：《关于瓷器污染物的研究》，载《中国国家博物馆馆刊》2020 年第 6 期。

② 胡晓伟：《几件西沙华光礁Ⅰ号沉船遗址出水瓷器的保护研究》，载《文物保护与考古科学》2013 年第 4 期。

③ 李澜：《中山舰上出水瓷器的修复》，载《文物修复与研究》，2009 年。

等混合而成。

2. 保留必要的历史信息

在修复工作中，要注意恰当保留历史修复信息。早在新石器时代，人类已经开始通过在相邻的两片碎块上钻孔，然后用植物纤维、皮条等绳类材料连接来实现破碎陶器功能的恢复。我们比较熟悉的传统修复技艺是锔瓷。北宋《清明上河图》中就有锔瓷艺人锔瓷的情景。古代民间除了锔瓷修复技术，也有利用动植物胶粘接修复的记载，日本也有金缮技法。对于文物上旧有的修复工艺，若同时具备历史、艺术、科学价值，我们要注意进行保留，它们属于非物质文化遗产的一部分。我们所要去除的历史修复痕迹，一般是那些近现代采用各类化学胶粘剂或漆片等进行的粘接补配，它们往往施工工艺不高、胶体老化变黄、粘接力下降或失效，所以我们要将其拆解去除，以便使用更耐老化的现代材料进行替代。

3. 区分瓷器烧造的缺陷

古代瓷器烧造为手工工艺，成品率并不高，俗话说“十窑九不成”。瓷器进窑烧制前要经过几十道工序，而且窑口不论是烧柴还是烧煤，在烧成温度方面，都需要窑工具有极其丰富的经验。此外，器物在窑内摆放位置、烧制时间、坯釉原料组成甚至天气等因素，都会导致瓷器烧制效果相差甚远。

由于装烧工艺、胎釉原料、烧成温度与气氛等影响，所造成的胎体变形、开裂，釉面气泡、棕眼、缩釉、炸纹，胎底的支烧、垫烧痕迹，以及“芒口”等烧造缺陷，要与瓷器文物病害区分开来。这些烧造缺陷属于瓷器文物的历史价值的一部分，真实体现了瓷器文物所属窑口的烧造工艺水平，所以我们不能把它们当作病害进行去除。在清洗环节中，我们要将附着物、侵蚀等分辨清楚，窑粘、落灰、釉色的烟熏阴黄等不用进行清洗。

（二）常用清洗方法

选择清洗方法，首先要了解污染物与底物表面（接触层）的附着方式。根据清洗行业的相关研究，污垢在底物表面的附着有多种不同方式，这是因为污垢与物体间存在多种结合力。欲将污垢从底物表面清除干净，首先应了解它们之间的相互作用力。污垢与底物之间的结合力主要有以下几种。

机械结合力：主要表现在固体尘土的黏附现象中。一般物体的表面用肉眼来看十分光滑，但放大来看十分粗糙甚至有些表面还是多孔隙的，外界的尘埃等污染物会在其表面沉降和黏附，并渗透到这些凹凸面或孔隙中去。

分子间作用力：黏附表面的原子由于受到的作用力是不饱和的，有剩余力，因而有吸附其他物质的趋势。当污垢如油脂等分子与表面接触时，这些物质就会与表面发生作用而吸附在表面，这种吸附称为物理吸附。物理吸附主要依赖分子间作用力联系在一起。分子间作用力包括偶极力（取向力）、诱导力和色散力。

化学键力吸附：指污垢与金属表面的剩余电子价相互作用，形成类似化学键（离子键、共价键和配位键）。这类污垢结合较牢固，用通常的洗涤方法很难去除，只能采用特殊的化学方法使之分解后再去除。

静电结合力：当污垢与清洗对象的表面或表面上的某些粒子带相反电荷时，彼此间会产生静电引力而吸附在一起。导电性不良的某些固体表面因摩擦而带电，很容易吸附带异性电荷的颗粒。当带负电荷的表面吸附了带正电荷的钙、镁、铝等离子后，也可以吸附带负电荷的尘埃，因为这些金属离子在两者之间形成了阳离子桥。

了解污染物的附着方式后，可结合文物本身的性质选择合适的清洗方法。常用文物清洗方法可分为以下三类。

1. 物理机械法

对于瓷器文物表面灰尘、疏松土垢，由于它们的结合方式往往是物理吸附和静电结合力，所以可以采用机械手段物理擦除，或利用水消除静电结合力。例如，用吸尘器、毛刷、拍打、擦拭等方法将污物直接赶走；用纯净水、酒精等溶解污物，将其溶于液体中移走；利用纸浆毛细作用吸附污物，等等。具体办法有：采用软毛刷蘸取清水、去污粉等进行扫除，剩余较难的去除的，可能存在油脂粘合力，可以配合乙醇、丙酮等有机溶剂进行软化后，采用手术刀等剔除。对于瓷器表面的环氧树脂胶粘剂，可以采用手术刀蘸取丙酮等有机溶剂或者火烧刀片等将其软化，从而使其与文物表面分离。对于瓷器表面较硬的附着物，可以采用机械电动工具，在低倍显微镜等协助下，通过打磨、敲打等手工手段去除。这类工具有牙科打磨机、超声波洁牙机等。

物理机械法虽然使用了乙醇等化学试剂，但从根本上没有改变污染物的化学性质。

2. 仪器清洗法

其他行业内的成熟清洗技术也可以应用于文物保护行业。在瓷器文物清洗方面，有不少超声波清洗、激光清洗、干冰清洗和蒸汽清洗[①]等应用实例。

超声波清洗：超声波清洗是利用超声波在液体中的空化作用、加速度作用及直进流作用对液体和污垢的直接或间接作用，使污垢分散、乳化、剥离，从而达到清洗目的。

具体来说，超声波具有很高的能量，它在传媒液体中传播时，把能量传递给传媒质点，传媒质点再将能量传递到清洗对象表面并造成污垢分散解离。另外，在媒液中直线前进的超声波，到达其他物质界面时会发生透射和反射运动。反射回来的超声波与前进中的超声波合成后，当每一点的位相差保持稳定不变时，发生共振，在某些固定位置上相互叠加而加强，媒液在这些位置上容易产生空穴。由于超声波以正压和负压交替变化的方式向前传播，负压时在媒液中造成微小的真空洞穴，这时溶解在媒液中的气体会很快进入空穴并形成气泡；而在正压阶段，空穴气泡被绝热压缩，最后被压破，气泡破裂的瞬间会对空穴周围形成巨大的冲击，使空穴附近的液体或固体受到上千个大气压的高压，同时也会放出巨大的能量。这种现象在低频率范围的超声波领域不断地发生。空穴突然爆破时能把物体表面的污垢薄膜击破，从而达到去污目的。此外，超声波不仅有帮助媒液加快溶解污垢的作用，而且可起到搅拌作用，使媒液发生运动，带动新鲜媒液不断作用于污垢，加速污垢溶解。

---

① 贺章、张秉坚：《蒸汽清洗技术在石材护理和文物保护中的应用和发展趋势》，载《石材》2011年第7期。

采用超声波清洗文物，一般搭配使用两类清洗剂，即化学溶剂和水基清洗剂。清洗介质的化学作用可以加速超声波清洗效果，而超声波清洗是物理作用，两种作用相结合，可对文物进行充分、彻底的清洗。由于清水对油性污垢的分散解离能力较差，因此实际上常以表面活性剂或酸碱水溶液作为超声波清洗的媒液。

激光清洗：激光清洗近年来被引入文物保护行业，在金属、石质和陶瓷等文物清洗领域得到应用。其工作原理是利用高频高能激光脉冲照射器物表面，瞬间聚焦的激光能量使表面的油污、锈斑或附着物层发生瞬间蒸发或剥离，而且激光脉冲作用时间很短，在适当的参数条件下不会伤害到清洗基材。“南澳Ⅰ号”沉船出水瓷器表面的钙质凝结物、硅质凝结物便采用了激光清洗方法，取得了良好效果①。

蒸汽清洗：高温高压蒸汽对油污和蜡质污垢的清洁能力极强，对大面积灰尘沉积物和软垢层等污渍有良好的去除效果。高压蒸汽的喷出温度可达150℃以上，产生高达5 bar的冲击压强，能增加污渍成分在蒸汽中的溶解度，使高熔点高黏度油脂熔化或流态化，使低熔点有机物升华或分解，使污垢急速受热膨胀而降低附着力并脱离基体表面。冲击压强可使污垢猛然受力而发生位移并松动脱落，同时蒸汽遇冷迅速凝聚成极微小的雾滴，形成巨大的气液表面，对灰尘和污渍成分产生很大的吸附和分散作用，从而使污渍碎化并脱离基体表面。安徽凤阳汤和墓出土的元青花瓷冲口内的旧胶便曾采用蒸汽清洗方法进行清理②。

干冰清洗：干冰清洗的工作原理与喷钢砂、喷塑料砂及喷苏打等喷砂技术原理相似，是以压缩空气作为动力和载体，以干冰颗粒为加速粒子，通过专用的喷射清洗机将其喷射到被清洗物体表面，利用高速运动的固体干冰颗粒的动量变化、升华等能量转换，使被清洗物体表面的污垢、油污、残留杂质等迅速冷冻，从而凝结、脆化、剥离。这种清洗方法不会对被清洗物体表面特别是金属表面造成任何伤害。干冰清洗的独特之处在于干冰颗粒与清洗对象表面迅速发生热交换，致使干冰迅速升华变为气体二氧化碳，干冰的动量在冲击瞬间消失③。

上海博物馆戴维康对干冰清洗技术应用于陶瓷文物清洗进行了探索与实践。他采用工业干冰清洗机（干冰颗粒直径1mm，长度为1—15mm，喷嘴输出量最大为5m^3/min）对一件清代青花瓷器进行清洗实验。该青花瓷器釉质较好，表面有油脂和杂质等污垢以及以往修复用的已老化发黄的环氧树脂。通过实验发现，干冰清洗对环氧树脂等污垢剥落效果明显，并且对文物本体（釉层）没有明显损伤④。

另外，还可以采用喷砂方法去除瓷器表面的附着物，但要注意选择合适硬度的喷砂料，以免对瓷器胎釉层造成伤害。上海博物馆利用直径50μm以下的微纳米气泡的高效界面活性、超强的渗透作用及微爆破力进行实验，发现该方法可以有效减弱出水文物与表面坚硬附着物

---

① 张欢：《“南澳Ⅰ号”沉船出水瓷器类文物表面凝结物激光清洗实验研究》，载《中国文化遗产》2019年第5期。

② 卜卫民：《安徽凤阳汤和墓出土一件元青花瓷的修复》，载《文物保护与考古科学》2014年第3期。

③ 白广珍、万菲：《浅谈文物干冰清洗法》，载《人类文化遗产保护》，2019年。

④ 戴维康：《干冰清洗技术应用于陶瓷文物清洗的探索研究》，载《文物保护与考古科学》2015年第1期。

的结合力，从而达到将器物表面的钙化附着物与大多数金属侵蚀清洗干净的目的①。

3. 化学清洗法

瓷器表面较硬的附着物一般为无机盐类沉积物，按阳离子分，有钙质、硅质等；按阴离子团分，有碳酸盐、硅酸盐、硫酸盐等。另外还有铁锈、有机碳水化合物、油脂混合物等。对于无机盐类沉积物、铁锈腐蚀物等，可以采用酸类利用还原反应转化为可溶物去除②，或利用络合剂对金属离子有极强的捕捉能力和分散效果进行去除。对于有机油脂类污垢，可以采用表面活性剂、生物酶等方法去除，也可以采用碱洗剂。对于动植物油脂类污垢，可通过化学反应生成皂和盐，溶解或分散于水溶液中。在加热条件下，碱会促进大分子的蛋白质水解，转变成较小分子的氨基酸而溶解。对于难溶于酸和水的无机盐垢，例如坚硬的硫酸钙、硅酸钙垢等，可以和某些碱性清洗剂反应，转化为疏松的易溶于酸的新盐，以便进一步用酸洗法去除③。

研究表明，酸碱络合剂等对瓷器胎釉成分均有腐蚀作用。常见的化学清洗剂有酸性材料草酸、柠檬酸、醋酸等，络合材料六偏磷酸钠、EDTA二钠盐、NTA④等，碱性材料碳酸钠等，氧化材料84消毒液和双氧水等。碱性材料、络合材料对瓷器胎釉有非常严重的损伤，会造成胎釉内部物质的溶蚀流失。各类酸性材料也会对胎釉造成损伤，尤其是草酸。氧化剂中的84消毒液和双氧水对瓷釉损伤较小⑤，故在菏泽元代沉船出土瓷器文物清洗工作中，采用的是双氧水加氨水的方法⑥。双氧水是氧化剂，常用于木材、丝毛织品、象牙、纸浆的漂白。双氧水和水混合时发生化学反应，双氧水被分解并放出具有强氧化作用的原子态氧。氨水的作用就是促使原子态氧的生成。双氧水与氨水常用于硅片的清洗。

在实际操作中，也经常采用酸、络合剂、表面活性剂联用的方式清洗较为顽固的污染物，比如使用浓度为3%的苹果酸、5%的二乙烯三胺五乙酸和EDTA二钠盐作为华光礁出水瓷器表面黄白色沉积物的清洗试剂⑦。为增加化学清洗试剂的反应时间以及增强对清洗位置的针对性，可采用凝胶缓释技术混合清洗剂进行贴敷处理。例如，硅藻土混合草酸对瓷器冲口的土锈污染物有良好的清洗效果⑧。

另外，拆解瓷器时可以采用水浴、试剂浸泡、局部加热、熏蒸等方式⑨。用高分子胶类

① 黄河、杨庆峰等：《微纳米气泡清洗“南海一号”出水瓷器的安全性评价研究》，载《文物保护与考古科学》2017 年第 3 期。

② 胡珺：《柳孜运河遗址出土刻莲瓣白釉盏和青白釉碗的研究与修复》，中国科学技术大学 2016 年硕士学位论文；吴启昌：《“南海Ⅰ号”两件出水瓷器文物的保护与修复》，载《文物保护与考古科学》2016 年第 1 期。

③ 周双林：《瓷器表面硅质水垢的清洗》，载《中原文物》1995 年第 2 期。

④ 刘舜强、张静：《陶瓷去垢剂 NTA 的去垢机理研究》，载《文物修复与研究》，2003 年。

⑤ 胡东波、张红燕：《常用清洗材料对瓷器的影响研究》，载《文物保护与考古科学》2010 年第 1 期。

⑥ 白广珍、段鸿莺等：《菏泽古船一件青花花鸟瓷盘的保护研究》，见《中国文物保护技术协会第十次学术年会论文集》，科学出版社 2020 年版。

⑦ 包春磊：《华光礁出水瓷器表面黄白色沉积物的分析及清除》，载《化工进展》2014 年第 5 期。

⑧ 朱善银、刘洁等：《古陶瓷冲口和冰裂纹清洗技术研究》，载《清洗世界》2017 年第 3 期。

⑨ 潘坤容：《胶粘瓷器再修复中的拆分方法初研究》，载《上海视觉》2019 年第 2 期。

材料粘接的，可以使用丙酮、天那水等软化去除[1]。二氯甲烷加二甲基甲酰胺可以在保证文物安全的情况下，很好地将环氧材料完全去除。用虫胶等生物胶粘接的，可以使用生物酶进行清除。

（三）小结

清洗是瓷器文物修复的重要步骤。瓷器清洗干净后，才能去除文物活动病害和病灶，才可以开展下一步的粘接补配工作。建立明晰的清洗方法及材料筛选技术路线，我们首先要清楚瓷器文物病害的种类和分布状况，明确要清洗的对象。瓷器文物清洗对象具体有瓷器文物表面灰尘、疏松土垢，表面附着物和冲口、裂缝中的污垢，历史修复粘接材料，等等。同时，注意保留必要的历史信息并区分瓷器的烧造缺陷。

清洗过程是一种错综复杂的过程。清洗过程不但与所用的清洗剂及助洗剂的结构、性质、含量、组成有关，而且与基质的材料、表面状态以及黏附污垢的来源、成分和性质有关。同时，又受到清洗条件（温度、机械作用）诸因素的影响。针对不同的污染物，应研究它们的化学组成和吸附机理，采取适宜的方法、材料进行清除。在实际操作过程中，应优先使用物理方法，包括前面提及的机械法和仪器法。对于采用物理方法难以去除污染物或不宜使用物理方法去除污染物的瓷器，可采取化学方法。化学方法使用虽较为普遍，但对瓷器胎釉有一定伤害。清洗宜先从腐蚀性小、成熟的化学试剂入手，在器物上选取一定区域进行试验，取得一定效果后再大面积使用。同时，要注意使用去离子水清洗置换出器物上残留的化学药品。

七、瓷器文物修复效果可辨识性尝试

前面的章节曾提到，现代古陶瓷文物修复主要有考古型修复、展览型修复和商业型修复三种类型。此次菏泽沉船出土瓷器文物的保护修复，采取的是展览型修复方法，并借鉴商业型修复部分修复技巧和材料；坚持的文物保护修复原则有不改变文物原状原则、可再处理原则、安全性与兼容性原则、最小干预原则和可辨识原则。

文物保护修复原则即文物保护修复理念，源于西方。欧洲文艺复兴之后，欧洲经济和社会得到了迅速发展，人文、艺术和科技的价值迅速提升，文化遗产是人文与艺术、科技结合体的认识逐步成为共识。尤其经历一战、二战后，作为主战场的欧洲，大量的文化遗产受到破坏，对它们进行抢救、修复、保护成为当务之急。在长期的保护修复实践基础上，文物保护修复理念不断丰富、强化。20世纪30年代的《雅典宪章》、60年代的《威尼斯宪章》和90年代的《奈良真实性文件》是国际文化遗产保护领域三个里程碑式文件。《雅典宪章》主要关注被近代民族战争和第一次世界大战破坏的文物能不能重建和维修，关注对文物本体的保

① 牛飞：《陶瓷再修复中拆胶技术的研究》，载《粘接》2018 年第 3 期。

护；《威尼斯宪章》的主要观点是文物保护修复应注重对历史的重构而不是复现，不能进行过多干涉；《奈良真实性文件》强调尊重不同文化的特点，保护历史的真实性。1963年，意大利著名文物保护修复专家布兰迪（Cesare Brandi）出版专著《文物修复理论》，书中提到了文物保护修复所应遵循的一个重要原则，即可辨识原则。所谓可辨识，是指修复部位与文物本体应该有所区别，远观不致导致器物整体不协调，近观能辨别出修复痕迹。

这些理念及原则都是具有极高的科学性和指导意义的，但它们大多是基于西方特定的历史文化背景，针对西方文物而提出的。中国现代文物保护修复理念来自国外，遵守国际文化遗产保护各类准则，但在长期的实践工作中我们发现，照搬国外理念存在不合适的地方。中国有着自己独特的历史文化背景，而且东方的历史文化传统与西方有着较大的差异。因此在中国的文物保护工作中，我们不可以完全套用西方的理论或标准①。贾文忠先生曾就可辨识原则指出，中国传统修复技法尽管在外观上难以辨识修复部位，但在现代科学工具的帮助下还是可辨识的，与国际文物保护理念相符②。

在实际工作中，文物修复效果的绝对不可辨识是做不到的，何况可辨识具有相对性，存在观察视角不同、保存环境不同、识别技术不同等各类因素制约，因此我们应该辩证地对待可辨识原则，不能一味机械照搬③。我们应该遵守文物修复的各种规章制度，准确并详细记录文物修复的全过程，采用的修复材料也应符合文物修复的标准。在满足这些条件的前提下，竭尽所能，发挥出修复技师的所有技能，最大限度地呈现文物自身之美。修复理念没有一个固定标准，合理即可。目前有学者对可辨识性理念提出新看法，即文物修复不应局限于“远观一致，近看有别”的可辨识原则，而应放宽标准，使修复后的文物最大程度地表现出文物所要传达的信息④。

中外陶瓷修复工艺不同导致修复效果也不尽相同，西方关注的是器物原始部分，认为修复部分是第二层面的，不应对原始部分的视觉欣赏产生干扰；中国陶瓷修复则要体现器物的工艺、审美和造型的完整，达到“修旧如旧”和“天衣无缝”的艺术效果⑤。国内的文物修复师在实践中也曾探讨陶瓷修复的可辨识性问题⑥。

菏泽沉船出土的各类瓷器多为名贵瓷器，器物本身釉色温润如玉、胎质细腻。“修旧如旧”修复原则中的“旧”，对这批瓷器而言，就是指美。所以项目组对可辨识性标准的实际应用要比“远观一致，近看有别”宽泛，即最大程度恢复文物原貌，展现文物的艺术价值，尽量充分展现文物所要传达的信息。

所以项目组对本次瓷器文物保护修复的可辨识原则的具体执行标准是，保护处理后的瓷

① 杨璐、黄建华：《保护、修复、研究领域中文物的价值》，载《文物保护与考古科学》2006 年第 4 期。

② 贾文忠：《中国应有自己的文物修复理念》，载《文物修复与研究》，2007 年。

③ 路智勇：《试论“可识别”原则的相对性——兼论文物保护修复中可识别程度的把握》，载《中国文物科学研究》2010 年第 4 期。

④ 巩梦婷：《文物修复中可辨识性理念之新视角》，见《中国文物报》2011 年 7 月 8 日。

⑤ 高逍逍：《中西方文物修复理念及技法浅析——以古陶瓷修复为例》，载《东方收藏》2021 年第 3 期。

⑥ 林永峰：《浅谈博物馆陶瓷文物可识别性陈列修复——以一件马家窑文化时期的彩陶修复为例》，载《福建文博》2016 年第 3 期。

器要达到整体协调、光泽一致、肉眼观察无差别的效果。同时认真记录保护修复档案，档案中清晰标识出修复部位，防止对以后的分析研究造成干扰。为保证修复部位和本体的可辨识性，提出“远观细察皆一致、档案仪器皆可辨”要求。因为修复材料透光度和瓷器胎釉有差别，是可以通过X射线探伤仪查看出来的，同时，项目组在冲线类修复部位的修补材料中混入了紫外荧光剂，可以通过紫外荧光效果辨识修补部位。

在具体操作中，项目组选择了几件瓷器进行尝试。首先建立文物保护修复档案，充分保留文物修复证据。然后拍摄文物修复前照片，绘制病害图，对冲线、裂缝等进行X射线探伤拍摄，并在修复部位涂画无色荧光材料进行标识。荧光材料在普通光下肉眼不可见，不影响文物价值的展现及对文物的欣赏。

在文物保护修复实践中，我们在借鉴西方文物修复理念的同时，应注意结合我国的修复实情加以中国特色化，无论是沿用中国文物修复传统技艺将色差无限缩小，还是与国际接轨，选择“远观一致，近看有别”的现代博物馆文物修复原则，主动地将色差予以适度保留，都是可行而合理的，这需要视文物藏品的修复目的而具体决策。进行文物修复时，在充分尊重文物的历史性、真实性和审美性的基础上，要选择性遵循最小干预、可辨识性、可逆性、兼容性等目前国际通行的文物修复原则。每一位文物修复师都应在磨炼中进步，在思考中进取，在科学中开拓，不断地总结、研究、借鉴文物保护理念，提高自身修复技艺。

八、文物表面纹饰的提取

纹饰又称纹样，一般指用于器物表面的花纹。它是图案中的一类，仅指器物表面纹饰而不包括形制，也就是文物上的原始纹样①。菏泽沉船出土文物中不乏纹饰精美的珍贵器物，如元景德镇窑青花云龙纹梅瓶、钧窑影青釉杯盏、元景德镇窑青白釉印花云龙纹高足杯、元景德镇窑青花芦雁菊纹花口盘、元景德镇窑青花缠枝莲纹高足碗等，为沉船断代和宋元历史研究提供了宝贵的实物证据。

本次保护修复项目所涉及的纹饰，大多很难使用普通相机拍摄清楚，尤其是瓷器上的印花图案。为推进文物艺术价值再现和研究，项目组采用摄影加电脑技术对文物表面纹饰进行数字化提取。在文物的选择上，选取代表性文物，比如部分瓷器的纹饰纹路清浅、不易辨认，并且多为印花，非常具有绘制价值。同时，挑选了印有文字的科研价值较高的银币、花钱，以及纹饰最为精美但破损十分严重的螺钿漆盒等。它们之中有的保存较好，纹饰清晰可见；有的破损严重，甚至无法完整拼接，但局部纹饰精美可鉴。通过对这批纹饰的直观研究及临摹绘制，将纹饰图案以平面形式展现出来，对进一步研究元代文物纹饰所反映的图形含义、审美意识与历史价值具有重要意义。

---

① 蔡淑蓉:《探讨文物纹样发展与新生的设计方法——以南越王墓文物纹样在应用美术中的实践为例》，载《文物鉴定与鉴赏》2019 年第 7 期。

（一）前期准备

选择好需要绘制的纹饰后，接下来是对纹饰进行拍摄工作，拍摄完成后需采用数位屏进行绘制。运用数码设备将拍摄好的照片直接存储于数位屏中可以取代相对耗时长的传统写生形式。拍摄时使用的相机为尼康D800E数码相机，针对不同情况，需采用不同处理方法——对于青釉印花牡丹纹大盘这类文物，纹饰存在于盘底，并无曲面，可直接按比例拍摄；对于青釉玉壶春瓶，纹饰均匀环绕于瓶身，使用相机将大大增加拍摄难度，经试验，发现使用保鲜膜平整覆盖于瓶身纹饰，然后用针管笔在保鲜膜上描摹的手法相对适用；对于螺钿漆盒局部纹饰，宜使用莱卡DMS300数码显微镜对残破碎片的纹饰进行放大拍摄，并用电脑对碎片进行拼接（图6–12、6–13）。

图6–12　青釉印花牡丹纹大盘纹饰照片

图6–13　螺钿漆盒纹饰照片（局部）

（二）纹饰绘制过程与方法

绘图所用硬件设备为Wacom数位屏一体机平板移动电脑3代DTH–W1320新帝。数位屏一般由一块液晶屏、主动式数位笔和支撑架组成，主要应用于动漫设计、工业设计等众多设计领域[①]。绘图软件使用Sai，优点为勾线方便，具有旋转画布功能，笔刷丰富逼真，笔触直硬，线条绘制功能非常强大。由于此次纹饰绘制为纯色线描，所以选择Sai作为绘图软件再合适不过。

1. 平面纹饰绘制

现以青釉印花牡丹纹大盘为例，讲述平面纹饰的绘制过程（图6–14）。青釉印花牡丹纹大盘的刻花纹饰较浅，位于盘内底部，菏泽古船出土的大批瓷器均为此种刻花形式。对于这类纹饰，首先将拍摄好的照片导入数位屏，使用绘图软件Sai打开照片，将照片的对比度调高，在整体不失真的情况下尽量使刻花的痕迹更加清晰。调整后的纹饰更便于描画，如图6–15所示。

① 北京万行欣纪科贸有限责任公司：《Wacom数位屏（板），设计的创作平台》，载《工业设计》2012年第1期。

将照片保存下来后打开Sai，新建一个分辨率为300的空白画布，将保存好的照片拖进画布，可根据个人习惯适度调整照片图层的透明度。此时在照片图层上层新建一个图层，相当于加了一层透明描画纸，然后选择画笔工具，调整好笔刷粗细后就可以进行描画了。需要注意的是，描画纹饰必须保证在新建图层上，不能跳到下方的照片图层。牡丹纹的线条刻画得节奏感分明，叶子与花瓣处还有表现立体的过渡，项目组在绘制过程中为了尽力还原，绘制了纯线描和纯色填充两种形式的纹饰图（图6–16）。

此类纹饰虽刻花较浅不易辨别，但处于同一个平面中，绘制过程较为简单，可使用同样的方法进行绘制。绘制过程中可以轻松利用Sai的放大、缩小功能，使纹饰的每个细节都不被忽略。

图6–14 调整前的青釉印花牡丹纹大盘纹饰照片

图6–15 调整后的青釉印花牡丹纹大盘纹饰照片

图6–16 两种形式（黑白反差）的青釉印花牡丹纹大盘纹饰绘制图

2. 回转体结构纹饰绘制

现以青釉玉壶春瓶为例，介绍回转体结构纹饰的绘制过程。一开始计划用相机拍摄，但纹饰均匀环绕于瓶身，拍照难度较大，且很难保证纹饰的还原度。后来尝试使用裁剪的保鲜膜均匀覆盖于青釉玉壶春瓶的瓶身，根据瓶身纹饰的分布，将纹饰分为两部分，使用勾线笔进行描画（图6-17）。

图6-17　青釉玉壶春瓶及描画在保鲜膜上的纹饰绘制图局部

使用保鲜膜描画时须非常小心，以防尖锐笔尖戳破保鲜膜伤及文物。青釉玉壶春瓶的印花清浅，但十分精美。描摹之后将保鲜膜轻轻取下，平铺于工作台，再使用相机按比例拍摄并导入数位屏中，用Sai将两部分描摹纹饰拼在一起，同样调整画笔，新建图层覆盖于照片图层上进行描画。由于曲面的纹饰转变为平面纹饰会有一定程度变形，项目组在描画时按照文物本身做了适当调整，最终得到如图6-18所示的完整纹饰图。

图6-18　青釉玉壶春瓶纹饰绘制图

3. 繁杂纹饰绘制

螺钿是中国特有的传统艺术瑰宝。所谓“螺钿”，是指用螺壳或海贝磨制成人物、花鸟、几何图形或文字等薄片，根据画面需要而镶嵌在器物表面的装饰工艺的总称。螺钿具有十分强烈的视觉效果，被广泛应用于漆器、家具、乐器、屏风、盒匣、盆碟、木雕以及相关工艺品上。菏泽古船出土的螺钿残片，经分析，应为一个精美漆盒的两个面，其上纹饰为植物花纹，重复并紧密地排列，镶嵌于黑色的漆底上，在光线下可产生奇幻、绚丽的艺术效果。

图6-19　螺钿漆盒残片照片

由于螺钿纹饰比较繁复精巧（图6-19），拍摄时选择了可高清放大倍数的莱卡DMS300数码显微镜。在它的镜头下，可以清楚地看到每一个螺钿纹饰的模样。在这些螺钿纹饰中，很多纹饰只有放大到一定倍数才能显现出肉眼看不到的不同刻痕，甚至每片花瓣上都有更加微小的雕刻。为便于绘制，项目组将螺钿漆盒的纹饰归纳为三部分，如图6-20所示。

图6-20　螺钿漆盒纹饰的三个组成部分

鉴于螺钿漆盒破损较为严重，且三部分的纹饰均为循环排列，首先使用莱卡DMS300数码显微镜按照纹饰的走势与先后连接顺序进行放大拍摄，可多拍几张留作备用，其次用电脑将零碎拍摄的照片按纹饰本身走势拼接在一起，得到一组完整的循环。以主纹饰为例，每四朵完整的花可构成一组循环，加上周围的纹饰，拍摄八张高倍数照片，按纹饰走势使用电脑进行拼接（图6-21、6-22、6-23）。

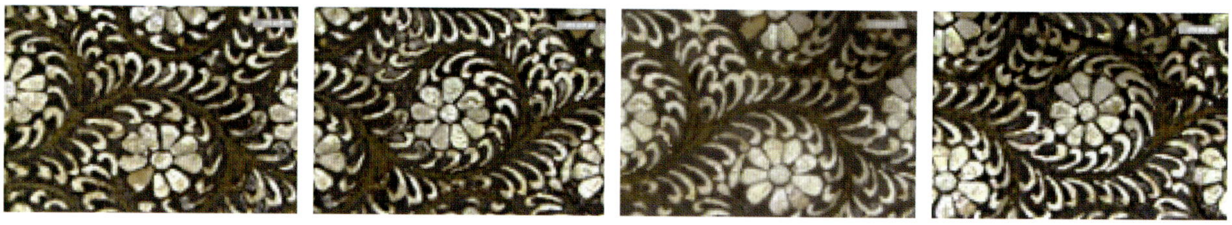

图6-21　主纹饰上端四部分

图6-22　主纹饰下端四部分

图6-23　由八张照片错落拼接而成的一组循环主纹饰

使用照片叠加拼接的办法确定一组循环纹饰，可为后面的绘制工作提高效率，螺钿漆盒的另外两部分纹饰处理方法同此。至此，可以将拼接好的三组照片导入数位屏，打开Sai进行纹饰绘制。

首先按照文物的尺寸信息新建一个等比例的画布，分辨率设置为300，打开最初那张螺钿漆盒残片的完整大图（图6-19），置于最底层，描画出还原后的漆盒残片边框；接下来导入三组拼接照片，分别置于完整大图的相应位置之上，将透明度稍稍调低后，于最上方新建绘图图层并描摹这三部分纹饰。

三部分纹饰描绘完后，根据循环规律复制描画的三组纹饰（按螺钿上的位置进行复制），得到一张完整的纹饰图，最后将重叠的线条与连接不畅处进行仔细修改润色，尤其是藤蔓的连接处，每画一部分就要停下来检查一遍，以确保没有差错，尽力还原纹饰本身样貌。至此，对螺钿漆盒纹饰的绘制就完成了（图6–24、6–25）。

图6–24 螺钿漆盒残片纹饰局部细节还原绘制图

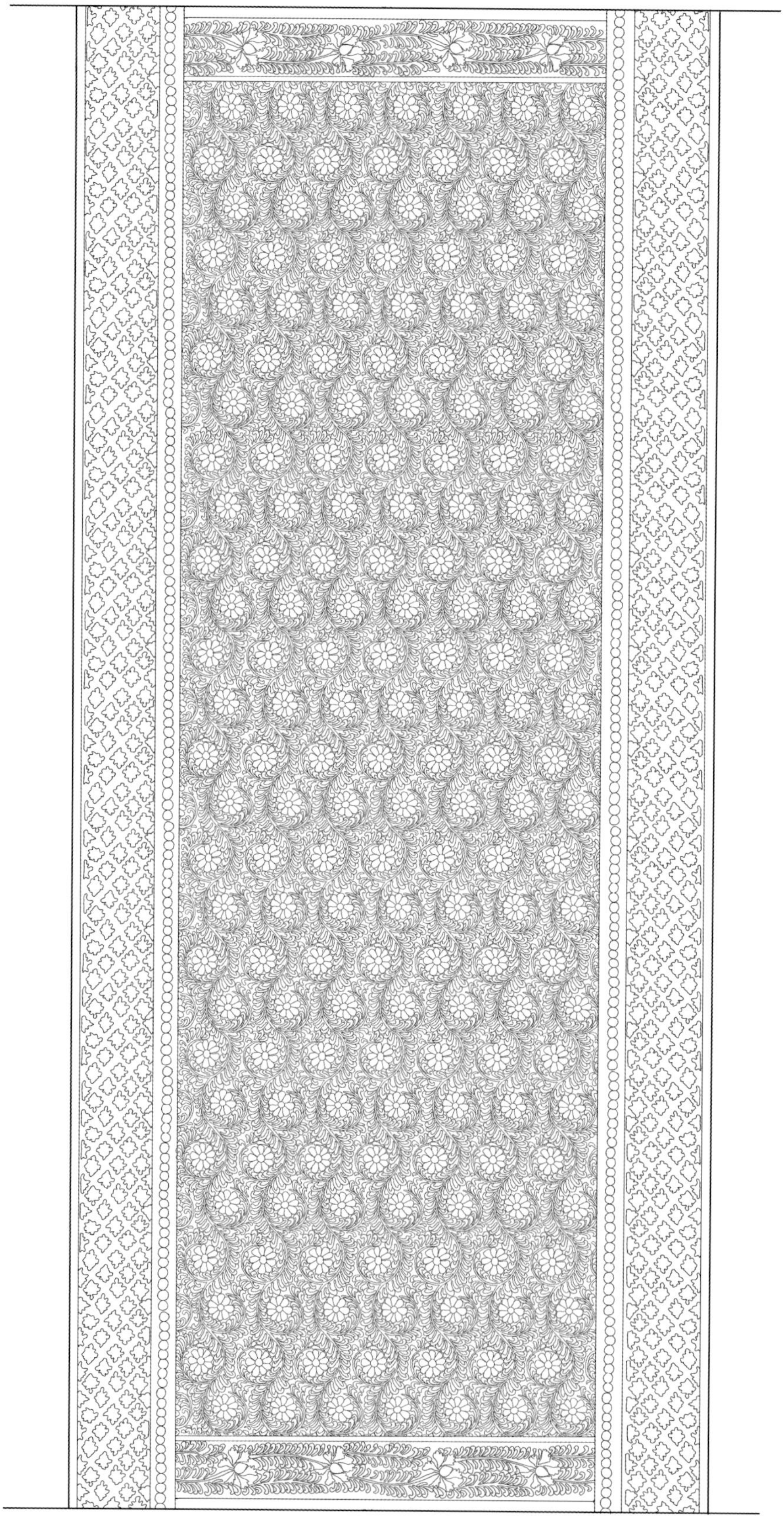

图6-25 螺钿漆盒残片纹饰整体还原绘制图

项目组按照现有信息还原了螺钿漆盒的其中一个面，可以看出其纹饰精妙细致。本次绘制工作只使用单色线描，故无法完全呈现螺钿绚丽的色彩之美，尤其每个花瓣上的微小细节也无法表现出来。项目组采用同样的步骤还原了螺钿漆盒的另一块残片，上面有一把手以及文字，该纹饰与前一块残片纹饰相符（图6–26）。

图6–26 螺钿漆盒残片（小）与纹饰还原绘制图

（三）文物表面纹饰选录

图6-27 HZC001青釉印花牡丹纹大盘局部照片

图6-28 HZC001青釉印花牡丹纹大盘纹饰图

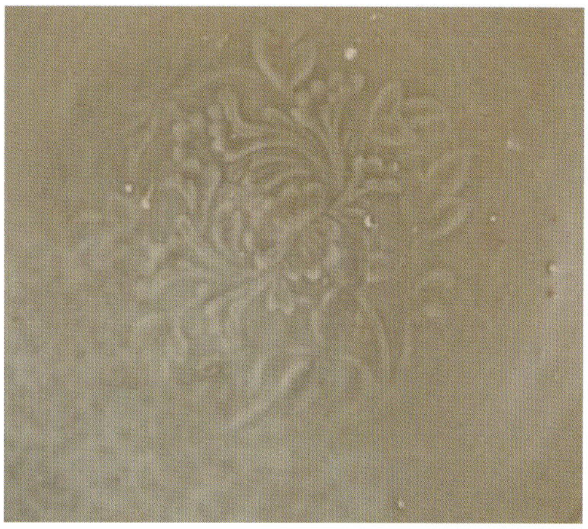

图6-29 HZC002青釉花口印花牡丹纹大盘局部照片

图6-30 HZC002青釉花口印花牡丹纹大盘纹饰图

图6-31 HZC007青釉印花小盘局部照片

图6-32 HZC007青釉印花小盘纹饰图

图6-33 HZC024青釉卷云纹护手单耳杯照片

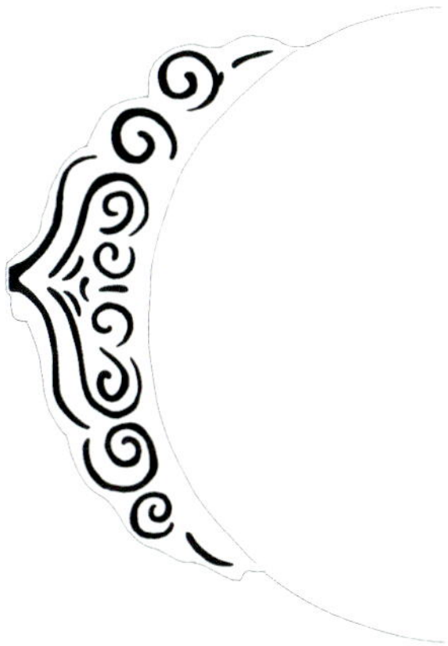

图6-34 HZC024青釉卷云纹护手单耳杯纹饰图

图6-35 HZC034青釉八宝纹大盘照片

图6-36 HZC034青釉八宝纹大盘纹饰图

图6-37 HZC041青釉菊花纹高足碗照片

图6-38 HZC041青釉菊花纹高足碗纹饰图

图6-39　HZC043青白釉刻花龙纹盘照片

图6-40　HZC043青白釉刻花龙纹盘纹饰图

图6-41　HZC045至正十四年款铜权照片

图6-42　HZC045至正十四年款铜权纹饰图

图6-43　HZC052银币照片

图6-44　HZC052银币纹饰图

图6-45 HZC053花钱（政和通宝）照片

图6-46 HZC053花钱（政和通宝）纹饰图

图6-47 HZC079青釉印花碗局部照片

图6-48 HZC079青釉印花碗纹饰图

图6-49 HZC066龟趺碑背面照片

图6-50 HZC066龟趺碑背面龙纹纹饰图

（四）小结

项目组采用的纹饰绘制方法，在绘制时需要注意以下几点：

首先，尽力还原纹饰本来面貌，看不清的地方就不去描绘，不能自行想象描绘。

其次，不做机械性描绘，努力贴近纹饰本身的笔触质感，保证线条的节奏感与原纹饰一致，注重审美要求。

最后，采用的方式方法以不伤害文物本身为前提。

虽然使用数位屏电脑进行绘制，前期工作依赖相机完成，但真正的绘制过程依然相对属于手工绘制，主观意识较强，并且要求绘制人员具备一定美术功底和耐性。这虽然在一定程度上保证了纹饰的美感与笔触的还原，但误差较大，纹饰较易产生变形，无法做到精准复原。在科学技术日益兴旺发达的今天，文物数字化三维重建技术更加广泛应用于纹饰复原工作中，通过相机搭配远心镜头获取文物不同角度的纹理图像，然后把从所有角度提取的图像依次拼接在一起，形成完整的外形纹理展开图①。这种方法可以大大降低纹饰的畸变，保证高精准度的还原，非接触性测量也可以降低对文物的损伤，尤其适合处理花瓶之类的具有回转体结构纹饰的还原工作。但这种方法对设备及理学知识的要求极高，对仅拥有美术功底的人来讲有很大难度，文物纹饰绘制还需综合运用多种方法，确保复原效果准确无误。

文物的二维平面纹饰绘制方法不是唯一的，可根据纹饰的不同情况，探索适合它们的方式，纹饰绘制使绘制人员近距离感受纹饰的美与构造，亲身体会纹饰走向的一笔一捺，这种绘制方式对纹饰的艺术研究具有一定意义。随着数字化和互联网的昌盛，三维技术应用日益广泛，文创产品异彩纷呈，在文物纹饰的绘制工作中，可将传统手工技术与现代科技相结合，使二维与三维相呼应，让艺术与科学相辅相成，在保证高精度复原的前提下，尽可能探索文物本身的美感与质感，让精美的纹饰不再是冷冰冰的等待被复制的图像，而是有血有肉有灵魂的中华文化之形。

九、和田玉笔洗的鉴定与修复

笔洗是用来盛水洗笔的器皿，属于文房四宝笔、墨、纸、砚之外的一种文房用具。笔洗形制乖巧、种类繁多，制作材料多样，包括瓷、玉、玛瑙、象牙和犀角等。各种材质的笔洗中，最常见的是瓷笔洗，其次为玉笔洗。汉代许慎《说文解字》说："玉，石之美。"发源于新石器时代早期并绵延至今的"玉文化"是中国文化有别于世界其他文明的显著特点之一。目前所知最早的玉笔洗为故宫博物院收藏的汉代作品。玉器雕刻遵循因材施艺的原则，故而玉笔洗一洗一模样，少有雷同。由于传统琢玉技术相当成熟，每件玉笔洗都被雕琢得生动活泼、玲珑有加，其艺术价值远超实用价值。

菏泽元代古船出土的这件青白玉荷叶形笔洗（项目编号HZC029），通长11.5cm，通宽9cm，通高4cm，重160g。采用青白玉整体琢成荷叶形，广口，荷叶两侧微卷，扁圆腹，底部雕刻有花枝。器物玉色温润，器壁细匀透亮。镂雕、浮雕、透雕、阳刻、阴刻技艺在这件笔洗中发挥得淋漓尽致，"出淤泥而不染"的莲荷与清雅高洁的美玉结合在一起，雕刻效果生

① 屠大维、兰浩等：《文物数字化三维重建技术研究》，载《激光与光电子学进展》2019年第19期。

动自然。该笔洗富有浓郁的生活气息，反映了宋元时期玉雕工艺的高超水平，是一件难得的文物珍品（图6–51）。

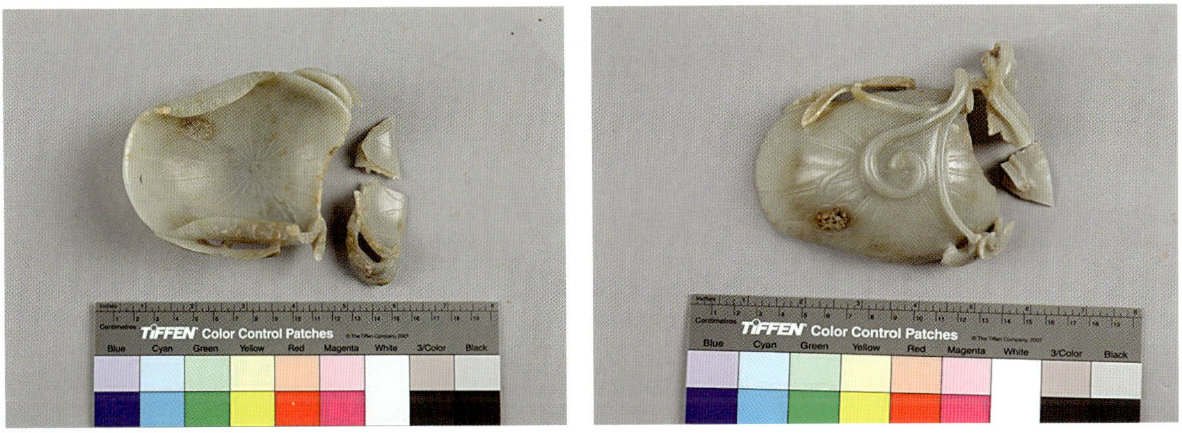

图6–51　HZC029青白玉荷叶形笔洗保护修复前照片

（一）材质分析

该玉笔洗为青白玉，玉质直观上类似和田玉。为进一步验证玉笔洗材质，采用Horiba公司生产的HE型便携式拉曼光谱仪对玉笔洗进行拉曼光谱无损分析，测试条件为激发波长785nm、长焦镜头50倍、激光功率10%、测试时间10s。

根据国家标准《珠宝玉石　名称（GB/T 16552—2013）》，和田玉主要由透闪石、阳起石组成，故同时对采购自省级地质机构的透闪石和阳起石样本进行拉曼光谱测试，并与玉笔洗的拉曼光谱结果进行对比（图6–52、6–53）。

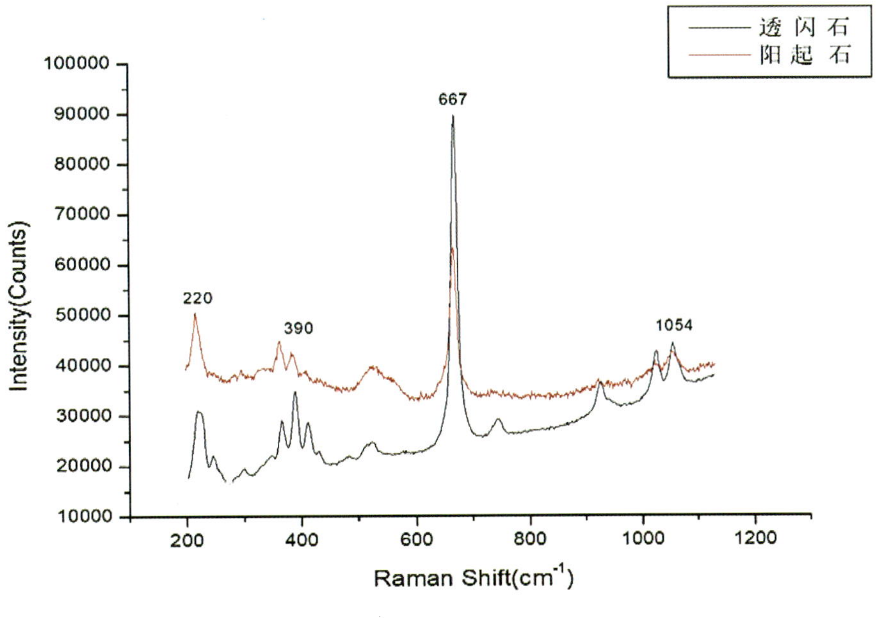

图6–52　透闪石和阳起石样本拉曼光谱图

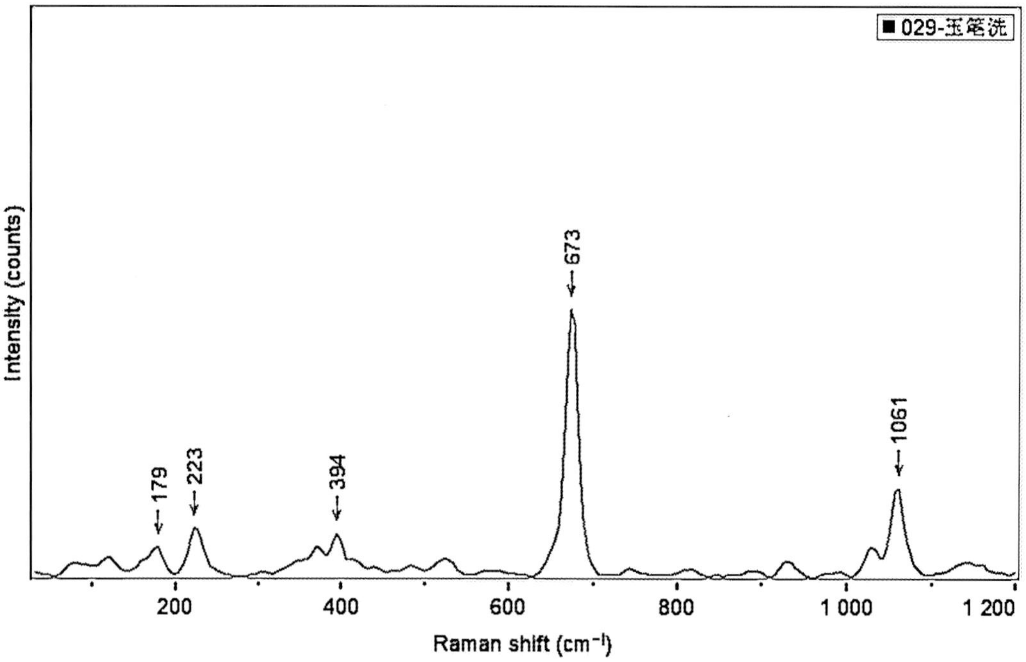

图6-53 HZC029青白玉荷叶形笔洗拉曼光谱图

透闪石和阳起石都属于闪石类矿物，透闪石物理特征为白色或灰色，阳起石为深浅不同的绿色①。据研究，透闪石是由白云石和石英混合沉积后形成的变质岩，化学式为$Ca_2Mg_5[Si_4O_{11}]_2(OH)_2$。在闪石族矿物中普遍存在类质同象代替，透闪石中的Mg被Fe置换，就变为阳起石，化学式为$Ca_2(Mg, Fe)_5[Si_4O_{11}]_2(OH)_2$ ②。

从图6-52透闪石和阳起石的拉曼光谱分析结果来看，透闪石和阳起石的拉曼光谱图十分相似，它们的拉曼特征谱的峰位都主要表现在$220cm^{-1}$、$667cm^{-1}$和$1054cm^{-1}$处附近。$220cm^{-1}$处为［SiO_4］$^{4-}$的晶格振动，$370cm^{-1}$处为Mg-OH的对称振动，$390cm^{-1}$处为Mg-OH的反对称平移，$415cm^{-1}$处为Mg-OH的反对称平移，$667cm^{-1}$处附近为Si-O-Si的对称伸缩振动，$1054cm^{-1}$处为Si-O的反对称伸缩振动③。透闪石样本有明显的$415cm^{-1}$、$930cm^{-1}$处附近的散射峰，而阳起石在$415cm^{-1}$、$930cm^{-1}$处附近散射峰全吸收，没有出现谱峰。从图6-53玉笔洗拉曼光谱图来看，在$220cm^{-1}$、$667cm^{-1}$和$1054cm^{-1}$处附近特征峰明显，符合闪石类拉曼光谱特征；$930cm^{-1}$处附近有弱峰出现，符合透闪石特征；$415cm^{-1}$处附近没有出现明显的峰位，符合阳起石特征。

透闪石的Mg被Fe类质同象替代，这种替代导致透闪石向阳起石转化，即白玉向青玉过渡。由于替换的程度不同，导致矿物的颜色、特性不同。和田玉颜色多样的原因就在于玉石内部阳起石含量的不同，轻度替换则导致玉石由白玉变成青白玉，重度替代则使玉石由白玉

① 李景霞、张立新、杨丽：《矿物岩石学》，电子科技大学出版社 2014 年版。

② 赵虹霞、干福熹：《不同产地软玉的拉曼光谱分析及在古玉器无损研究中的应用》，载《光散射学报》2009 年第 4 期。

③ 李坤、申晓萍：《红外光谱 - 拉曼光谱无损检测技术对透闪石和阳起石鉴定特征的研究》，载《矿物岩石地球化学通报》2019 年第 2 期。

变为青玉。

综上分析，该玉笔洗的拉曼光谱分析结果同时具备透闪石和阳起石拉曼谱峰特征，再结合文物玉质颜色白中偏青，可判断该玉笔洗由透闪石和阳起石组成，符合和田玉成分特征。

（二）病害评估

该玉笔洗整体形貌保存尚完整，存在局部断裂、残损和表面黄色硬结物等病害。口沿处断裂为两个残片，另外存在部分缺损和玉沁。

使用日本理学D/max-2550PC型X射线衍射仪对黄色硬结物样品进行物相结构分析。首先在玛瑙研钵中将样品研成精粉，然后涂敷在单晶硅样品架上，送入X射线衍射仪进行测试。实验条件为工作电压40kV，工作电流150mA，扫描角度范围3°—90°，步长0.02°，发散狭缝（DS）、防散射狭缝（SS）1°，接收狭缝（RS）0.3mm。

从图6-54中可以看出，该样品主要由石英、方解石、钠长石、赤铁矿和针铁矿组成。石英、方解石、钠长石为土壤常见成分，赤铁矿、针铁矿为铁的氧化产物，由此可以判断该黄色硬结物为铁锈和土壤的混合产物。该元代沉船上存有较多铁器，从而导致随船出土的绝大多数文物受到铁锈腐蚀影响。

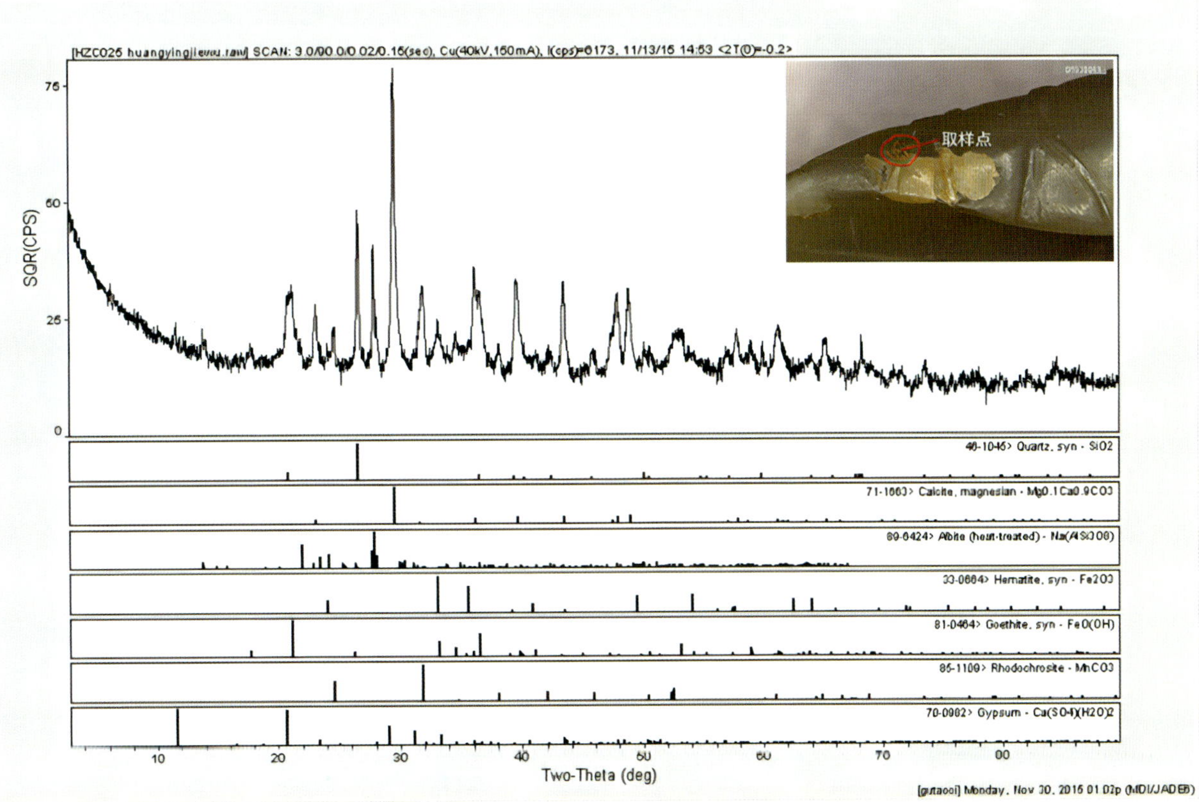

图6-54　黄色硬结物X射线衍射图谱

（三）保护修复

1. 技术路线

古代即有修补玉器的现象。玉器多为贵重礼器，过去出土的不少玉器中可见修整、连缀、补配、镶嵌和改制等修复痕迹，如穿孔连缀修复方式广泛出现在红山文化、大汶口文化、良渚文化等出土玉器上①。古代的玉器修复以恢复或更改玉器使用功能为最大目的，是古人“惜玉”的一种表现。

现代文物保护修复要按照“修旧如旧”“最小干预”等文物保护基本原则来开展，并且要兼顾文物的历史、科学及艺术价值，针对病害特征采取相应的保护修复措施，最大限度地恢复文物原貌、延长文物寿命、发掘文物价值。尤其对于可发展病害，应将病害彻底去除或进行转化，使文物达到在一般条件下相对长久保存和展览的要求。

这件玉笔洗经过分析测试，符合和田玉特征。和田玉属于闪石类矿物，本质为硅酸盐矿物，所以其保护修复方法类同普通石质类文物。又因该笔洗色泽通透如釉，修复效果对光亮度要求高，故可借鉴瓷器文物修复技巧。

HZC029青白玉荷叶形笔洗保护修复工作拟采用的技术路线为：建档→分析检测→清洗→粘接→补配→做旧→完善档案。

2. 建档

文物保护修复要建立翔实规范的保护修复档案，内容包括文物的历史资料、价值、照片、保存状态描述、病害图等文物修复前信息，保护修复日志、使用的材料工艺等保护修复过程具体信息，以及保护修复后的照片等。

此件玉笔洗的文物保护修复档案的文本内容、记录格式、记录用文字、记录信息源及记录方法和原则遵循《石质文物保护修复档案记录规范（WW/T 0012—2008）》要求。

3. 清洗

主要是指对玉器表面以及断茬等处的各类有机、无机污垢和表面硬结物进行清理，以方便下一步的粘接补配工作。

首先采用蒸馏水浸泡玉笔洗，去除或软化玉笔洗表面灰尘、土垢等，然后用毛刷蘸取酒精溶液对玉笔洗表面进行清理。对于铁锈质的黄色硬结物，可采用竹签、手术刀结合中性或弱酸性溶剂去除（图6-55）。

4. 粘接

在玉笔洗残片断面刷涂浓度为15%的B-72丙酮溶液作为粘接隔离层，目的是使粘接措施可再处理，然后拼对残片，注意不能有丝毫错位。先用热熔胶临时固定残片，确定拼对无误后用竹签蘸取爱劳达2020环氧树脂胶流入缝隙中进行粘接，使用不掉毛的棉签擦去缝隙边缘多余的胶液。然后将玉笔洗于室温下静置16—25小时，使树脂胶完全固化。

---

① 王荣、吴在君：《中国玉器的古代修复工艺研究——以出土玉器为例》，载《东南文化》2015年第3期。

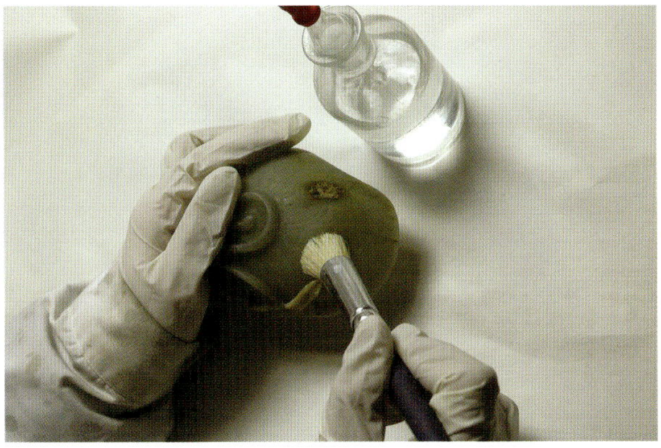
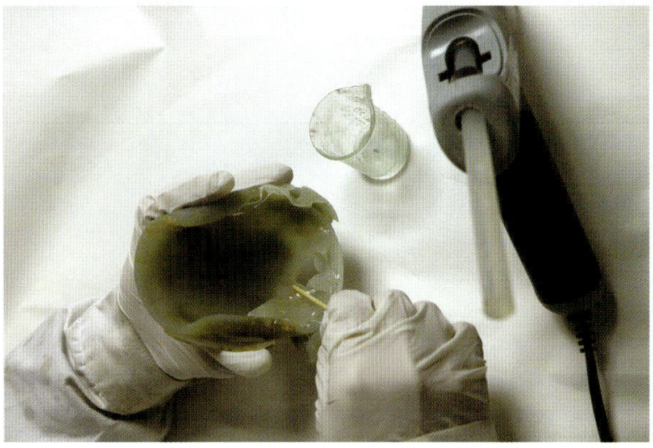

图6-55 表面清洗及粘接

5. 补配

补配缺损部位。在爱劳达2020环氧树脂胶中加入瓷粉调成黏稠状，以此作为补配填料对缺损部位进行填补，并采用手术刀、刮刀等进行修整（图6-56）。待补配材料完全固化后，使用砂纸由粗到细对补配处进行打磨，打磨到以手触摸接缝处感到衔接一致、光滑无阻即可。

为方便下一步做旧工作，制作补配填料时可加入颜色近似玉笔洗材质主色的矿物颜料。

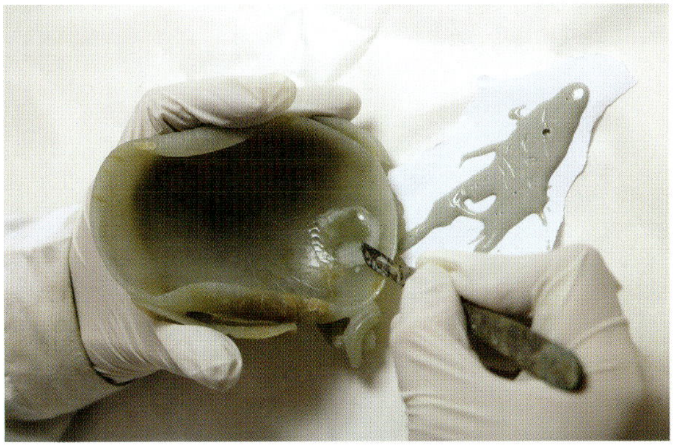

图6-56 环氧树脂补配

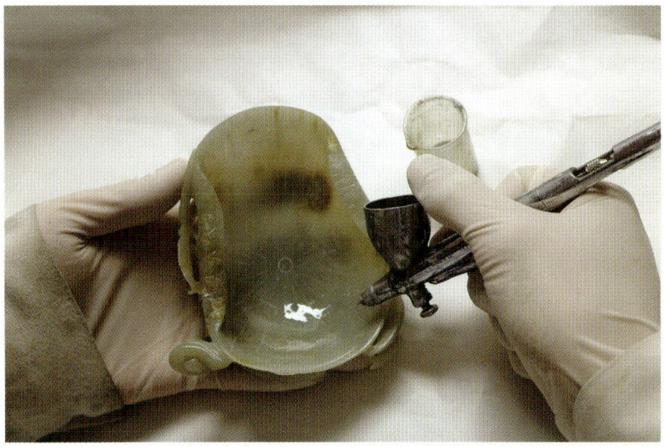

图6-57 做旧

6. 做旧

对粘接及补配部位进行做旧处理。以室温修复釉作为基料，加入矿物质颜料调出与玉笔洗色泽一致且覆盖力适当的底色，用喷笔将玉笔洗上的裂缝和补配部位与玉笔洗本身进行色彩衔接。将底色浓度稀释至50%，再次对喷涂了底色的部位进行修饰，使其达到莹润质感，在视觉上接近玉笔洗本体。使用喷笔和画笔模仿玉笔洗本体纹饰，并制作纹饰以外的视觉效果（图6-57）。完成后，使用无色透明釉料对修复部位进行光度处理，尽量做到修复部位与玉笔洗本体光亮度一致。

7. 完善保护修复档案

拍照，称重，完善保护修复档案。保护修复后的玉笔洗见图6-58。

图6-58 HZC029青白玉荷叶形笔洗保护修复后照片

（四）小结

经拉曼光谱无损分析，菏泽元代古船出土文物中的青白玉荷叶形笔洗含有透闪石和阳起石成分，符合和田玉特征。

该器物存在局部断裂、残损和表面硬结物等病害，项目组借鉴瓷器文物修复技巧，采取清洗、粘接、补配和做旧等保护修复措施，消除了文物病害，最大程度恢复了文物原貌，基本达到了使文物长期保存及符合展览需要的目标。

同时需要指出的是，文物部分残损处因缺乏修复依据，故没有进行复原处理。至于玉器的“沁”，乃系在地下埋藏年久，被土壤、矿物质等浸染而成。玉沁是沧桑历史的见证，是大自然的艺术，是古玉文物价值的重要体现，故本次保护修复工作未对玉笔洗的沁进行处理。

第七章 结 语

山东菏泽古船出土文物保护修复项目由山东省文物保护修复中心管理实施，中心根据国家文物局批复方案要求，联合菏泽市文物保护中心、菏泽市博物馆组成项目组，共同开展保护修复工作。2017年5月，启动项目实施工作；2017年6—11月，完成文物信息提取、分析检测、文物清理与清洗等文物本体保护修复工作；2017年12月，整理、完善保护修复记录档案，撰写保护修复报告；2018年1月，组织召开项目验收会议，项目结项。

一、技术指导

为加快项目顺利推进、保证项目实施质量，项目组于2017年7月7日至8日在菏泽市博物馆组织召开项目前期专家咨询会，与会专家有山东大学历史文化学院教授、博士生导师崔大庸，山东省水下考古研究中心原主任、研究馆员王守功，山东博物馆研究馆员赵鑫桂，菏泽市文物保护专家咨询委员会主任、研究馆员张启龙，菏泽市博物馆原馆长、副研究馆员高国庆，原菏泽市文物保护中心主任吕凤涛，以及山东省文物保护修复中心主任王传昌。

为进一步提高项目执行科技含量、提升项目科学研究水平，项目组邀请故宫博物院文保科技部副主任雷勇等科研人员参与并指导项目分析测试与研究工作。具体工作内容，一是故宫博物院方面携带分析仪器进行现场分析检测工作，二是将部分文物取样后带回实验室进行深度分析与研究。

二、项目实施收获

项目组在保护修复工作前期开展了文物病害调查和价值评估工作。在调查研究的基础上，按照文物质地制定文物保护修复预案。在保护修复过程中，做好对每件文物的保护修复记录。项目组采取成熟手段对这批珍贵文物进行科学保护修复，严格按照国家文物局颁布的有关规程的要求进行操作，去除或转化文物现存的活动病害和可发展病害，最大程度恢复文物原貌，使文物满足在一般条件下长久保存和公开陈列展出的需要。截至2018年1月，完成项目所涉及的95件（套）文物的保护修复工作，具体包括瓷器41件（套）、陶器10件（套）、铜器21件（套）、铁器8件（套）、漆木器6件（套）、玉石器5件（套）、骨角牙器1件（套）、绿松石金器1件（套）、银器1件（套）、锈结物1件（套）。

另外，通过保护修复工作，我们还分离出多件文物，并发现了新的文字信息。如通过对HZC005凝结物的保护修复，成功分离出2件完整青釉小碗；通过对HZC067锈结文物的保护修复，成功分离出1件铜勺、1件带文字（疑似“至正柒年三月”）砚台和1件锡铅板。除上述提到的带文字砚台外，通过对HZC090漆香炉进行清理，发现其底部存在文字，疑似“平江枒巷季家造”。这些文字为研究文物背景和沉船背景提供了有益线索。

现代分析技术在文物保护修复中的作用越来越重要，可以在文物病害分析、价值判断等方面发挥积极作用。利用X射线荧光、X射线衍射和离子色谱分析等，对瓷器文物普遍存在的黄（红）色锈蚀、青铜器文物的表面锈蚀和出水文物表面特有的凝结物进行分析，得出以下结果：黄（红）色锈蚀主要为铁的氧化物和土垢混合物，以Fe_2O_3为主，不过也有个别样品检测出活泼的含氯的腐蚀产物——四方纤铁矿，说明其锈蚀还处于发展之中；青铜器表面锈蚀以赤铜矿、孔雀石（碱式碳酸铜）为主，并未发现含氯的活泼腐蚀产物，说明目前铜器的状态相对稳定；凝结物中含有二氧化硅、方解石、铁的腐蚀产物等。这些结果为下一步采取科学有效的保护手段起到指引作用。另外，通过对附着物严重或者腐蚀严重的青铜器、铁器进行X射线探伤作业，发现部分器物本体保存状况良好，可以填补肉眼观察的不足并纠正此前对文物一般表象的判断。X射线探伤效果明显的有HZC051铁叉、HZC059铜鹤形灯、HZC095铁炭盆等文物，项目组用肉眼观察并无法窥得这些文物的原貌，认为它们腐蚀严重，但通过X射线探伤分析发现，它们的本体保存状况良好。利用仪器观察和分析，有助于我们正确认识文物腐蚀程度，为下一步除锈操作提供很好的依据。分析工作还可用于对文物价值的佐证，如HZC007青釉印花小盘、HZC024青釉卷云纹护手单耳杯的X射线荧光分析结果与故宫博物院收藏的宋代龙泉窑出土青瓷釉的微量元素值基本一致，可推测这两件器物来自龙泉窑。通过对HZC035元青花花鸟纹盘和HZC036元青花鱼藻纹高足碗两件器物的青花料进行X射线荧光分析，发现二者微量元素差别较大，说明青花料的来源很可能不一样，此问题值得深究。HZC038、HZC039两件寿山石及HZC029青白玉荷叶形笔洗的X射线荧光光谱和激光拉曼光谱分析结果，与相关材质特性相符。

通过保护修复和分析工作，还可以纠正肉眼鉴定文物的不足。比如HZC065，修复前文物颜色符合铁器特征，经修复后发现其为青铜器。又如HZC025，其窑口在保护修复前有三种观点，即哥窑、钧窑和龙泉窑，项目组经过保护修复，恢复了文物原貌，并根据其胎釉特征等进行分析研究，初步认定其为元代钧窑产品。

另外，在这批文物中，不少瓷器釉面带有印花纹饰，非常精致漂亮，但普通拍照方式很难清晰地将纹饰提取并展现出来。项目组采取贴敷描绘并利用电脑软件制作文物矢量纹样图的方式，对文物纹饰信息进行尽量准确、清晰的提取。

本次保护修复项目涉及文物种类多，病害多样，为项目组80、90后年轻技术人员提供了广阔的舞台，使他们在陶瓷器、青铜器、铁器、玉石器、漆木器等不同质地文物保护修复的各个步骤如信息提取、分析测试、清理与清洗、脱盐、缓蚀、焊接粘接、补配、整形、随色做旧等方面都得到锻炼和提高。通过本项目的多方合作，完成了为地方搭建文物保护修复硬件基础、培养三五名文物保护修复人员、促进文物保护修复技术推广交流的工作任务，推进了山东省可移动文物保护修复网络体系建设，促进了山东文物保护修复事业发展。

三、不足之处

本项目的实施也存在不足之处，主要有以下三点：

第一，分析研究工作做得不够深入。在此次保护修复过程中，项目组对瓷器窑口、漆木器工艺等方面的分析工作还不够深入。项目组缺乏各窑口标准器形瓷器的胎体、釉层分析数据，虽然做了X射线荧光光谱分析工作，但很难得到进一步的研究成果。漆木器方面，对漆香炉的漆皮、漆灰和螺钿漆盒残片等做了分析，但结果不理想，只得到比较简单的结果，如螺钿是贝壳制品，其主要成分是碳酸钙，显微结构是层状堆积。

第二，青白釉瓷器的作色效果不完美。本次项目中的青白釉瓷器修复效果不完美，还有很大的提升空间。未来我们会吸取经验，多做试验，提升青白釉瓷器作色方面的技巧。

第三，没有对螺钿漆盒残片进行修复处理。HZC088、HZC093两件螺钿漆盒残片由于残缺过大、干缩变形严重，加之工艺十分高超，修复难度很大，所以项目组只简单清理了表面灰尘，没有做修复处理。未来，对其保护工作主要体现在以下两方面：一是加大对螺钿漆盒残片的预防性保护，具体计划是制作恒温恒湿器皿，对这两件珍贵的螺钿文物进行妥善保存，同时继续提取纹饰，通过虚拟修复方式制作螺钿漆盒复原图；二是加大分析检测力度，搞清楚螺钿漆盒的制作工艺和用途。

四、文物保存建议

保护修复好的文物不代表“万事大吉”，可以束之高阁。要进一步开展科学的预防性保护、数字化保护和利用工作，尽可能保存好这些珍贵的文化遗产。保护好、传承好历史文化遗产是对历史负责、对人民负责。我们要加强考古工作和历史研究，让收藏在博物馆里的文物、陈列在广阔大地上的遗产、书写在古籍里的文字都活起来，丰富全社会的历史文化滋养。我们要加强研究和利用，让历史说话，让文物说话，让文化说话。

良好的保存环境是保护好、传承好历史文化遗产的重要前提。影响文物保存质量的博物馆保存环境因素有很多，其中温湿度、光辐射、污染气体（包括颗粒物）等是最重要的因素。据研究，在一定温度区间内，温度每升高10℃，化学反应的速度就会增加1—3倍。同时，高温环境也会加速霉菌的滋生、昆虫的生产和繁殖，间接引起文物的损坏。与温度相比，相对湿度对文物的影响更大，湿度对文物产生的作用包含物理变化、化学反应和生物破坏。因此，稳定适宜的温湿度环境是降低文物劣化风险、延长文物寿命的重要条件。

文物的保存环境应满足《文物保护行业标准管理办法（试行）》《博物馆藏品管理办

法》《博物馆藏品保存环境试行规范》等标准或规范要求。下面对不同材质的文物保存要点进行提示：

1. 瓷器类

（1）适合温度：一般常温条件即可，最佳保存温度区间为24小时内20℃±2℃。

（2）相对湿度：以24小时内45%±5%为宜。

（3）照射光源：选用过滤紫外线的冷光源，照度100—150勒克斯（lx）。

（4）专柜专匣：装匣后专柜保存。

2. 金属器类

（1）适合温度：一般常温条件即可，最佳保存温度区间为24小时内20℃±2℃。

（2）相对湿度：以24小时内35%±5%为宜。

（3）照射光源：选用过滤紫外线的冷光源，照度100—150勒克斯（lx）。

（4）专柜专匣：装匣后专柜保存。

3. 漆木器类

（1）适合温度：一般常温条件即可，最佳保存温度区间为16℃—26℃，24小时内±5℃。

（2）相对湿度：以55%—65%为宜，24小时内±5%。

（3）照射光源：选用过滤紫外线的冷光源，照度100—150勒克斯（lx）。

（4）防霉防虫：使用防霉剂，亦需防动物损坏。

（5）专柜专匣：装匣后专柜保存。

其他无机类文物保存环境条件可参考瓷器类文物。

另外，这批文物尤其是瓷器类文物质地脆弱，在运输、保存、展览过程中，务必要做好文物的包装、减震防震等工作，确保文物安全。

附录1

国家文物局批复意见

国家文物局

文物博函〔2016〕513号

关于山东省菏泽古船出土文物保护修复方案的批复

山东省文物局:

你局《关于呈报〈山东菏泽古船出土文物保护修复方案〉的请示》(鲁文发〔2016〕51号)收悉。经研究,我局同意所报方案,请你局组织有关单位做好相关文物的保护修复工作。

此复。

国家文物局

2016年4月22日

公开形式:主动公开

抄送:本局办公室

国家文物局办公室秘书处　　2016年4月22日印发

初校:刘清　　终校:曹明成

附录2

项目结项验收专家意见

山东菏泽元代古船出土文物保护修复项目
结项验收专家意见

2018 年 1 月 6 日，山东省文物保护修复中心邀请有关专家在菏泽召开“山东菏泽元代古船出土文物保护修复项目“结项验收会议，与会专家考察文物保护修复现场、查阅项目保护修复验收报告等相关资料，听取项目组汇报后，经质询、讨论形成如下意见：

1. 项目组按照国家文物局批复意见（文物博函〔2016〕513 号）完成所涉及瓷器、金属等多种质地文物共 95 件套的保护修复工作，保护修复效果良好，达到预期目标。

2. 项目组运用多种分析测试技术，提取了大量信息，为保护修复工作提供重要依据；项目实施操作工艺科学合理，保护修复材料适宜。

3. 项目管理规范、档案完整、资料齐全。

专家同意该项目通过验收。

专家签名：

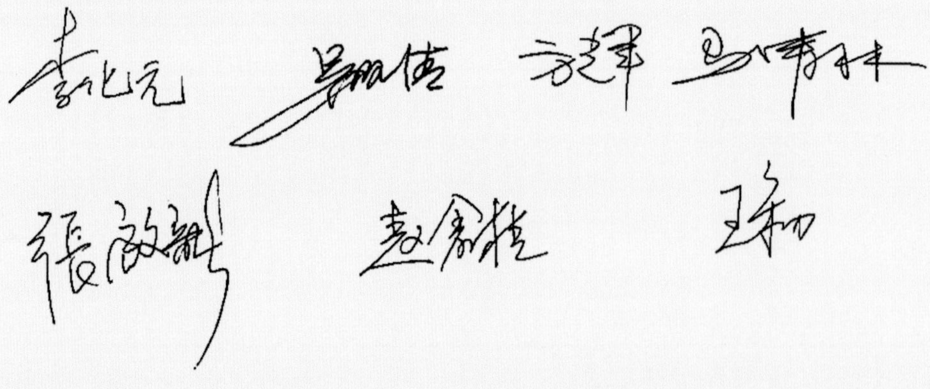

附录3

菏泽古船出土文物保护修复项目涉及文物清单

项目编号	文物名称	质地	数量	病害程度
HZC001	青釉印花牡丹纹大盘	瓷	1	中度
HZC002	青釉花口印花牡丹纹大盘	瓷	1	严重
HZC003	青白釉双系壶	瓷	1	中度
HZC004	黑釉双系壶	瓷	1	中度
HZC005	凝结物(青釉小碗)	瓷	2	严重
HZC006	白釉碗	瓷	1	严重
HZC007	青釉印花小盘	瓷	1	中度
HZC008	青釉碗	瓷	1	微损
HZC009	青白釉印花瓷盘(残片)	瓷	1	严重
HZC010	青白釉“大寺”款瓷盘(残片)	瓷	1	严重
HZC011	四系陶罐	陶	1	中度
HZC012	尖底陶瓶	陶	1	微损
HZC013	三系陶罐	陶	1	微损
HZC014	青釉碗	瓷	1	中度
HZC015	尖底陶瓶	陶	1	中度
HZC016	尖底陶瓶	陶	1	中度
HZC017	白釉高足杯	瓷	1	严重
HZC018	白釉高足杯	瓷	1	严重
HZC019	白地褐彩罐	瓷	1	中度
HZC020	黑釉双系瓶	瓷	1	微损
HZC021	白釉碗	瓷	1	严重
HZC022	陶罐	陶	1	中度
HZC023	酱釉罐	瓷	1	中度
HZC024	青釉卷云纹护手单耳杯	瓷	1	严重

（续表）

项目编号	文物名称	质地	数量	病害程度
HZC025	青釉开片碗	瓷	1	严重
HZC026	白地褐彩双凤罐	瓷	1	中度
HZC027	象牙色子	其他	2	中度
HZC028	白地褐彩龙凤罐	瓷	1	中度
HZC029	青白玉荷叶形笔洗	玉石	1	严重
HZC030	陶砚台	陶	1	中度
HZC031	青白釉玉壶春瓶	瓷	1	中度
HZC032	绿松石金耳坠	其他	2	中度
HZC033	青釉玉壶春瓶	瓷	1	微损
HZC034	青釉八宝纹大盘	瓷	1	中度
HZC035	元青花花鸟纹盘	瓷	1	严重
HZC036	元青花鱼藻纹高足碗	瓷	1	严重
HZC037	高足碗	瓷	1	严重
HZC038	降龙罗汉寿山石	玉石	1	中度
HZC039	伏虎罗汉寿山石	玉石	1	中度
HZC040	卵白釉龙纹高足碗	瓷	1	中度
HZC041	青釉菊花纹高足碗	瓷	1	中度
HZC042	钧窑盏托	瓷	1	中度
HZC043	青白釉刻花龙纹盘	瓷	1	严重
HZC044	铜权和称盘	铜	2	严重
HZC045	至正十四年款铜权	铜	1	严重
HZC046	铜权	铜	1	中度
HZC047	平字款铜权	铜	1	中度
HZC048	花口铜盘	铜	1	严重
HZC049	铜匙	铜	1	严重
HZC050	铜镂空底座	铜	1	严重

（续表）

项目编号	文物名称	质地	数量	病害程度
HZC051	铁叉	铁	1	濒危
HZC052	银币	其他	1	严重
HZC053	花钱	铜	1	严重
HZC054	五行大布花钱	铜	1	严重
HZC055	铜钱一宗	铜	44	严重
HZC056	铜镜	铜	1	严重
HZC057	铜铃	铜	1	严重
HZC058	铜提梁	铜	1	严重
HZC059	铜鹤形灯	铜	1	濒危
HZC060	铜网坠一组	铜	94	严重
HZC061	铜灯盏	铜	1	严重
HZC062	铜香炉	铜	1	中度
HZC063	铁灯盏	铁	1	濒危
HZC064	汉白玉灯盏	玉石	1	中度
HZC065	铜灯盏	铜	1	濒危
HZC066	龟趺碑	玉石	1	中度
HZC067	锈结文物	其他	1	濒危
HZC068	铜勺	铜	1	濒危
HZC069	木夹	漆木器	1	中度
HZC070	木绕线器	漆木器	1	中度
HZC071	铁锅	铁	1	濒危
HZC072	铁勺	铁	1	濒危
HZC073	木桌面板	漆木器	1	中度
HZC074	铜镜	铜	1	严重
HZC075	铜铆钉	铜	1	中度
HZC076	铁钩	铁	1	濒危

（续表）

项目编号	文物名称	质地	数量	病害程度
HZC077	铁钉	铁	1	濒危
HZC078	青釉碗	瓷	1	严重
HZC079	青釉印花碗	瓷	1	严重
HZC080	青釉碗	瓷	1	严重
HZC081	青釉碗	瓷	1	严重
HZC082	青釉碗	瓷	1	严重
HZC083	青釉碗	瓷	1	严重
HZC084	青釉碗	瓷	1	严重
HZC085	青釉碗	瓷	1	严重
HZC086	青白釉盘	瓷	1	严重
HZC087	尖底陶瓶	陶	1	严重
HZC088	螺钿漆盒（残片）	漆木器	1	濒危
HZC089	白地褐彩洗	瓷	1	严重
HZC090	漆香炉	漆木器	1	濒危
HZC091	粗陶罐	陶	1	中度
HZC092	粗陶罐	陶	1	严重
HZC093	螺钿漆盒（残片）	漆木器	1	濒危
HZC094	大铁盆	铁	1	濒危
HZC095	铁炭盆	铁	1	濒危

附录4

馆藏文物保护修复档案
（部分）

项目名称：山东菏泽古船出土文物保护修复项目

批复文号：文物博函〔2016〕513号

修复单位：山东省文物保护修复中心

菏泽市文物保护中心

菏泽市博物馆

实施周期：2017.06—2017.12

实验室编号：HZC001

馆藏文物保护修复档案

项目名称：山东菏泽古船出土文物保护修复项目

文物名称：青釉印花牡丹纹大盘

2017年6月

中华人民共和国国家文物局制

表 1　文物保护修复基本信息表

文物名称	青釉印花牡丹纹大盘	实验室编号	HZC001
收藏单位	菏泽市博物馆	文物登录号	
文物来源	出土	文物时代	元代
文物材质	瓷	文物级别	未定级
方案设计单位	山东省文物保护修复中心	保护修复单位	山东省文物保护修复中心
方案名称	《山东菏泽古船出土文物保护修复方案》	批准文号	文物博函〔2016〕513号
提取日期	2017.07.12	提取经办人	刘树森、张坤
返还日期	2017.11.01	返还经办人	刘树森、张坤
备　注			

表 2　文物保存现状表

尺寸（cm）	口径23，底径20.5，通高6.3	重量（g）	2155
文物保护环境	文物出土后，现场打包装箱提取，运至菏泽市博物馆。博物馆室内环境较为简陋，文物库房无温湿度控制系统。		
病害状况	器物基本完整，表面铁锈侵蚀严重，口沿处有长达16cm的裂缝。		
原保护修复情况	无		

保护修复前影像资料

正视

俯视

底视

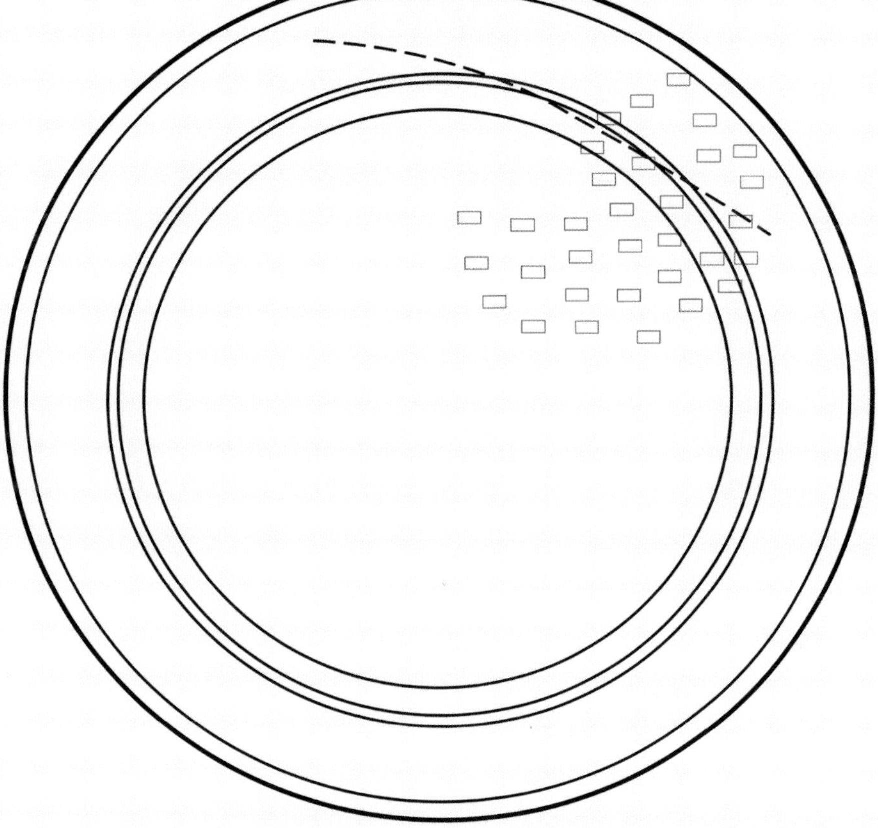

HZC001 青釉印花牡丹纹大盘俯视病害图

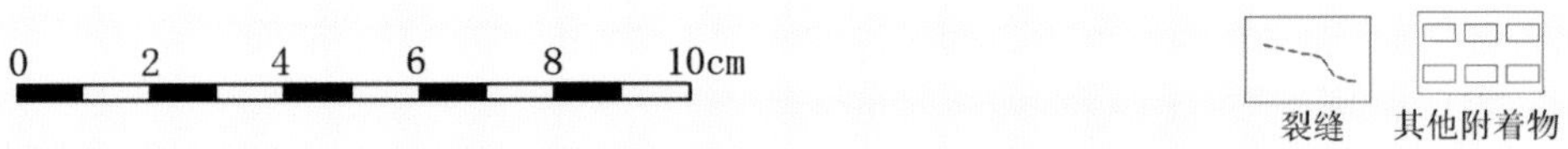

调查	张坤	**校对**	白广珍	**项目名称**	山东菏泽古船出土文物保护修复项目		
绘图	问娜娜	**审定**	吴双成	**制作单位**	山东省文物保护修复中心	**日期**	2017.07

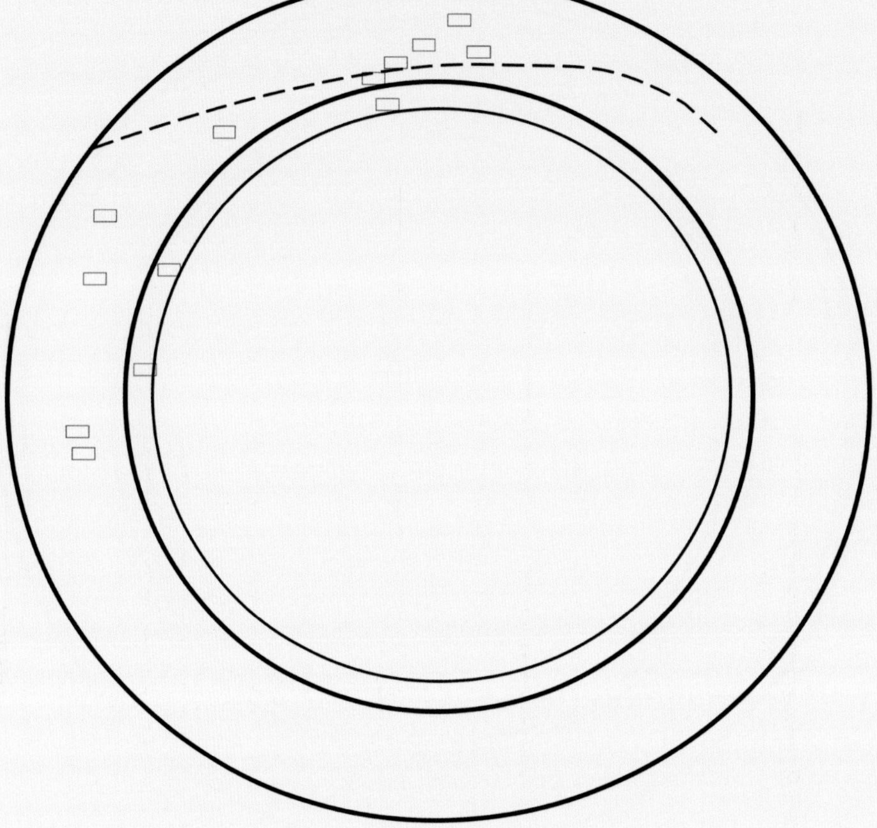

HZC001　青釉印花牡丹纹大盘底视病害图

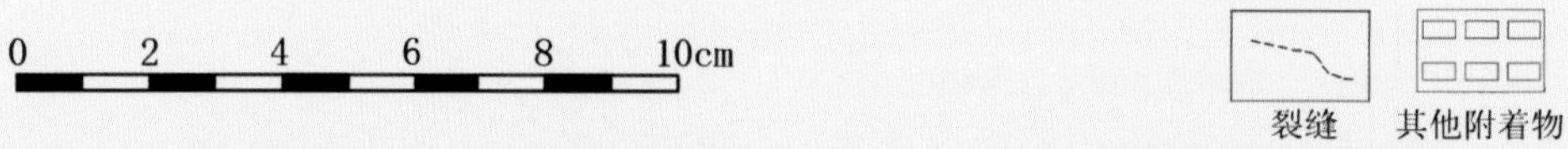

调查	张坤	**校对**	白广珍	**项目名称**	山东菏泽古船出土文物保护修复项目		
绘图	问娜娜	**审定**	吴双成	**制作单位**	山东省文物保护修复中心	**日期**	2017.07

表 3　文物检测分析表

样品编号	样品名称	样品描述	检测目的	检测分析方法	检测结果	检测单位
1	铁锈	黄色	定性	XRF	Fe	省修复中心
2	釉层		定性	XRF	龙泉	故宫博物院

表 4　文物保护修复记录表

<table>
<tr><td colspan="6">
文物保护修复情况综述（材料、工艺、步骤及操作条件，附保护修复后影像资料）：
1.档案记录：留取影像资料，测量尺寸，称重，绘制病害图，建立保护修复档案。
2.可溶盐检测：用电导率仪检测器物表面可溶盐相关数据，确定青釉印花牡丹纹大盘是否需要脱盐。
3.酸碱度检测：用pH检测仪检测酸碱度。
4.清洗：采用威派斯文物专用液体肥皂软化铁锈，然后用双氧水加氨水去除铁锈。
5.矫形：采用矫形器对器物口沿进行矫正。
6.加固、填补缝隙：采用爱劳达2020环氧树脂胶加固冲线部位，加入瓷粉和矿物颜料填补缝隙。
7.打磨：用砂纸由粗到细打磨光滑，使补配处衔接无缝。
8.随色：用矿物颜料以双组分环氧树脂仿釉材料为调和剂调配颜色，再以喷涂或笔涂的方式进行反复操作，直至颜色协调。
9.做旧：对补复部位进行做旧处理，达到“修旧如旧”的效果。
10.档案：完善保护修复档案。
</td></tr>
<tr><td>保护修复后尺寸（cm）</td><td colspan="2">口径23，底径20.5，通高6.3</td><td>保护修复后重量（g）</td><td colspan="2">2145</td></tr>
<tr><td>完成日期</td><td>2017.11.01</td><td>修复人员</td><td>刘树森</td><td>审核</td><td>白广珍</td></tr>
</table>

保护修复后影像资料	
 正视	 俯视
 底视	

<table>
<tr><td colspan="6">保护修复日志</td></tr>
<tr><td>文物名称</td><td>青釉印花
牡丹纹大盘</td><td>修复人员</td><td>刘树森</td><td>日期</td><td>2017.07.12至
2017.11.01</td></tr>
<tr><td>日期</td><td colspan="5">工作内容</td></tr>
<tr><td>2017.07.12</td><td colspan="5">对青釉印花牡丹纹大盘进行拍照，测量尺寸，称重，绘制病害图，建立保护修复档案。
用电导率仪检测器物表面可溶盐相关数据，确定青釉印花牡丹纹大盘是否需要脱盐。数值显示为6.73μS/cm，无需脱盐（图1、图2）。</td></tr>
<tr><td colspan="3">
图 1　检测是否含盐</td><td colspan="3">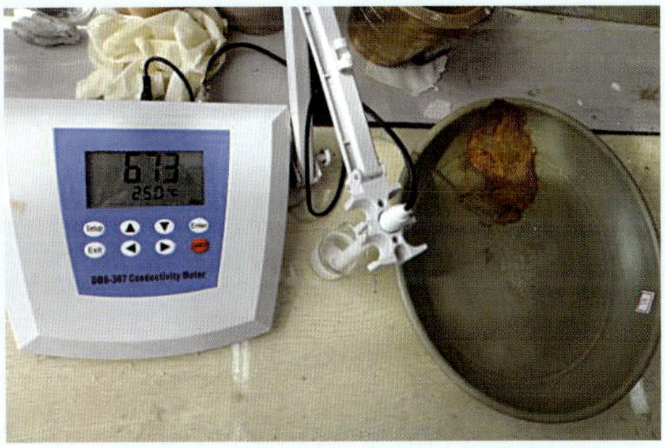
图 2　检测结果</td></tr>
<tr><td>2017.07.13</td><td colspan="5">用pH检测仪检测其酸碱度，检测结果为8.1，显示为碱性，可进行下一步处理（图3）。</td></tr>
<tr><td colspan="6">
图 3　酸碱度检测</td></tr>
</table>

2017.07.15—2017.10.25	将器物放入威派斯文物专用液体肥皂中浸泡，软化器物表面的铁锈，用手术刀轻轻清理器物表面铁锈（图4），再用棉签蘸取双氧水加氨水擦洗铁锈处（图5），反复操作，直至清洗干净为止。最后用蒸馏水清洗残留的化学试剂。
 图4　手术刀清理铁锈	 图5　双氧水加氨水擦洗
2017.10.26—2017.10.30	将矫形器夹于器物口沿处，上下左右扭动螺帽进行矫形，至用手触摸表面光滑即可，确定无误后在缝隙中流入爱劳达2020环氧树脂胶进行粘接加固（图6）。 在爱劳达2020环氧树脂胶中加入瓷粉和矿物颜料搅拌均匀，用手术刀蘸取环氧树脂胶涂抹器物缝隙处进行填平（图7）。
 图6　矫形加固	 图7　填补缝隙

<table>
<tr><td>2017.10.31</td><td>待环氧树脂胶固化后，使用砂纸由粗到细对补配处进行打磨，直到补配处表面光滑、衔接无缝（图8）。</td></tr>
<tr><td colspan="2">
图 8　砂纸打磨补配部位</td></tr>
<tr><td>2017.11.01</td><td>使用喷笔随色，颜色的色相、稀释度和透明度需反复试验，每喷一遍后用环己酮喷涂在做旧的地方，使颜色能够自然晕染。最后使用喷笔和画笔做旧（图9）。
拍照，称重，完善保护修复档案。</td></tr>
<tr><td colspan="2">
图 9　随色做旧</td></tr>
</table>

表 5　文物保护修复验收表

自评估意见： 该文物主要存在裂缝、铁锈侵蚀等病害。通过使用威派斯文物专用液体肥皂、双氧水加氨水清洗除锈，矫形器矫形，环氧树脂材料加固、填补缝隙，毛笔、喷笔随色做旧等技术措施修复了该文物，并建立了文物保护修复档案。经过保护修复，文物原貌得以展现，基本达到了既揭示文物信息又延长文物寿命的目标。 建议将文物存储在固化整洁、恒温恒湿的环境中，相对湿度控制在40%以下。 签章：刘树森 日期：2017年11月1日
验收意见： 签章： 日期：　　年　　月　　日

实验室编号：HZC005

馆藏文物保护修复档案

项目名称：山东菏泽古船出土文物保护修复项目

文物名称：凝结物（青釉小碗）

2017年6月

中华人民共和国国家文物局制

表1　文物保护修复基本信息表

文物名称	凝结物（青釉小碗）	实验室编号	HZC005
收藏单位	菏泽市博物馆	文物登录号	
文物来源	出土	文物时代	元代
文物材质	瓷	文物级别	未定级
方案设计单位	山东省文物保护修复中心	保护修复单位	山东省文物保护修复中心
方案名称	《山东菏泽古船出土文物保护修复方案》	批准文号	文物博函〔2016〕513号
提取日期	2017.07.20	提取经办人	刘树森、张坤
返还日期	2017.11.01	返还经办人	刘树森、张坤
备　注			

表2　文物保存现状表

尺寸（cm）	口径12.1	重量（g）	1065
文物保护环境	文物出土后，现场打包装箱提取，运至菏泽市博物馆。博物馆室内环境较为简陋，文物库房无温湿度控制系统。		
病害状况	可见两件预计完整的青釉小碗和一片青花瓷片凝结在一起，碗面有冲口和土垢。		
原保护修复情况	无		

保护修复前影像资料

正视

侧视

俯视

底视

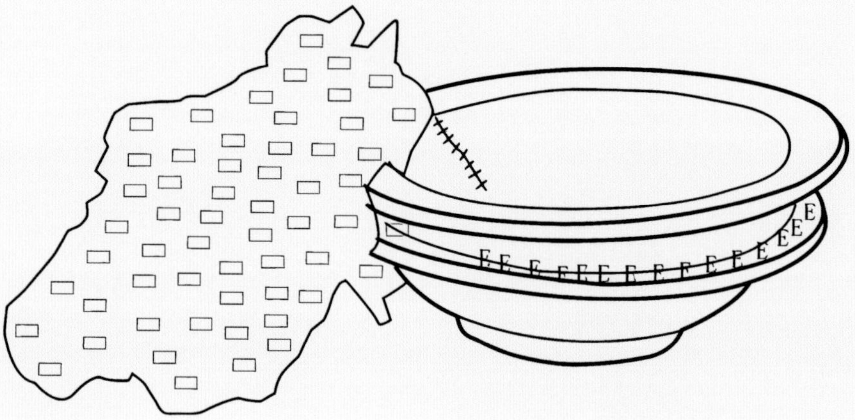

HZC005 凝结物正视病害图

调查	张红禄	校对	刘树森	项目名称	山东菏泽古船出土文物保护修复项目		
绘图	问娜娜	审定	白广珍	制作单位	山东省文物保护修复中心	日期	2017.07

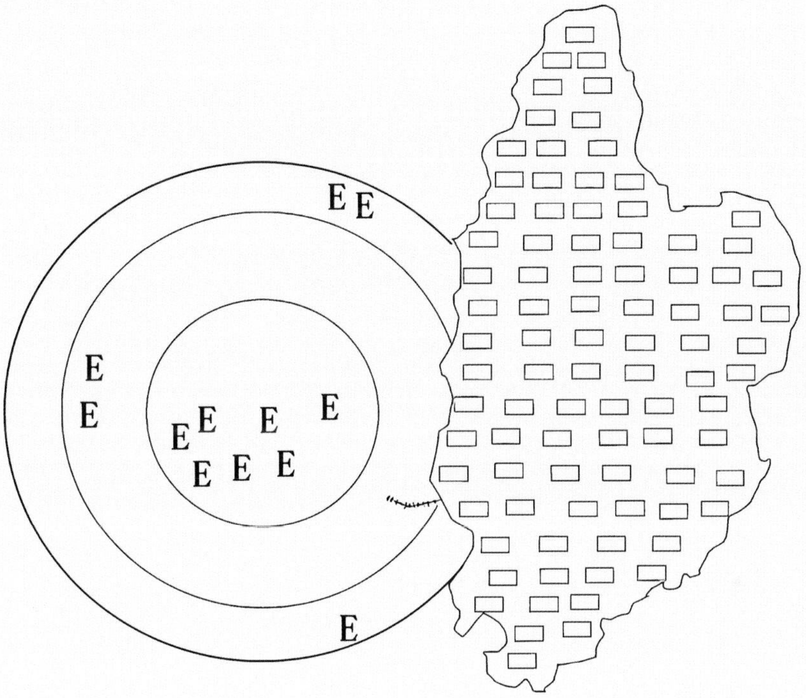

HZC005　凝结物俯视病害图

调查	张红禄	校对	刘树森	项目名称	山东菏泽古船出土文物保护修复项目		
绘图	问娜娜	审定	白广珍	制作单位	山东省文物保护修复中心	日期	2017.07

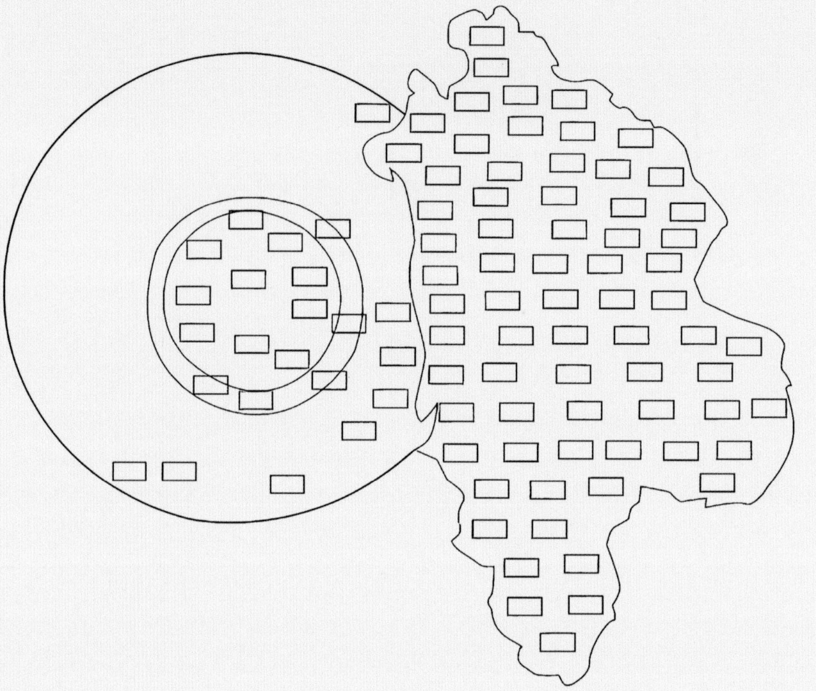

HZC005　凝结物底视病害图

调查	张红禄	校对	刘树森	项目名称	山东菏泽古船出土文物保护修复项目		
绘图	问娜娜	审定	白广珍	制作单位	山东省文物保护修复中心	日期	2017.07

表 3 文物检测分析表

样品编号	样品名称	样品描述	检测目的	检测分析方法	检测结果	检测单位
1	硬结物	凝结物	定性	XRF	Fe、Ca元素含量高	省修复中心

表 4 文物保护修复记录表

文物保护修复情况综述（材料、工艺、步骤及操作条件，附保护修复后影像资料）：

1.档案记录：留取影像资料，测量尺寸，称重，绘制病害图，建立保护修复档案。

2.清理：采用手动打磨机清理器物表面硬结物，再用双氧水加氨水去除锈层。

3.加固、填补缝隙：采用爱劳达2020环氧树脂胶进行加固处理，加入瓷粉填补缝隙。

4.打磨：用砂纸由粗到细打磨光滑，使补配处衔接无缝。

5.随色：用矿物颜料以双组分环氧树脂仿釉材料为调和剂调配颜色，再以喷涂或笔涂的方式进行反复操作，直至颜色协调。

6.做旧：对补配处进行做旧处理，达到“修旧如旧”的效果。

7.档案：完善保护修复档案。

保护修复后尺寸（cm）	HZC005-1：口径12.1，底径5，通高2.5；HZC005-2：口径12.1，底径5，通高3.5		保护修复后重量（g）	HZC005-1：145 HZC005-2：170	
完成日期	2017.11.01	修复人员	侍传军、刘树森	审核	白广珍

保护修复后影像资料

正视

俯视

底视

紫外荧光

<table>
<tr><th colspan="6">保护修复日志</th></tr>
<tr><td>文物名称</td><td>凝结物（青釉小碗）</td><td>修复人员</td><td>侍传军、刘树森</td><td>日期</td><td>2017.07.20至
2017.11.01</td></tr>
<tr><td>日期</td><td colspan="5">工作内容</td></tr>
<tr><td>2017.07.20</td><td colspan="5">对文物进行拍照，测量尺寸，称重，绘制器物病害图，建立保护修复档案。</td></tr>
<tr><td>2017.07.22—
2017.07.24</td><td colspan="5">采用手持打磨机清理器物表面硬结物（图1），拆解分离出两个瓷碗，并从硬结物中清理出来三块青花瓷片（图2）。</td></tr>
<tr><td colspan="3">
图1　打磨机清理硬结物</td><td colspan="3">

图2　初步清理后</td></tr>
<tr><td>2017.07.26—
2017.10.24</td><td colspan="5">采用脱脂棉蘸取双氧水加氨水贴敷于器物口沿冲线处软化锈层，用棉球清理铁锈（图3、图4），反复操作，直到清理干净为止。最后用蒸馏水清洗残留的化学试剂。</td></tr>
<tr><td colspan="3">
图3　贴敷并清理铁锈</td><td colspan="3">
图4　清洗除锈</td></tr>
</table>

2017.10.27	将爱劳达2020环氧树脂胶流入缝隙进行加固处理。在胶中加入瓷粉和矿物颜料搅拌均匀，用手术刀或棉棒蘸胶涂抹于口沿冲线处填补缝隙（图5、图6），等待固化。
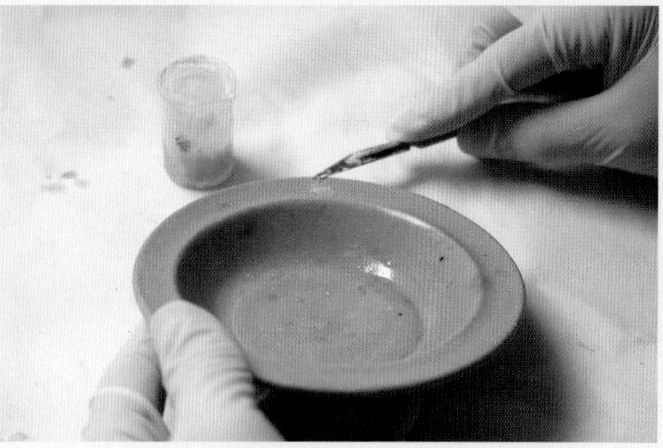 图5　HZC005-1环氧树脂胶填补缝隙	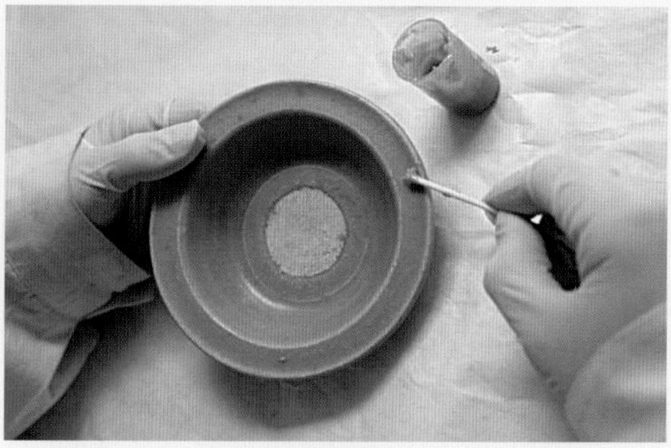 图6　HZC005-2环氧树脂胶填补缝隙
2017.10.28	待环氧树脂胶固化后，使用砂纸由粗到细进行打磨，直到补配处表面光滑、衔接无缝（图7、图8）。
 图7　HZC005-1砂纸打磨	 图8　HZC005-2砂纸打磨
2017.10.30—2017.11.01	使用毛笔、喷笔随色，颜色的色相、稀释度和透明度需反复试验，每喷一遍后用环己酮喷涂在做旧的地方，使颜色能够自然晕染。最后使用喷笔和画笔做旧（图9、图10）。 拍照，称重，完善保护修复档案。

 图 9　HZC005-1 随色做旧	 图 10　HZC005-2 随色做旧

表 5　文物保护修复验收表

自评估意见： 该文物主要存在硬结物、冲线等病害。通过使用手动打磨机清理器物表面硬结物，双氧水加氨水去除铁锈，环氧树脂胶加固、填补缝隙，毛笔、喷笔随色做旧等技术措施修复了该文物，并建立了文物保护修复档案。经过保护修复，文物原貌得以展现，基本达到了既揭示文物信息又延长文物寿命的目标。 建议将文物存储在固化整洁、恒温恒湿的环境中，相对湿度控制在 40% 以下。 签章：侍传军、刘树森 日期：2017 年 11 月 1 日
验收意见： 签章： 日期：　　年　　月　　日

实验室编号：HZC024

馆藏文物保护修复档案

项目名称：山东菏泽古船出土文物保护修复项目

文物名称：青釉卷云纹护手单耳杯

2017年6月

中华人民共和国国家文物局制

表 1　文物保护修复基本信息表

文物名称	青釉卷云纹护手单耳杯	实验室编号	HZC024
收藏单位	菏泽市博物馆	文物登录号	
文物来源	出土	文物时代	元代
文物材质	瓷	文物级别	未定级
方案设计单位	山东省文物保护修复中心	保护修复单位	山东省文物保护修复中心
方案名称	《山东菏泽古船出土文物保护修复方案》	批准文号	文物博函〔2016〕513号
提取日期	2017.07.06	提取经办人	刘树森、张坤
返还日期	2017.11.06	返还经办人	刘树森、张坤
备　注			

表 2　文物保存现状表

尺寸（cm）	口径7.7，底径4.7，通高3.8	重量（g）	105
文物保护环境	文物出土后，现场打包装箱提取，运至菏泽市博物馆。博物馆室内环境较为简陋，文物库房无温湿度控制系统。		
病害状况	器物口沿处有三条冲线及一小块残缺，器物表面有铁锈侵蚀。		
原保护修复情况	无		

保护修复前影像资料
 正视
 俯视

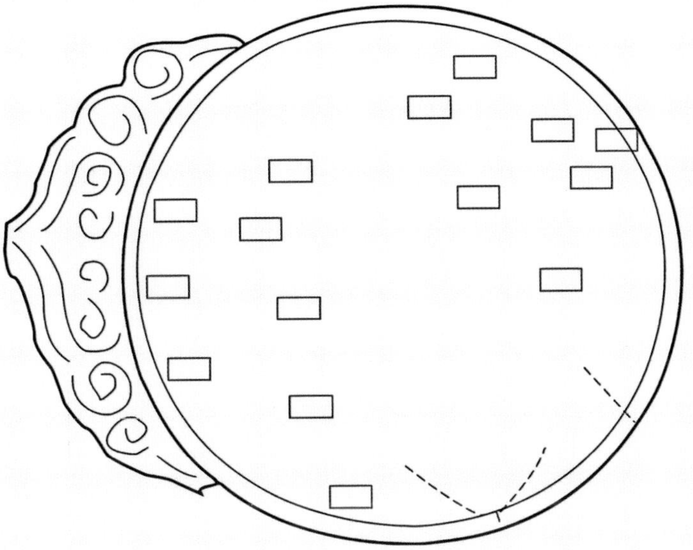

HZC024　青釉卷云纹护手单耳杯俯视病害图

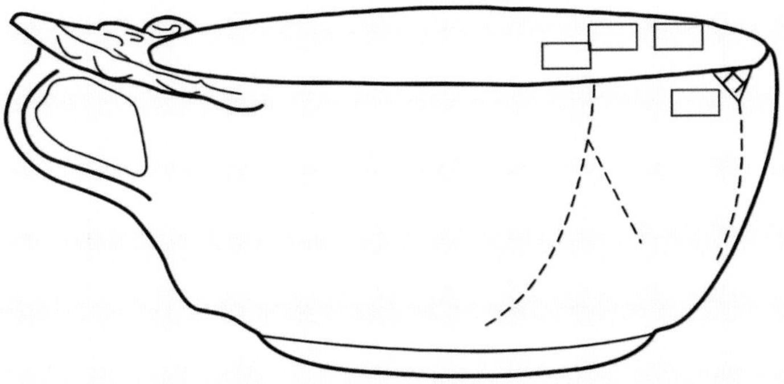

HZC024　青釉卷云纹护手单耳杯正视病害图

调查	张坤	**校对**	白广珍	**项目名称**	山东菏泽古船出土文物保护修复项目		
绘图	问娜娜	**审定**	吴双成	**制作单位**	山东省文物保护修复中心	**日期**	2017.07

表3 文物检测分析表

样品编号	样品名称	样品描述	检测目的	检测分析方法	检测结果	检测单位
1	釉层		产地	XRF	龙泉	故宫博物院

表4 文物保护修复记录表

<table>
<tr><td colspan="6">
文物保护修复情况综述（材料、工艺、步骤及操作条件，附保护修复后影像资料）：
1.档案记录：留取影像资料，测量尺寸，称重，绘制病害图，建立保护修复档案。
2.可溶盐检测：用电导率仪检测器物表面可溶盐相关数据，确定青釉卷云纹护手单耳杯是否需要脱盐。
3.清洗：采用威派斯文物专用液体肥皂软化器物冲线处污垢，用双氧水加氨水去除表面铁锈。
4.加固、补配：用爱劳达2020环氧树脂胶进行加固，加入瓷粉补配口沿。
5.打磨：用砂纸由粗到细打磨光滑，使补配处衔接无缝。
6.随色：用矿物颜料以双组分环氧树脂仿釉材料为调和剂调配颜色，再以喷涂或笔涂的方式进行反复操作，直至颜色协调。
7.做旧：对补配处进行做旧处理，达到“修旧如旧”的效果。
8.档案：完善保护修复档案。
</td></tr>
<tr><td>保护修复后尺寸（cm）</td><td colspan="2">口径7.7，底径4.7，通高3.8</td><td>保护修复后重量（g）</td><td colspan="2">103</td></tr>
<tr><td>完成日期</td><td>2017.11.06</td><td>修复人员</td><td>刘树森</td><td>审核</td><td>白广珍</td></tr>
</table>

保护修复后影像资料
 正视
 俯视

保护修复日志

文物名称	青釉卷云纹护手单耳杯	修复人员	刘树森	日期	2017.07.06至2017.11.06

日期	工作内容
2017.07.06	对文物进行拍照，测量尺寸，称重，绘制文物病害图，建立保护修复档案。 用电导率仪检测器物表面可溶盐相关数据，确定青釉卷云纹护手单耳杯是否需要脱盐。数值显示为11.15μS/cm，无需脱盐（图1、图2）。

图1　检测是否含盐

图2　检测结果

日期	工作内容
2017.07.07—2017.10.31	将单耳杯放入威派斯文物专用液体肥皂中浸泡，软化器物冲线处的污垢（图3），然后用双氧水加氨水去除器物表面铁锈，最后用蒸馏水清洗干净。

图3　威派斯文物专用液体肥皂浸泡

2017.11.02	将爱劳达2020环氧树脂胶流入干净的冲线中进行加固处理（图4），加入瓷粉补全口沿，用手术刀腻平（图5）。
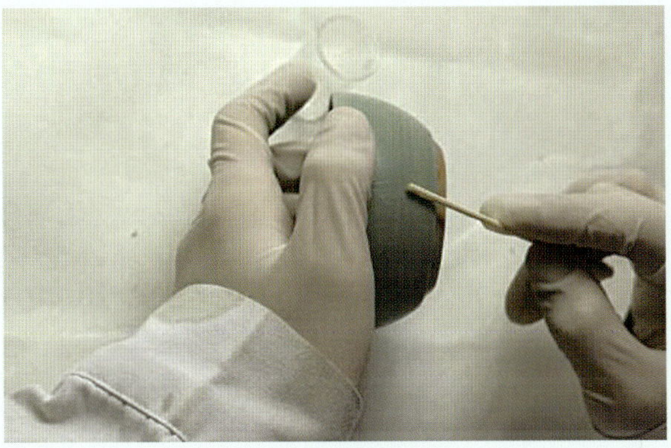 图4　加固缝隙	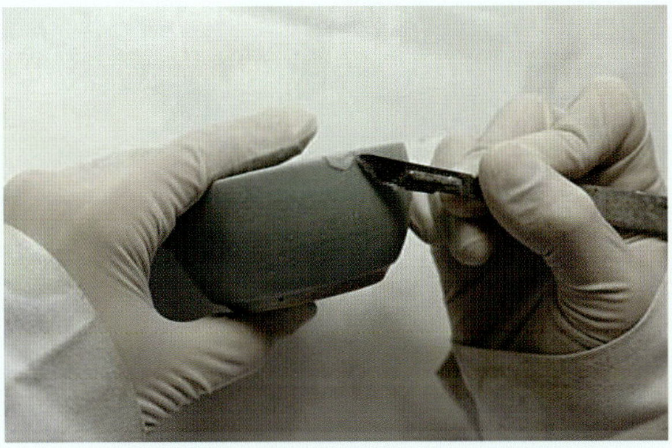 图5　环氧树脂胶补全口沿
2017.11.03	待环氧树脂胶固化后，使用砂纸由粗到细对补配处进行打磨，直到补配处表面光滑、衔接无缝（图6）。
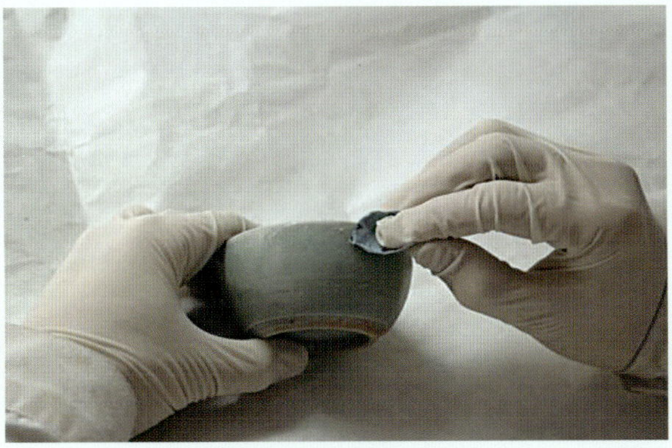 图6　砂纸打磨	 图7　随色做旧
2017.11.04—2017.11.06	使用喷笔随色，颜色的色相、稀释度和透明度需反复试验，每喷一遍后用环己酮喷涂在做旧的地方，使颜色能够自然晕染。最后使用喷笔和画笔做旧（图7）。 拍照，称重，完善保护修复档案。

表 5　文物保护修复验收表

自评估意见： 该文物主要存在冲线、铁锈侵蚀等病害。通过使用威派斯文物专用液体肥皂、双氧水加氨水清洗除锈，环氧树脂胶加固、补配，毛笔、喷笔随色做旧等技术措施修复了该文物，并建立了文物保护修复档案。经过保护修复，文物原貌得以展现，基本达到了既揭示文物信息又延长文物寿命的目标。 建议将文物存储在固化整洁、恒温恒湿的环境中，相对湿度控制在40%以下。 签章：刘树森 日期：2017年11月6日
验收意见： 签章： 日期：　　年　　月　　日

实验室编号：HZC025

馆藏文物保护修复档案

项目名称：山东菏泽古船出土文物保护修复项目

文物名称：青釉开片碗

2017年6月

中华人民共和国国家文物局制

表 1　文物保护修复基本信息表

文物名称	青釉开片碗	实验室编号	HZC025
收藏单位	菏泽市博物馆	文物登录号	
文物来源	出土	文物时代	元代
文物材质	瓷	文物级别	未定级
方案设计单位	山东省文物保护修复中心	保护修复单位	山东省文物保护修复中心
方案名称	《山东菏泽古船出土文物保护修复方案》	批准文号	文物博函〔2016〕513号
提取日期	2017.07.07	提取经办人	刘树森、张坤
返还日期	2017.08.17	返还经办人	刘树森、张坤
备　注			

表 2　文物保存现状表

尺寸(cm)	通高3.8,口径8.2	重量(g)	150
文物保护环境	文物出土后，现场打包装箱提取，运至菏泽市博物馆。博物馆室内环境较为简陋，文物库房无温湿度控制系统。		
病害状况	器物断为两块，有残缺，表面附着物多，铁锈侵蚀严重。		
原保护修复情况	无		

保护修复前影像资料

俯视

底视

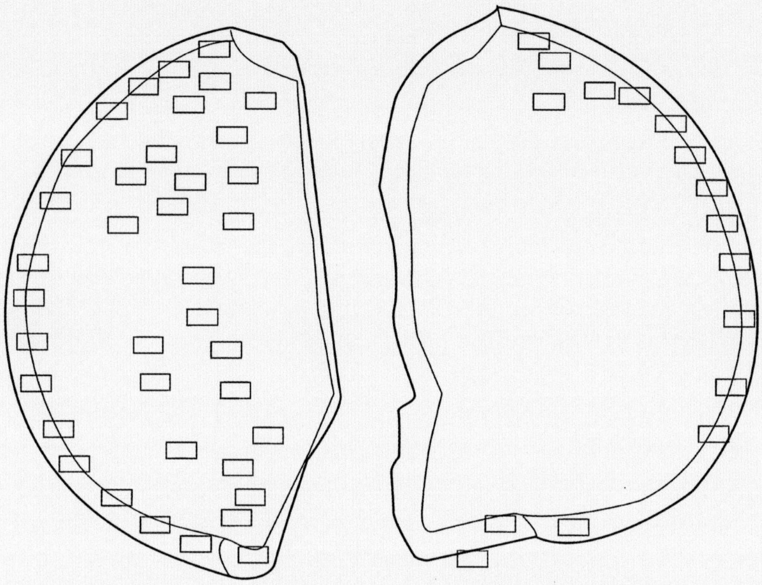

HZC025 青釉开片碗俯视病害图

调查	张坤	校对	白广珍	项目名称	山东菏泽古船出土文物保护修复项目		
绘图	问娜娜	审定	吴双成	制作单位	山东省文物保护修复中心	日期	2017.07

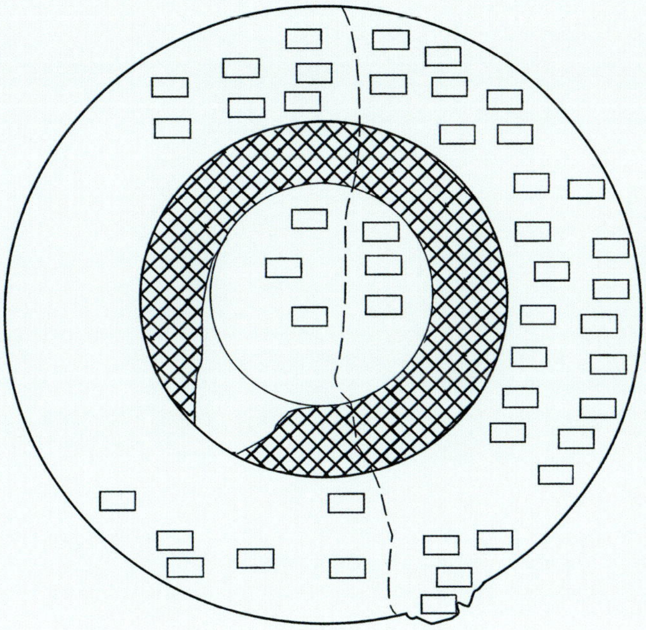

HZC025 青釉开片碗底视病害图

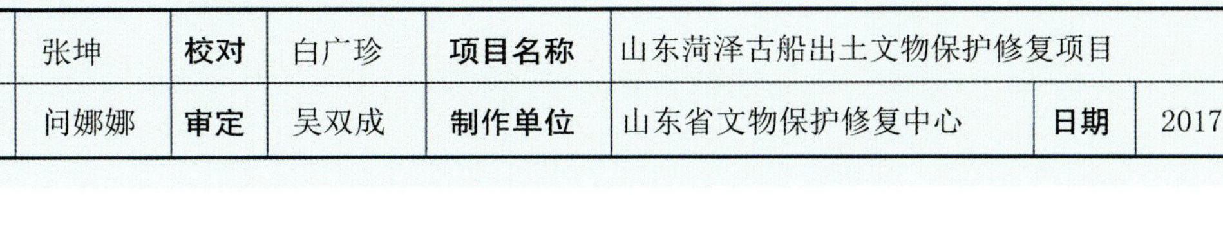

调查	张坤	校对	白广珍	项目名称	山东菏泽古船出土文物保护修复项目		
绘图	问娜娜	审定	吴双成	制作单位	山东省文物保护修复中心	日期	2017.07

表 3　文物检测分析表

样品编号	样品名称	样品描述	检测目的	检测分析方法	检测结果	检测单位
1	表面附着物	黄色硬结物	定性	XRD	铁锈、土垢等混合物	省修复中心

表 4　文物保护修复记录表

<table>
<tr><td colspan="6">

文物保护修复情况综述（材料、工艺、步骤及操作条件，附保护修复后影像资料）：

1.档案记录：留取影像资料，测量尺寸，称重，绘制病害图，建立保护修复档案。

2.可溶盐检测：用电导率仪检测器物表面可溶盐相关数据，确定青釉开片碗是否需要脱盐。

3.清洗：采用威派斯文物专用液体肥皂软化锈层，用双氧水加氨水去除表面铁锈。

4.酸碱度检测：用pH检测仪检测酸碱度。

5.粘接：用爱劳达2020环氧树脂胶进行粘接。

6.补配：器物残缺部位采用双组分环氧树脂加填充材料进行补配。

7.打磨：用砂纸由粗到细打磨光滑，使补配处衔接无缝。

8.随色：用矿物颜料以双组分环氧树脂仿釉材料为调和剂调配颜色，再以喷涂或笔涂的方式进行反复操作，直至颜色协调。

9.做旧：对补配处进行做旧处理，达到“修旧如旧”的效果。

10.档案：完善保护修复档案。

</td></tr>
<tr><td>保护修复后尺寸（cm）</td><td colspan="2">通高3.8，口径8.2</td><td>保护修复后重量（g）</td><td colspan="2">154.5</td></tr>
<tr><td>完成日期</td><td>2017.08.17</td><td>修复人员</td><td>刘树森</td><td>审核</td><td>白广珍</td></tr>
</table>

保护修复后影像资料
 正视
 俯视

<table>
<tr><th colspan="6">保护修复日志</th></tr>
<tr><td>文物名称</td><td>青釉开片碗</td><td>修复人员</td><td>刘树森</td><td>日期</td><td>2017.07.07至
2017.08.17</td></tr>
<tr><td>日期</td><td colspan="5">工作内容</td></tr>
<tr><td>2017.07.07—
2017.07.15</td><td colspan="5">对青釉开片碗进行拍照，测量尺寸，称重，绘制病害图，建立保护修复档案。
用电导率仪检测器物表面可溶盐相关数据，确定青釉开片碗是否需要脱盐。数值显示为6.58μS/cm，无需脱盐（图1、图2）。</td></tr>
<tr><td colspan="3">

图1　检测是否含盐</td><td colspan="3">

图2　检测结果</td></tr>
<tr><td>2017.07.16—
2017.07.28</td><td colspan="5">将青釉开片碗放入威派斯文物专用液体肥皂中浸泡，然后用双氧水加氨水去除铁锈（图3），最后用蒸馏水清洗干净。</td></tr>
<tr><td colspan="6">

图3　威派斯文物专用液体肥皂浸泡</td></tr>
</table>

2017.07.29—2017.08.08	拼对瓷片，用热熔胶固定，确定无误后在缝隙中流入爱劳达2020环氧树脂胶进行粘接（图4）。采用双组分环氧树脂胶填补缝隙，加入瓷粉和矿物颜料调成粘稠状填补底部缺失部位。 待环氧树脂胶固化后，使用砂纸由粗到细对补配处进行打磨，直到补配处表面光滑、衔接无缝（图5）。

图4 粘接

图5 砂纸打磨

2017.08.12—2017.08.17	使用毛笔仿画开片纹路，并使用毛笔、喷笔随色。颜色的色相、稀释度和透明度需反复试验，每喷一遍后用环己酮喷涂在做旧的地方，使颜色能够自然晕染。最后使用喷笔和画笔做旧（图6、图7）。 拍照，称重，完善保护修复档案。

图6 画开片

图7 随色做旧

表 5 文物保护修复验收表

自评估意见： 该文物主要存在残缺、铁锈附着物等病害。通过使用威派斯文物专用液体肥皂、双氧水加氨水清洗除锈，环氧树脂材料粘接、补配，毛笔、喷笔随色做旧等技术措施修复了该文物，并建立了文物保护修复档案。经过保护修复，文物原貌得以展现，基本达到了既揭示文物信息又延长文物寿命的目标。 建议将文物存储在固化整洁、恒温恒湿的环境中，相对湿度控制在40%以下。 签章：刘树森 日期：2017年8月17日
验收意见： 签章： 日期： 年 月 日

实验室编号：HZC033

馆藏文物保护修复档案

项目名称：山东菏泽古船出土文物保护修复项目

文物名称：青釉玉壶春瓶

2017年6月

中华人民共和国国家文物局制

表 1　文物保护修复基本信息表

文物名称	青釉玉壶春瓶	实验室编号	HZC033
收藏单位	菏泽市博物馆	文物登录号	
文物来源	出土	文物时代	元代
文物材质	瓷	文物级别	未定级
方案设计单位	山东省文物保护修复中心	保护修复单位	山东省文物保护修复中心
方案名称	《山东菏泽古船出土文物保护修复方案》	批准文号	文物博函〔2016〕513号
提取日期	2017.07.07	提取经办人	刘树森、张坤
返还日期	2017.10.12	返还经办人	刘树森、张坤
备　注			

表 2　文物保存现状表

尺寸(cm)	口径7.5,底径7.8,通高27.6	重量(g)	1510
文物保护环境	文物出土后，现场打包装箱提取，运至菏泽市博物馆。博物馆室内环境较为简陋，文物库房无温湿度控制系统。		
病害状况	器物基本完整，口沿处有两处残缺和冲线。		
原保护修复情况	无		

保护修复前影像资料

正视

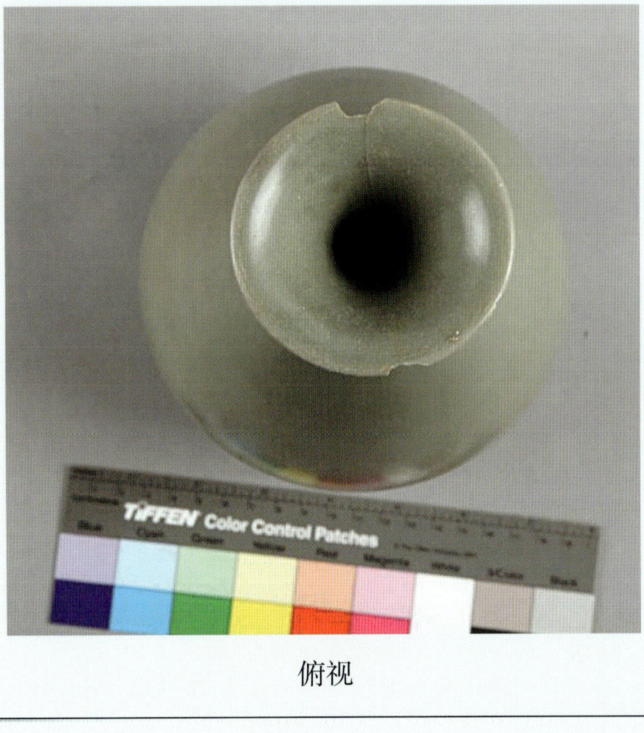

俯视

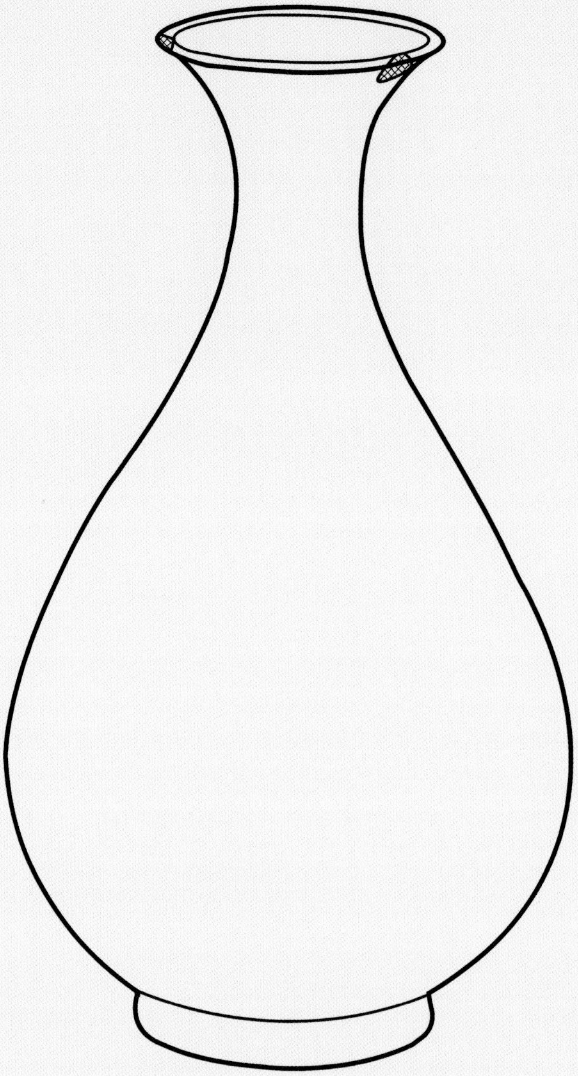

HZC033　青釉玉壶春瓶正视病害图

调查	张坤	校对	白广珍	项目名称	山东菏泽古船出土文物保护修复项目		
绘图	问娜娜	审定	吴双成	制作单位	山东省文物保护修复中心	日期	2017.07

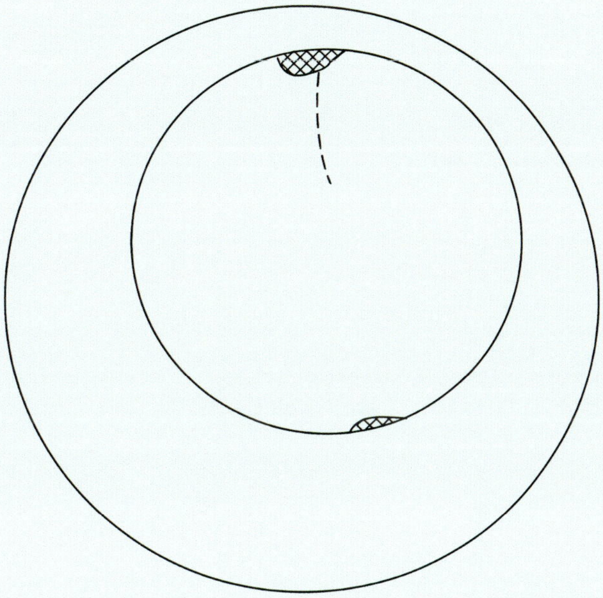

HZC033 青釉玉壶春瓶俯视病害图

调查	张坤	**校对**	白广珍	**项目名称**	山东菏泽古船出土文物保护修复项目		
绘图	问娜娜	**审定**	吴双成	**制作单位**	山东省文物保护修复中心	**日期**	2017.07

表3 文物检测分析表

样品编号	样品名称	样品描述	检测目的	检测分析方法	检测结果	检测单位

表4 文物保护修复记录表

<table>
<tr><td colspan="6">文物保护修复情况综述（材料、工艺、步骤及操作条件，附保护修复后影像资料）：
1.档案记录：留取影像资料，测量尺寸，称重，绘制器物病害图，建立保护修复档案。
2.可溶盐检测：用电导率仪检测器物表面可溶盐相关数据，确定青釉玉壶春瓶是否需要脱盐。
3.清洗：采用威派斯文物专用液体肥皂软化去除冲线中的污垢。
4.补配：器物残缺部位采用双组分环氧树脂材料补配。
5.打磨：用砂纸由粗到细打磨光滑，使补配处衔接无缝。
6.随色：用矿物颜料以双组分环氧树脂仿釉材料为调和剂调配颜色，再以喷涂或笔涂的方式进行反复操作，直至颜色协调。
7.做旧：进行做旧处理，达到“修旧如旧”的效果。
8.档案：完善保护修复档案。</td></tr>
<tr><td>保护修复后尺寸（cm）</td><td colspan="2">口径7.5，底径7.8，通高27.6</td><td>保护修复后重量（g）</td><td colspan="2">1290</td></tr>
<tr><td>完成日期</td><td>2017.10.12</td><td>修复人员</td><td>刘树森</td><td>审核</td><td>白广珍</td></tr>
</table>

<table>
<tr><th colspan="2">保护修复后影像资料</th></tr>
<tr><td>
正视</td><td>
俯视</td></tr>
<tr><td colspan="2"> 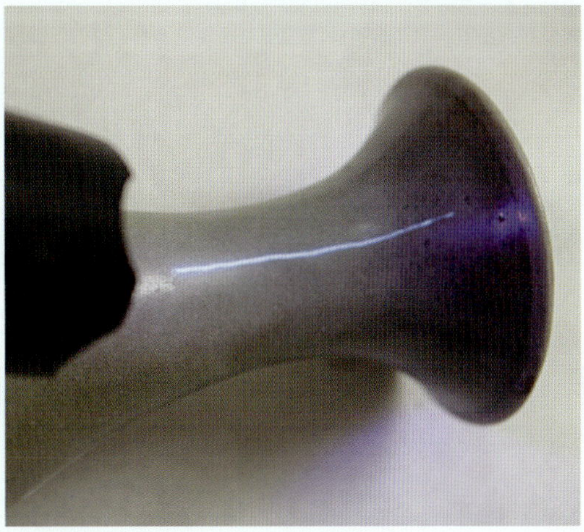
紫外荧光效果</td></tr>
</table>

保护修复日志

文物名称	青釉玉壶春瓶	修复人员	刘树森	日期	2017.07.07至 2017.10.12

日期	工作内容
2017.07.07	对文物进行拍照，测量尺寸，称重，绘制病害图，建立保护修复档案。 用电导率仪检测文物表面可溶盐相关数据，确定青釉玉壶春瓶是否需要脱盐。数值显示为4.89μS/cm，无需脱盐（图1、图2）。

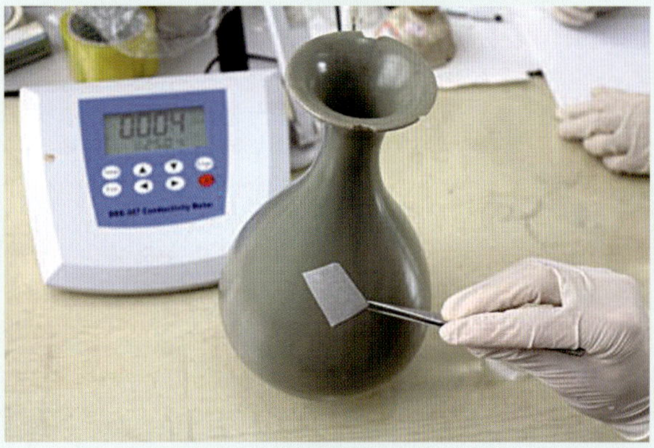

图1　检测是否含盐

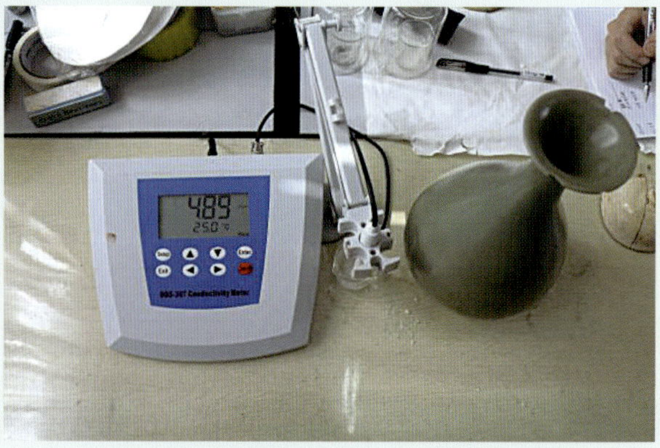

图2　检测结果

日期	工作内容
2017.07.11— 2017.09.28	将青釉玉壶春瓶放入威派斯文物专用液体肥皂中浸泡，去除器物口沿冲线内的污垢（图3），然后用蒸馏水清洗干净。

图3　威派斯文物专用液体肥皂浸泡

2017.09.29—2017.10.10	采用双组分环氧树脂胶补配口沿残缺部位，用手术刀腻平（图4）。 待环氧树脂胶固化后，使用砂纸由粗到细对补配处进行打磨，直到补配处表面光滑、衔接无缝（图5）。

图4 补配口沿

图5 砂纸打磨

2017.10.11—2017.10.12	使用喷笔随色，颜色的色相、稀释度和透明度需反复试验，每喷一遍后用环己酮喷涂在做旧的地方，使颜色能够自然晕染。最后使用喷笔和毛笔做旧（图6）。 拍照，称重，完善保护修复档案。

图6 随色做旧

表 5 文物保护修复验收表

自评估意见： 该文物主要存在冲线、口沿残缺等病害。通过使用威派斯文物专用液体肥皂清洗，环氧树脂材料加固、补配，毛笔、喷笔随色做旧等技术措施修复了该文物，并建立了文物保护修复档案。经过保护修复，文物原貌得以展现，基本达到了既揭示文物信息又延长文物寿命的目标。 建议将文物存储在固化整洁、恒温恒湿的环境中，相对湿度控制在40%以下。 签章：刘树森 日期：2017年10月12日
验收意见： 签章： 日期：　　年　　月　　日

实验室编号：HZC036

馆藏文物保护修复档案

项目名称：山东菏泽古船出土文物保护修复项目

文物名称：元青花鱼藻纹高足碗

2017年6月

中华人民共和国国家文物局制

表 1　文物保护修复基本信息表

文物名称	元青花鱼藻纹高足碗	实验室编号	HZC036
收藏单位	菏泽市博物馆	文物登录号	
文物来源	出土	文物时代	元代
文物材质	瓷	文物级别	未定级
方案设计单位	山东省文物保护修复中心	保护修复单位	山东省文物保护修复中心
方案名称	《山东菏泽古船出土文物保护修复方案》	批准文号	文物博函〔2016〕513号
提取日期	2017.07.19	提取经办人	刘树森、张坤
返还日期	2017.11.21	返还经办人	刘树森、张坤
备　注			

表 2　文物保存现状表

尺寸（cm）	口径17，底径6.6，通高10.9	重量（g）	555
文物保护环境	文物出土后，现场打包装箱提取，运至菏泽市博物馆。博物馆室内环境较为简陋，文物库房无温湿度控制系统。		
病害状况	器物口沿处残缺（缺损瓷片在HZC005凝结物中找到一部分），有冲口，表面有泥土附着物和铁锈。		
原保护修复情况	无		

保护修复前影像资料
 正视
 俯视

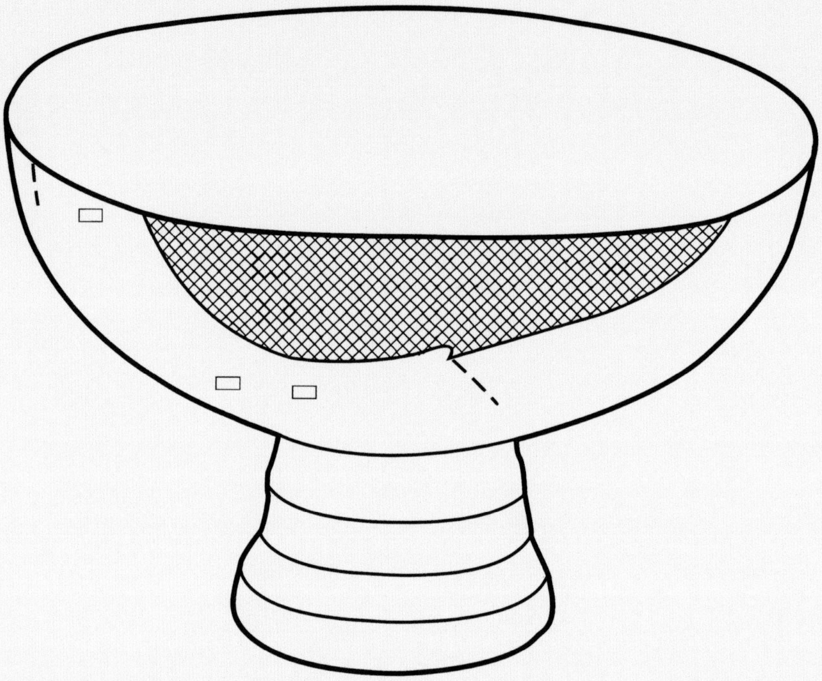

HZC036　元青花鱼藻纹高足碗正视病害图

调查	张坤	校对	白广珍	项目名称	山东菏泽古船出土文物保护修复项目		
绘图	问娜娜	审定	吴双成	制作单位	山东省文物保护修复中心	日期	2017.07

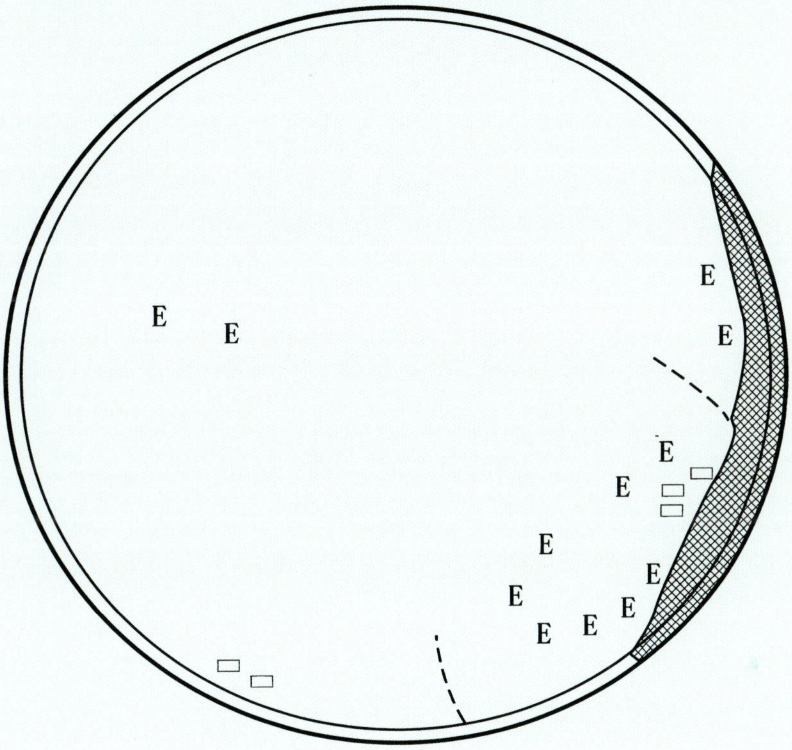

HZC036 元青花鱼藻纹高足碗俯视病害图

调查	张坤	校对	白广珍	项目名称	山东菏泽古船出土文物保护修复项目		
绘图	问娜娜	审定	吴双成	制作单位	山东省文物保护修复中心	日期	2017.07

表 3　文物检测分析表

样品编号	样品名称	样品描述	检测目的	检测分析方法	检测结果	检测单位
1	原位	釉层胎体	定性	XRF	景德镇	故宫博物院

表 4　文物保护修复记录表

<table>
<tr><td colspan="6">文物保护修复情况综述（材料、工艺、步骤及操作条件，附保护修复后影像资料）：
1.档案记录：留取影像资料，测量尺寸，称重，绘制病害图，建立保护修复档案。
2.可溶盐检测：用电导率仪检测器物表面可溶盐相关数据，确定元青花鱼藻纹高足碗是否需要脱盐。
3.清洗：采用威派斯文物专用液体肥皂软化锈层，用双氧水加氨水去除铁锈。
4.粘接：用爱劳达2020环氧树脂胶进行粘接。
5.补配：器物残缺部位采用双组分环氧树脂胶加填充材料补配。
6.打磨：用砂纸由粗到细打磨光滑，使补配处衔接无缝。
7.随色：用矿物颜料以双组分环氧树脂仿釉材料为调和剂调配颜色，再以喷涂或笔涂的方式进行反复操作，直至颜色协调。
8.做旧：进行做旧处理，达到“修旧如旧”的效果。
9.档案：完善保护修复档案。</td></tr>
<tr><td>保护修复后尺寸（cm）</td><td colspan="2">口径 17，底径 6.6，通高 10.9</td><td>保护修复后重量（g）</td><td colspan="2">560</td></tr>
<tr><td>完成日期</td><td>2017.11.21</td><td>修复人员</td><td>刘树森</td><td>审核</td><td>白广珍</td></tr>
</table>

保护修复后影像资料
 正视
 俯视

<table>
<tr><th colspan="6">保护修复日志</th></tr>
<tr><td>文物名称</td><td>元青花鱼藻纹高足碗</td><td>修复人员</td><td>刘树森</td><td>日期</td><td>2017.07.19至2017.11.21</td></tr>
<tr><td>日期</td><td colspan="5">工作内容</td></tr>
<tr><td>2017.07.19</td><td colspan="5">对文物进行拍照，测量尺寸，称重，绘制文物病害图，建立保护修复档案。
用电导率仪检测器物表面可溶盐相关数据，确定元青花鱼藻纹高足碗是否需要脱盐。数值显示为3.19μS/cm，无需脱盐（图1、图2）。</td></tr>
<tr><td colspan="3">
图1　检测是否含盐</td><td colspan="3">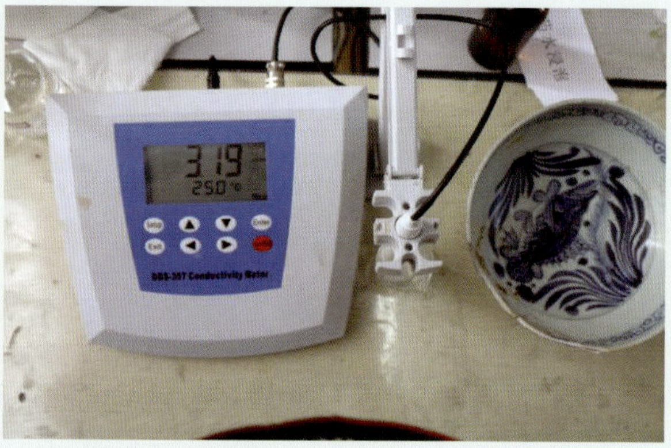
图2　检测结果</td></tr>
<tr><td>2017.07.19—2017.11.02</td><td colspan="5">将器物放入威派斯文物专用液体肥皂中浸泡，去除冲线内的污垢（图3），用双氧水加氨水去除铁锈。最后用蒸馏水清洗残留的化学试剂（图4）。</td></tr>
<tr><td colspan="3">
图3　威派斯文物专用液体肥皂浸泡</td><td colspan="3">
图4　清洗后</td></tr>
</table>

<table>
<tr><td>2017.11.06</td><td>拼对瓷片，用胶带固定，确定无误后在缝隙中流入爱劳达2020环氧树脂胶进行粘接（图5）。</td></tr>
<tr><td>
图 5　环氧树脂胶粘接</td><td>
图 6　填充环氧树脂胶</td></tr>
<tr><td>2017.11.07</td><td>采用石膏在器物完整处翻出内外模，再移至器物残缺处固定，将爱劳达2020环氧树脂胶加入瓷粉和矿物颜料搅拌均匀，用针管打入填充（图6）。</td></tr>
<tr><td>2017.11.09</td><td>待环氧树脂胶固化后，使用砂纸由粗到细对补配处进行打磨，直到补配处表面光滑、衔接无缝（图7）。</td></tr>
<tr><td colspan="2">
图 7　砂纸打磨</td></tr>
<tr><td>2017.11.11—2017.11.21</td><td>使用喷笔随色，颜色的色相、稀释度和透明度需反复试验，每喷一遍后用环己酮喷涂在做旧的地方，使颜色能够自然晕染。最后使用喷笔和画笔做旧（图8）。
拍照，称重，完善保护修复档案。</td></tr>
</table>

图8 随色做旧

表5 文物保护修复验收表

<table>
<tr><td>自评估意见：

该文物主要存在断裂、残缺、铁锈侵蚀等病害。通过使用威派斯文物专用液体肥皂、双氧水加氨水清洗除锈，环氧树脂材料粘接、补配，毛笔、喷笔随色做旧等技术措施修复了该文物，并建立了文物保护修复档案。经过保护修复，文物原貌得以展现，基本达到了既揭示文物信息又延长文物寿命的目标。
建议将文物存储在固化整洁、恒温恒湿的环境中，相对湿度控制在40%以下。

签章：刘树森
日期：2017年11月21日</td></tr>
<tr><td>验收意见：

签章：
日期：　　年　　月　　日</td></tr>
</table>

实验室编号：HZC044

馆藏文物保护修复档案

项目名称：山东菏泽古船出土文物保护修复项目

文物名称：铜权和秤盘

2017年6月

中华人民共和国国家文物局制

表1　文物保护修复基本信息表

文物名称	铜权和秤盘	实验室编号	HZC044
收藏单位	菏泽市博物馆	文物登录号	
文物来源	出土	文物时代	元代
文物材质	铜	文物级别	未定级
方案设计单位	山东省文物保护修复中心	保护修复单位	山东省文物保护修复中心
方案名称	《山东菏泽古船出土文物保护修复方案》	批准文号	文物博函〔2016〕513号
提取日期	2017.06.27	提取经办人	刘英杰、张坤
返还日期	2017.07.05	返还经办人	刘英杰、张坤
备　注			

表2　文物保存现状表

尺寸(cm)	秤盘直径7.5，权长3.5，权宽1.5，权高1.4	重量(g)	65
文物保护环境	文物出土后，现场打包装箱提取，运至菏泽市博物馆。博物馆室内环境较为简陋，夏季高温潮湿，冬季寒冷干燥，使较为脆弱的文物受到进一步锈蚀。博物馆文物库房无温湿度控制系统。		
病害状况	器物基本完整，表面存在附着物和锈蚀。		
原保护修复情况	无		

保护修复前影像资料

正视

背视

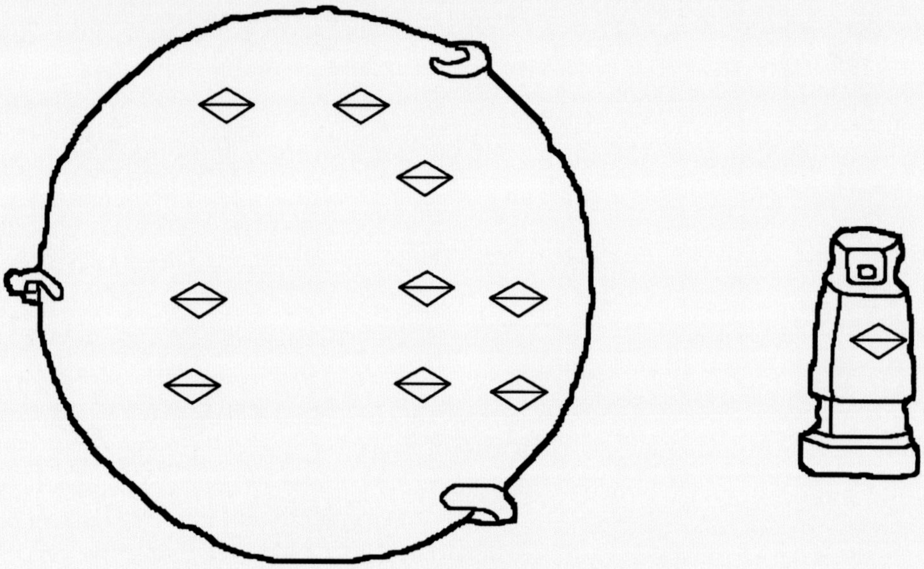

HZC044 铜权和秤盘正视病害图

0 1 2 3 4 5cm

表面硬结物

调查	张坤	校对	白广珍	项目名称	山东菏泽古船出土文物保护修复项目		
绘图	刘英杰	审定	吴双成	制作单位	山东省文物保护修复中心	日期	2017.06

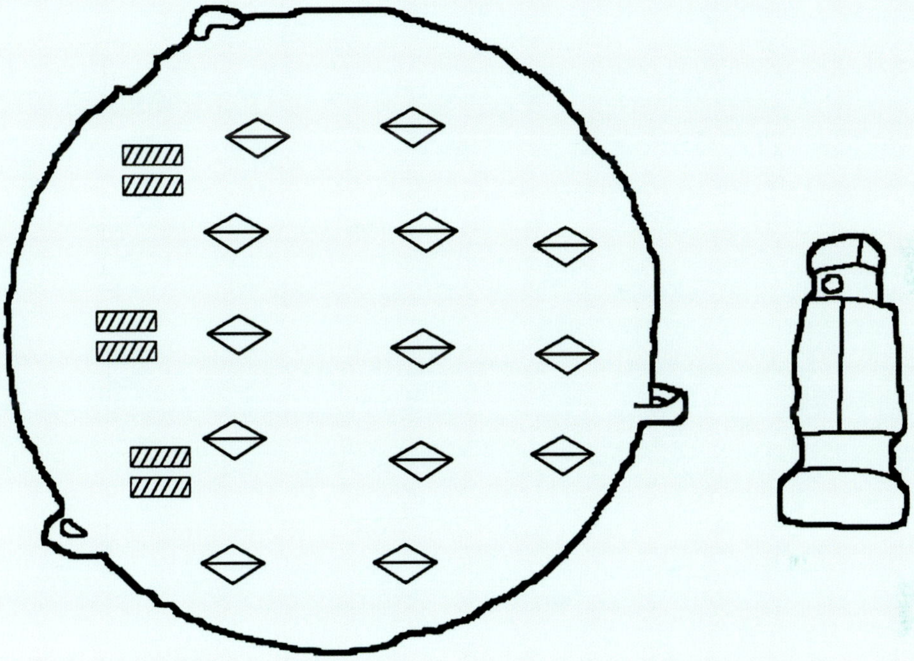

HZC044 铜权和秤盘背视病害图

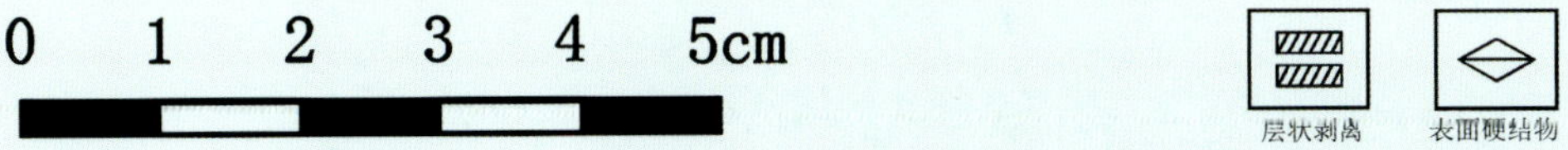

调查	张坤	校对	白广珍	项目名称	山东菏泽古船出土文物保护修复项目		
绘图	刘英杰	审定	吴双成	制作单位	山东省文物保护修复中心	日期	2017.06

表 3 文物检测分析表

样品编号	样品名称	样品描述	检测目的	检测分析方法	检测结果	检测单位

表 4 文物保护修复记录表

<table>
<tr><td colspan="6">文物保护修复情况综述（材料、工艺、步骤及操作条件，附保护修复后影像资料）：
提取铜权和秤盘后，依次进行拍照、测量尺寸、称重、绘制病害图及现状描述工作，建立保护修复档案。然后用竹签清理铜权和秤盘表面土锈，用超声波洁牙机去除锈蚀，用超声波清洗器清洗，用浓度为3%的BTA溶液对铜权和秤盘进行缓蚀处理，再用浓度为3%的B-72丙酮溶液进行封护处理。最后拍照并测量尺寸、重量，完善保护修复档案。</td></tr>
<tr><td>保护修复后尺寸（cm）</td><td colspan="2">秤盘直径7.5，权长3.5，权宽1.5，权高1.4</td><td>保护修复后重量（g）</td><td colspan="2">铜盘：35
铜权：25</td></tr>
<tr><td>完成日期</td><td>2017.07.05</td><td>修复人员</td><td>刘英杰</td><td>审核</td><td>白广珍</td></tr>
</table>

保护修复后影像资料	
 秤盘俯视	 秤盘底视
 铜权正视	 铜权背视

保护修复日志

文物名称	铜权和秤盘	修复人员	刘英杰	日期	2017.06.27至2017.07.05
日期	工作内容				
2017.06.27	提取器物，拍照，测量尺寸，称重，绘制病害图，建立保护修复档案。 用竹签蘸取去离子水清理器物表面土锈（图1），然后用超声波洁牙机去除器物锈蚀及表面硬结物（图2）。				

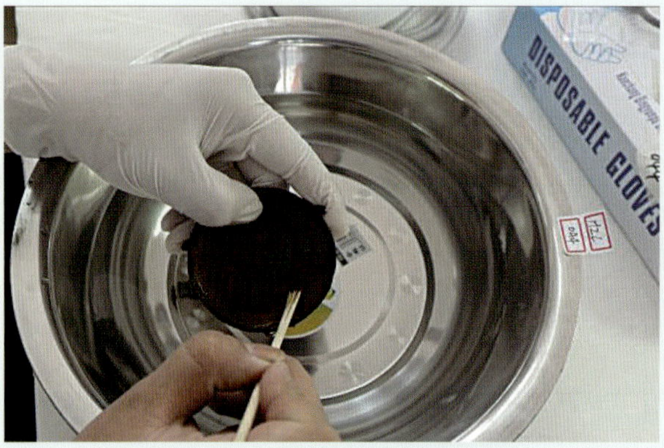

图1　竹签去除表面土锈

图2　超声波洁牙机去除表面硬结物

日期	工作内容
2017.06.28	采用超声波清洗器清洗15分钟，去除土锈（图3）。

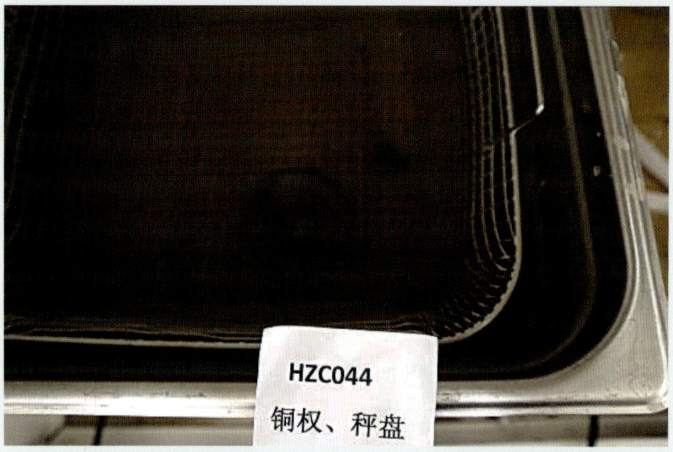

图3　超声波清洗

<table>
<tr><td>2017.06.29</td><td>使用浓度为3%的BTA溶液对器物进行缓蚀处理，刷涂两遍，间隔12小时（图4）。</td></tr>
<tr><td colspan="2">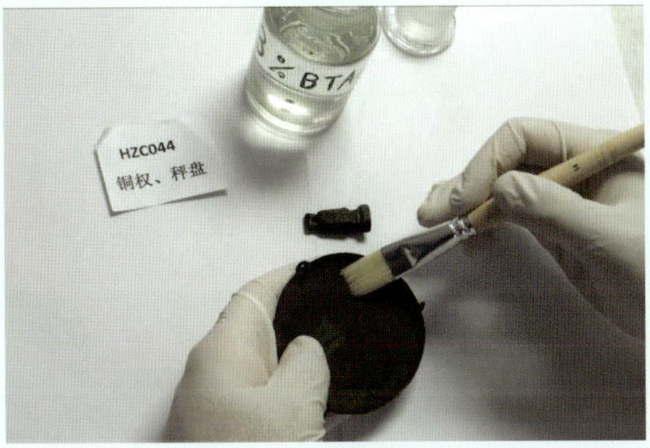

图4　BTA溶液缓蚀</td></tr>
<tr><td>2017.07.05</td><td>使用浓度为3%的B-72丙酮溶液对器物进行刷涂封护处理（图5）。</td></tr>
<tr><td colspan="2">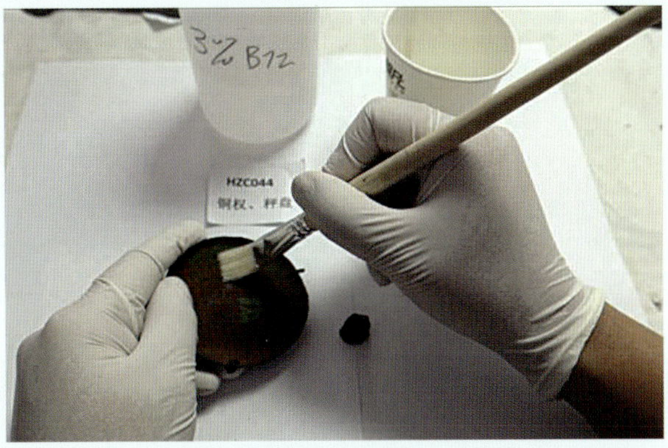

图5　封护</td></tr>
<tr><td>2017.07.05</td><td>拍照，称重，完善保护修复档案。</td></tr>
</table>

表5 文物保护修复验收表

自评估意见： 该铜权和秤盘存在层状堆积、表面硬结物等病害，通过采用超声波清洗器清洗、超声波洁牙机去除锈蚀等技术措施对文物病害进行了处理，使文物处于稳定状态，基本符合博物馆展陈要求，达到了预期保护修复目标。 建议将文物存储在固化整洁、恒温恒湿的环境中，相对湿度控制在40%以下。 签章：刘英杰 日期：2017年7月5日
验收意见： 签章： 日期：　　年　　月　　日

实验室编号：HZC055

馆藏文物保护修复档案

项目名称：山东菏泽古船出土文物保护修复项目

文物名称：铜钱一宗

2017年6月

中华人民共和国国家文物局制

表 1 文物保护修复基本信息表

文物名称	铜钱一宗	实验室编号	HZC055
收藏单位	菏泽市博物馆	文物登录号	
文物来源	出土	文物时代	元代
文物材质	铜	文物级别	未定级
方案设计单位	山东省文物保护修复中心	保护修复单位	山东省文物保护修复中心
方案名称	《山东菏泽古船出土文物保护修复方案》	批准文号	文物博函〔2016〕513号
提取日期	2017.07.06	提取经办人	张坤
返还日期	2017.07.12	返还经办人	张坤
备　注			

表 2 文物保存现状表

尺寸(cm)	直径2.5—3.2	重量(g)	275
文物保护环境	文物出土后，现场打包装箱提取，运至菏泽市博物馆。博物馆室内环境较为简陋，夏季高温潮湿，冬季寒冷干燥，使较为脆弱的文物受到进一步锈蚀。博物馆文物库房无温湿度控制系统。		
病害状况	器物全面腐蚀，表面锈蚀坚硬。		
原保护修复情况	无		

保护修复前影像资料

HZC055 铜钱一宗正视病害图

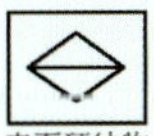

调查	张坤	校对	白广珍	项目名称	山东菏泽古船出土文物保护修复项目		
绘图	何美霖	审定	吴双成	制作单位	山东省文物保护修复中心	日期	2017.07

表 3　文物检测分析表

样品编号	样品名称	样品描述	检测目的	检测分析方法	检测结果	检测单位

表 4　文物保护修复记录表

<table>
<tr><td colspan="6">**文物保护修复情况综述（材料、工艺、步骤及操作条件，附保护修复后影像资料）：**
提取文物之后，先进行拍照、测量尺寸、称重、现状描述、绘制病害图等工作，建立保护修复档案。然后用竹签清理文物表面疏松锈蚀，用手术刀剔除表面较硬锈蚀。由于文物表面锈蚀坚硬，故用脱脂棉蘸取浓度为3%的EDTA溶液涂敷于锈蚀处软化锈层，用浓度为3%的BTA溶液对文物进行缓蚀处理，又采用浓度为3%的B-72丙酮溶液在通风橱内对文物进行封护。最后拍照并测量尺寸、重量，完善保护修复档案。</td></tr>
<tr><td>保护修复后尺寸（cm）</td><td colspan="2">直径2.5—3.2</td><td>保护修复后重量（g）</td><td colspan="2">170</td></tr>
<tr><td>完成日期</td><td>2017.07.12</td><td>修复人员</td><td>张坤、牛德良</td><td>审核</td><td>白广珍</td></tr>
</table>

保护修复后影像资料

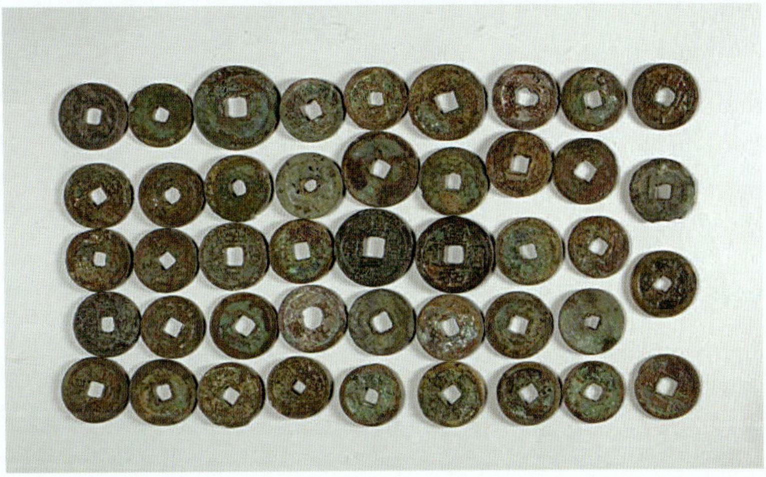

保护修复日志

文物名称	铜钱一宗	修复人员	张坤、牛德良	日期	2017.07.06至 2017.07.12

日期	工作内容
2017.07.06— 2017.07.07	提取器物，进行拍照、测量尺寸、称重及现状描述，绘制病害图，建立保护修复档案。 使用竹签清理文物表面疏松锈蚀（图1），再用手术刀剔除文物表面较硬锈蚀（图2）。

图1　竹签清理表面疏松锈蚀

图2　手术刀剔除表面较硬锈蚀

<table>
<tr>
<td>2017.07.08—
2017.07.12</td>
<td>由于文物表面锈蚀坚硬，故采用脱脂棉蘸取浓度为3%的EDTA溶液涂敷于锈蚀处软化锈层（图3），然后用去离子水冲洗干净，并用热风枪吹干。
用浓度为3%的BTA溶液对文物进行缓蚀处理，涂刷两遍，间隔12小时（图4）。
采用浓度为3%的B-72丙酮溶液对文物进行封护处理（图5）。
最后拍照，称重，完善保护修复档案。</td>
</tr>
<tr>
<td>
图3　EDTA软化锈层</td>
<td>

图4　BTA缓蚀</td>
</tr>
<tr>
<td colspan="2">

图5　B-72封护</td>
</tr>
</table>

表 5 文物保护修复验收表

自评估意见： 该铜钱文物存在锈蚀、表面硬结物病害。通过采取手术刀清理等技术措施对文物病害进行了处理，使文物锈蚀基本稳定，符合博物馆展陈要求，达到了预期保护修复目标。 建议将文物存储于固化整洁、恒温恒湿的环境中，相对湿度控制在40%以下。 签章：张坤、牛德良 日期：2017 年 7 月 12 日
验收意见： 签章： 日期：　　年　　月　　日

实验室编号：HZC065

馆藏文物保护修复档案

项目名称：山东菏泽古船出土文物保护修复项目

文物名称：铜灯盏

2017年6月

中华人民共和国国家文物局制

表 1　文物保护修复基本信息表

文物名称	铜灯盏	实验室编号	HZC065
收藏单位	菏泽市博物馆	文物登录号	
文物来源	出土	文物时代	元代
文物材质	铜	文物级别	未定级
方案设计单位	山东省文物保护修复中心	保护修复单位	山东省文物保护修复中心
方案名称	《山东菏泽古船出土文物保护修复方案》	批准文号	文物博函〔2016〕513号
提取日期	2017.07.12	提取经办人	刘英杰、张坤
返还日期	2017.07.15	返还经办人	刘英杰、张坤
备　注			

表 2　文物保存现状表

尺寸(cm)	直径13,通高10	重量(g)	775
文物保护环境	文物出土后，现场打包装箱提取，运至菏泽市博物馆。博物馆室内环境较为简陋，夏季高温潮湿，冬季寒冷干燥，使较为脆弱的文物受到进一步锈蚀。博物馆文物库房无温湿度控制系统。		
病害状况	该器物基本完整，通体有硬结物。		
原保护修复情况	无		

保护修复前影像资料

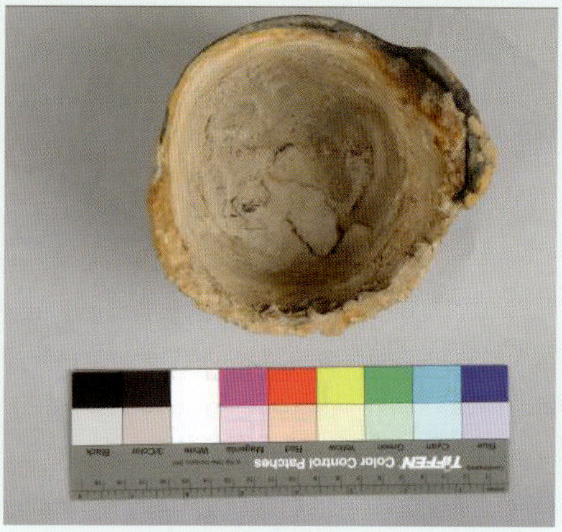

俯视

底视

正视

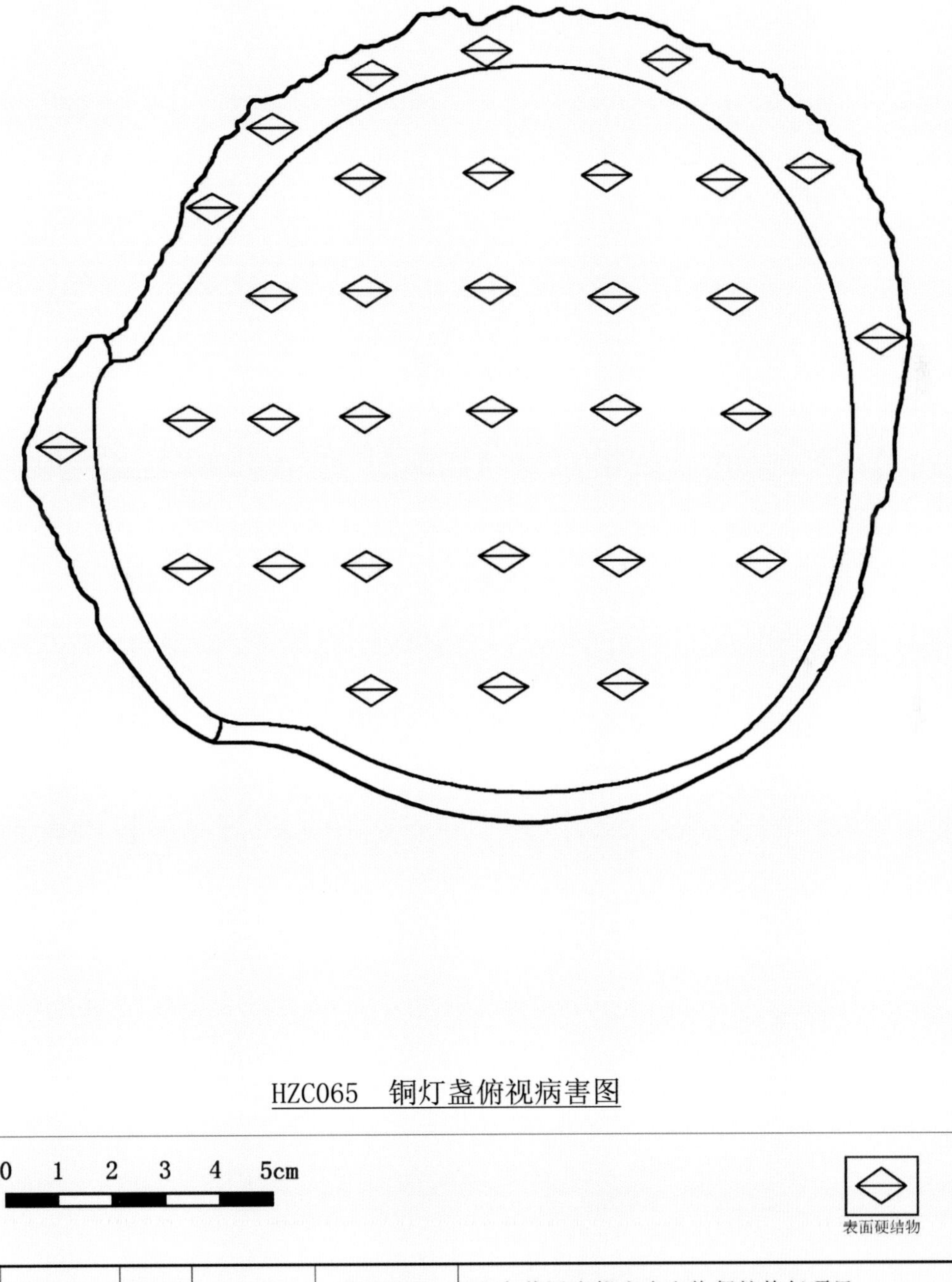

HZC065 铜灯盏俯视病害图

调查	张坤	校对	白广珍	项目名称	山东菏泽古船出土文物保护修复项目		
绘图	刘英杰	审定	吴双成	制作单位	山东省文物保护修复中心	日期	2017.07

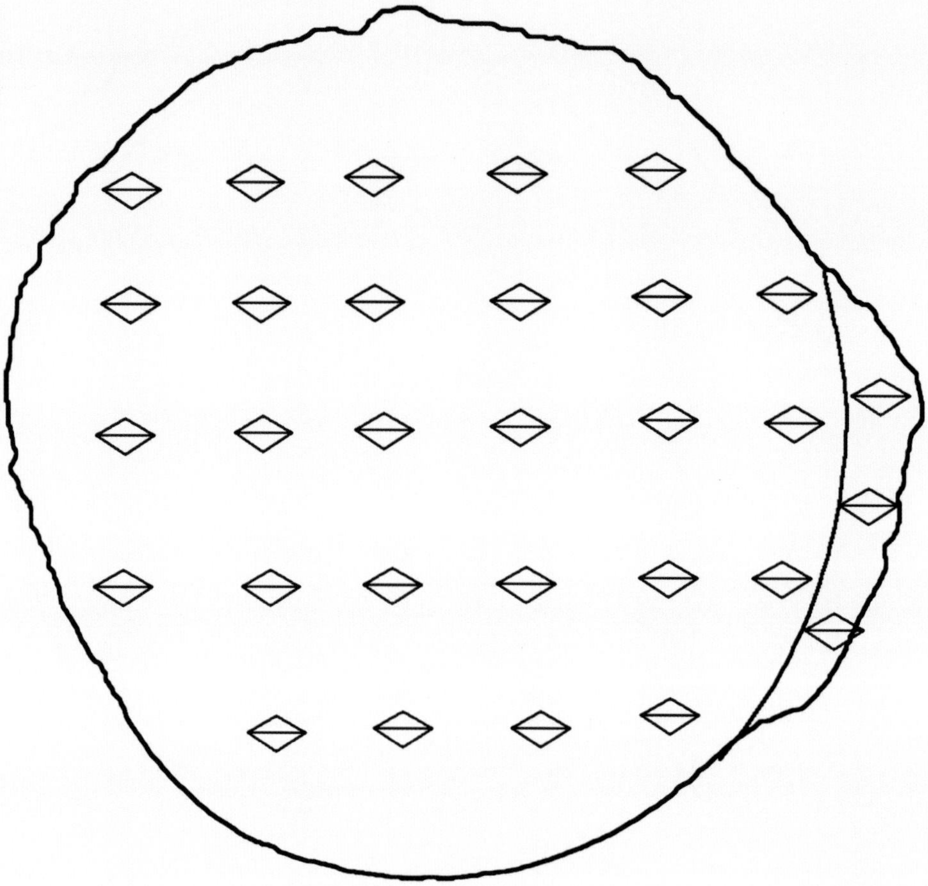

HZC065 铜灯盏底视病害图

调查	张坤	校对	白广珍	项目名称	山东菏泽古船出土文物保护修复项目		
绘图	刘英杰	审定	吴双成	制作单位	山东省文物保护修复中心	日期	2017.07

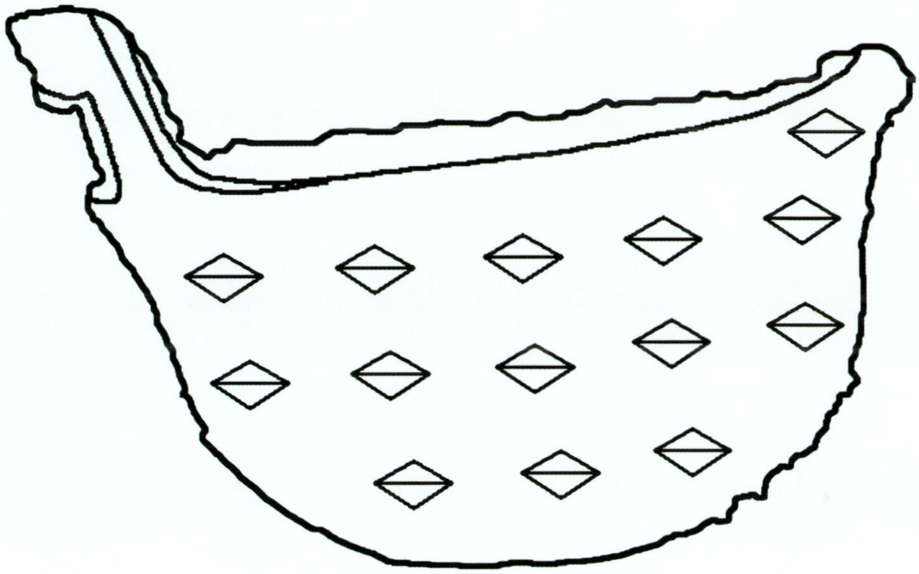

HZC065 铜灯盏正视病害图

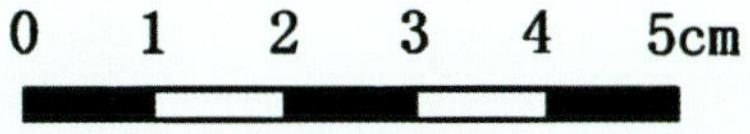

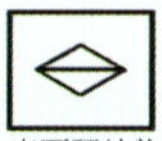

调查	张坤	校对	白广珍	项目名称	山东菏泽古船出土文物保护修复项目		
绘图	刘英杰	审定	吴双成	制作单位	山东省文物保护修复中心	日期	2017.07

表 3 文物检测分析表

样品编号	样品名称	样品描述	检测目的	检测分析方法	检测结果	检测单位
1	铜灯盏	本体	定性	XRF	铜	省修复中心

表 4 文物保护修复记录表

<table>
<tr><td colspan="6">文物保护修复情况综述（材料、工艺、步骤及操作条件，附保护修复后影像资料）：
提取铜灯盏之后，先进行拍照、测量尺寸、绘制病害图、称重及现状描述等工作，建立保护修复档案。然后用手术刀去除铜灯盏表面硬结物，用超声波洁牙机去除锈蚀，用浓度为3%的BTA溶液对铜灯盏进行缓蚀处理，再用原子灰补配缺失处。随后用矿物颜料对铜灯盏补配处进行做旧处理，用浓度为3%的B-72丙酮溶液进行封护。最后拍照并测量尺寸、重量，完善保护修复档案。</td></tr>
<tr><td>保护修复后尺寸(cm)</td><td colspan="2">直径13,通高10</td><td>保护修复后重量(g)</td><td colspan="2">625</td></tr>
<tr><td>完成日期</td><td>2017.07.15</td><td>修复人员</td><td>刘英杰</td><td>审核</td><td>白广珍</td></tr>
</table>

保护修复后影像资料

俯视

底视

正视

<table>
<tr><td colspan="6">保护修复日志</td></tr>
<tr><td>文物名称</td><td>铜灯盏</td><td>修复人员</td><td>刘英杰</td><td>日期</td><td>2017.07.12至
2017.07.15</td></tr>
<tr><td>日期</td><td colspan="5">工作内容</td></tr>
<tr><td>2017.07.12</td><td colspan="5">提取器物，拍照，测量尺寸，称重，绘制病害图，建立保护修复档案。用手术刀去除器物表面硬结物（图1），采用超声波洁牙机去除器物锈蚀及表面硬结物（图2）。</td></tr>
<tr><td colspan="3">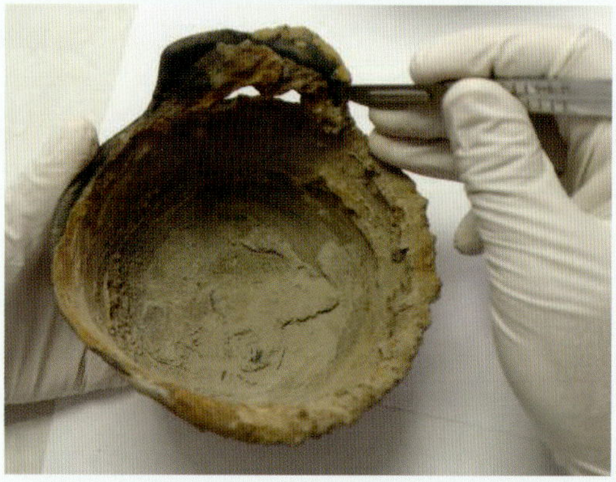
图1　手术刀去除表面硬结物</td><td colspan="3">
图2　超声波洁牙机去除锈蚀及硬结物</td></tr>
<tr><td>2017.07.13</td><td colspan="5">用浓度为3%的BTA溶液对器物进行缓蚀处理，刷涂两遍，间隔12小时（图3）。</td></tr>
<tr><td colspan="6">

图3　BTA缓蚀</td></tr>
</table>

<table>
<tr><td>2017.07.14—
2017.07.15</td><td>清理后又发现器物内部有几处残缺，使用原子灰补配残缺处（图4），用矿物颜料对补配处进行做旧处理（图5），然后放入通风橱中进行封护（图6）。</td></tr>
<tr><td colspan="2">

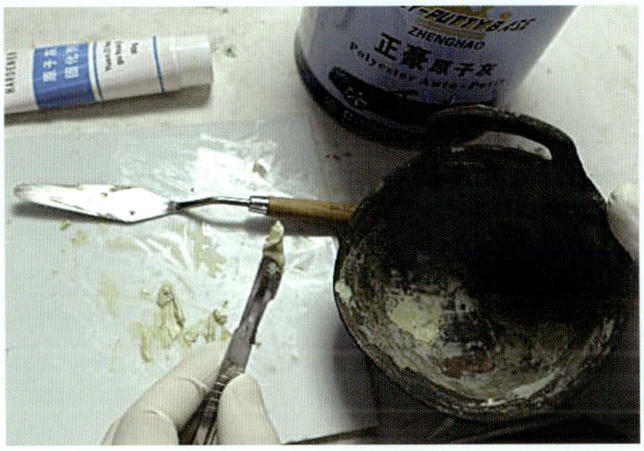

图4　原子灰补配

图5　做旧

图6　封护

</td></tr>
<tr><td>2017.07.15</td><td>拍照，称重，完善保护修复档案。</td></tr>
</table>

表 5 文物保护修复验收表

自评估意见： 该铜灯盏存在残缺、表面硬结物等病害，通过采用超声波清洗器清洗、超声波洁牙机去锈、原子灰补配等技术措施对文物病害进行处理，使文物处于稳定状态，基本符合博物馆展陈要求，达到了预期保护修复目标。 建议将文物存储在固化整洁、恒温恒湿的环境中，相对湿度控制在40%以下。 签章：刘英杰 日期：2017年7月15日
验收意见： 签章： 日期：　　年　　月　　日

实验室编号：HZC066

馆藏文物保护修复档案

项目名称：山东菏泽古船出土文物保护修复项目

文物名称：龟趺碑

2017年6月

中华人民共和国国家文物局制

表1 文物保护修复基本信息表

文物名称	龟趺碑	实验室编号	HZC066
收藏单位	菏泽市博物馆	文物登录号	
文物来源	出土	文物时代	元代
文物材质	石	文物级别	未定级
方案设计单位	山东省文物保护修复中心	保护修复单位	山东省文物保护修复中心
方案名称	《山东菏泽古船出土文物保护修复方案》	批准文号	文物博函〔2016〕513号
提取日期	2017.07.15	提取经办人	张坤、张鸣峻
返还日期	2017.08.01	返还经办人	张坤、张鸣峻
备　注			

表2 文物保存现状表

尺寸(cm)	龟长16,龟宽8,龟高7;碑长18,碑宽5.3,碑厚1.2	重量(g)	1220
文物保护环境	文物出土后，现场打包装箱提取，运至菏泽市博物馆。博物馆室内环境较为简陋，夏季高温潮湿，冬季寒冷干燥，使较为脆弱的文物受到进一步锈蚀。博物馆文物库房无温湿度控制系统。		
病害状况	器物表面附着锈蚀物，质地坚硬，锈蚀层较厚。		
原保护修复情况	无		

保护修复前影像资料

正视

背视

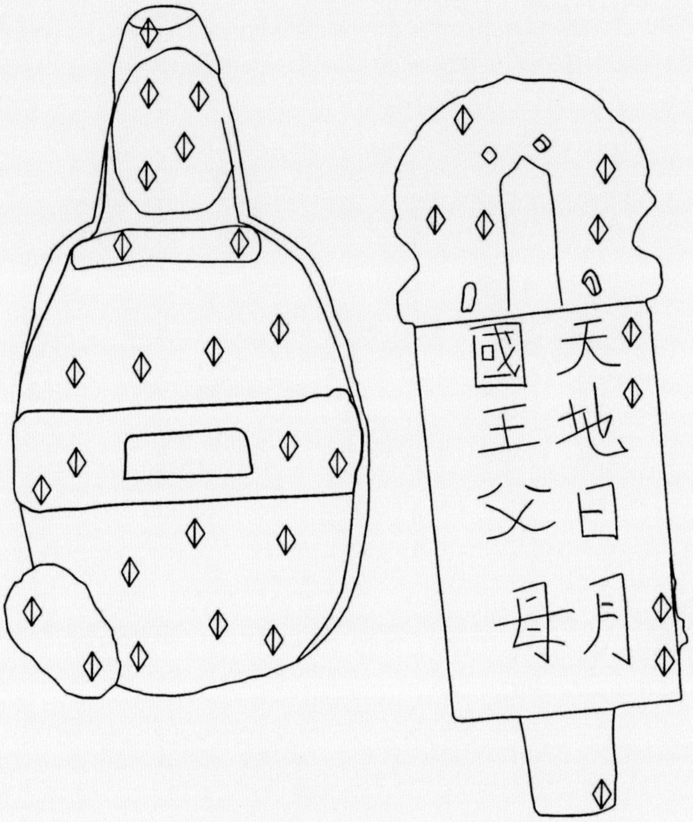

HZC066 龟趺碑正视病害图

0 1 2 3 4 5cm

表面硬结物

调查	张坤	校对	白广珍	项目名称	山东菏泽古船出土文物保护修复项目		
绘图	何美霖	审定	吴双成	制作单位	山东省文物保护修复中心	日期	2017.07

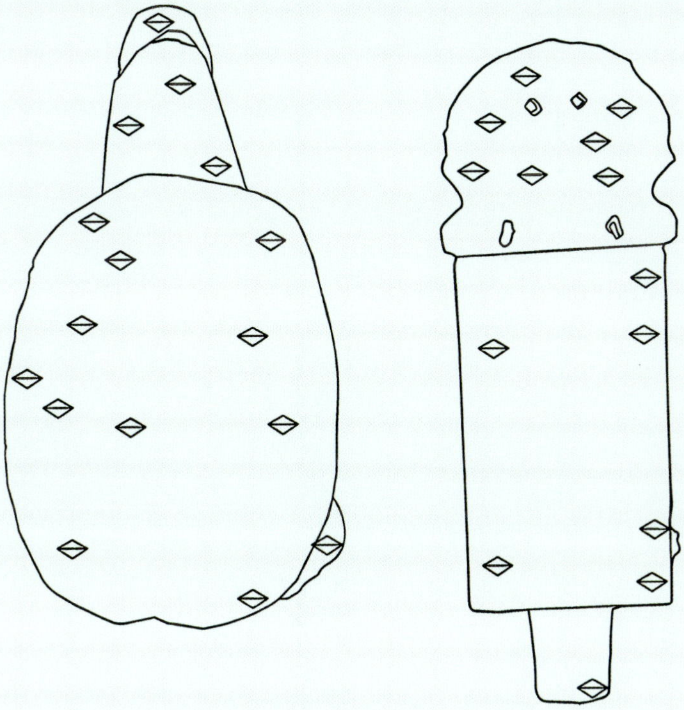

HZC066 龟趺碑背视病害图

调查	张坤	校对	白广珍	项目名称	山东菏泽古船出土文物保护修复项目		
绘图	何美霖	审定	吴双成	制作单位	山东省文物保护修复中心	日期	2017.07

表 3　文物检测分析表

样品编号	样品名称	样品描述	检测目的	检测分析方法	检测结果	检测单位
1	锈蚀	黄色	成分	拉曼、XRD	赤铁矿	省修复中心

表 4　文物保护修复记录表

文物保护修复情况综述（材料、工艺、步骤及操作条件，附保护修复后影像资料）： 提取文物之后，先进行拍照、测量尺寸、称重、现状描述、绘制病害图等工作，建立文物保护修复档案。然后用牙签剔除表面土锈，用2A溶液擦拭表面土垢，用浓度为3%的B-72丙酮溶液加固裂隙，用浓度为2%的B-72丙酮溶液刷涂封护并做隔离层，用A+B双组分环氧树脂胶补配残缺部位，用手术刀刻绘出器物纹饰，并用矿物颜料随色做旧。最后拍照，测量尺寸、重量，完善保护修复档案。					
保护修复后尺寸（cm）	龟长16，龟宽8，龟高7；碑长18，碑宽5.3，碑厚1.2		保护修复后重量（g）	1087	
完成日期	2017.08.01	修复人员	张鸣峻	审核	白广珍

保护修复后影像资料	
 侧视	
 正视	 背视

<table>
<tr><th colspan="6">保护修复日志</th></tr>
<tr><td>文物名称</td><td>龟趺碑</td><td>修复人员</td><td>张鸣峻</td><td>日期</td><td>2017.07.15 至
2017.08.01</td></tr>
<tr><td>日期</td><td colspan="5">工作内容</td></tr>
<tr><td>2017.07.15</td><td colspan="5">提取器物，进行拍照、测量尺寸、称重及现状描述，绘制病害图，建立保护修复档案。
用牙签剔除表面土锈（图1），用棉棒蘸取2A溶液擦拭表面土垢（图2）。</td></tr>
<tr><td colspan="3">
图1　牙签剔除表面土锈</td><td colspan="3">
图2　2A溶液擦拭表面土垢</td></tr>
<tr><td>2017.07.16</td><td colspan="5">龟背有一处裂隙，使用浓度为3%的B-72丙酮溶液对裂隙进行加固处理（图3）。用棉棒蘸取3A溶液擦拭掉多余的丙酮溶液（图4）。</td></tr>
<tr><td colspan="3">
图3　加固裂隙</td><td colspan="3">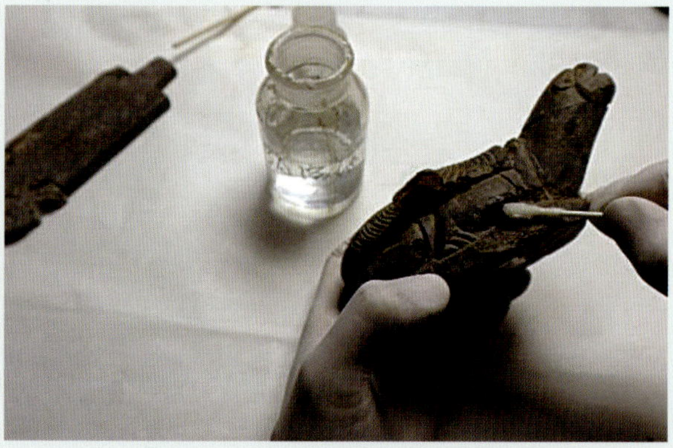
图4　棉棒擦除多余溶液</td></tr>
</table>

2017.07.16	使用毛笔蘸取浓度为2%的B-72丙酮溶液整体刷涂封护一遍，并做隔离层（图5）。 使用手术刀将双组分环氧树脂胶涂抹在器物残缺处并腻平（图6）。

图5　封护

图6　补配

2017.07.20	使用手术刀在补配处根据原纹饰刻绘出器物纹饰（图7）。 使用矿物颜料在补配部位随色做旧（图8）。

图7　手术刀刻绘器物纹饰

图8　矿物颜料随色做旧

2017.08.01	拍照，称重，完善保护修复档案。

表5 文物保护修复验收表

自评估意见： 该龟趺碑存在锈蚀、表面硬结物、残缺病害。通过采取手术刀清理、丙酮溶液加固封护、环氧树脂胶补配等技术措施对文物病害进行了处理，使文物呈现稳定状态，基本符合博物馆展陈要求，达到了预期保护修复目标。 建议将文物存储于固化整洁、恒温恒湿的环境中，相对湿度控制在40%以下。 签章：张鸣峻 日期：2017年8月1日
验收意见： 签章： 日期：　　年　　月　　日

实验室编号：HZC067

馆藏文物保护修复档案

项目名称：山东菏泽古船出土文物保护修复项目

文物名称：锈结文物

2017年6月

中华人民共和国国家文物局制

表1　文物保护修复基本信息表

文物名称	锈结文物	实验室编号	HZC067
收藏单位	菏泽市博物馆	文物登录号	
文物来源	出土	文物时代	元代
文物材质	综合	文物级别	未定级
方案设计单位	山东省文物保护修复中心	保护修复单位	山东省文物保护修复中心
方案名称	《山东菏泽古船出土文物保护修复方案》	批准文号	文物博函〔2016〕513号
提取日期	2017.07.17	提取经办人	张鸣峻、张坤
返还日期	2017.07.20	返还经办人	张鸣峻、张坤
备　注			

表2　文物保存现状表

尺寸（cm）	通长40	重量（g）	3285
文物保护环境	文物出土后，现场打包装箱提取，运至菏泽市博物馆。博物馆室内环境较为简陋，夏季高温潮湿，冬季寒冷干燥，使较为脆弱的文物受到进一步锈蚀。博物馆文物库房无温湿度控制系统。		
病害状况	锈结文物包含铜勺、砚台等，文物本体矿化，表面被大量土沁覆盖。		
原保护修复情况	无		

保护修复前影像资料

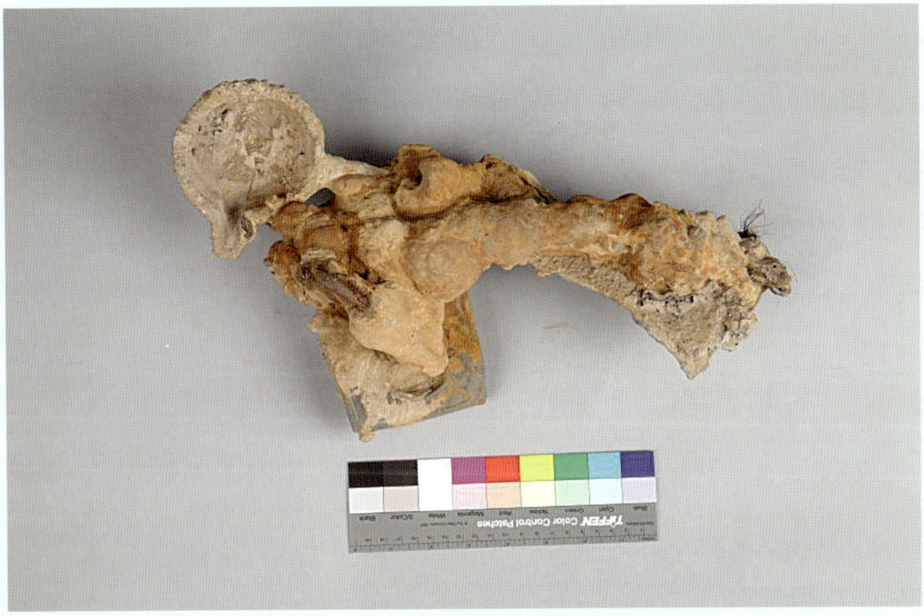

正视

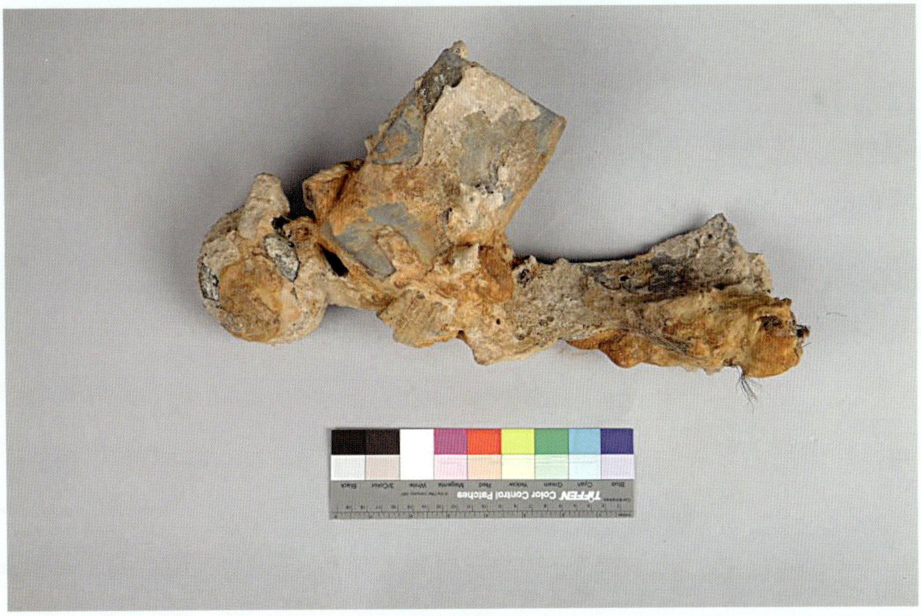

背视

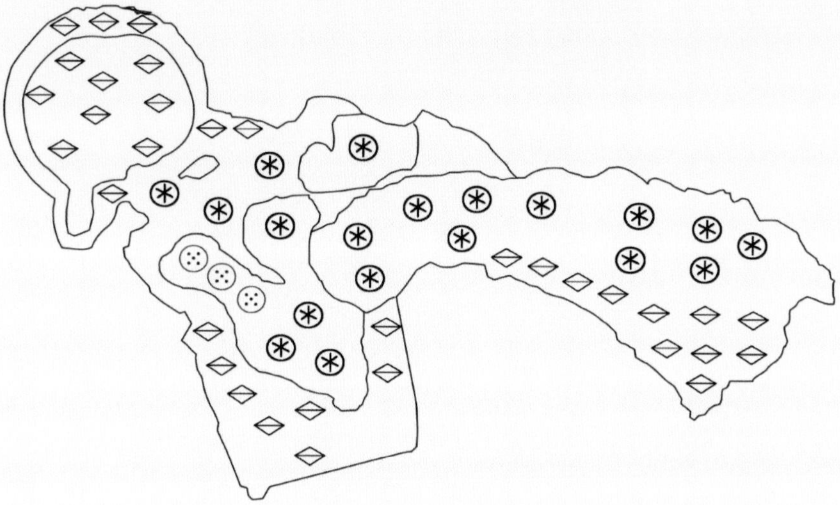

HZC067 锈结文物正视病害图

调查	张坤	校对	白广珍	项目名称	山东菏泽古船出土文物保护修复项目		
绘图	何美霖	审定	吴双成	制作单位	山东省文物保护修复中心	日期	2017.07

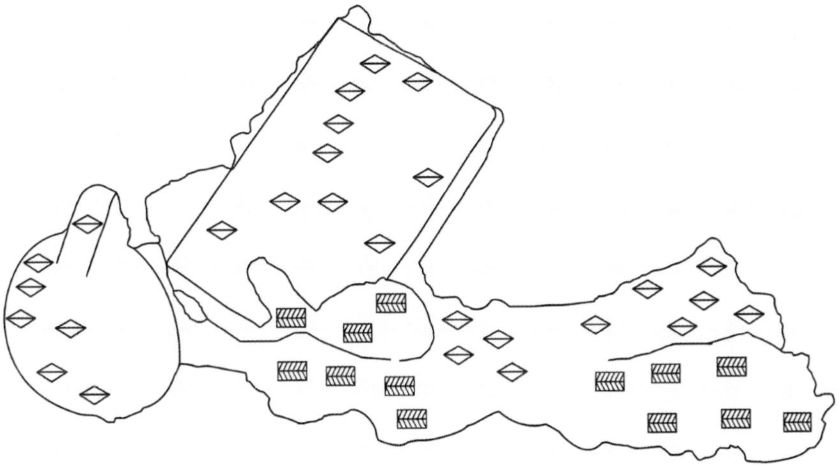

HZC067 锈结文物背视病害图

调查	张坤	校对	白广珍	项目名称	山东菏泽古船出土文物保护修复项目		
绘图	何美霖	审定	吴双成	制作单位	山东省文物保护修复中心	日期	2017.07

表3　文物检测分析表

样品编号	样品名称	样品描述	检测目的	检测分析方法	检测结果	检测单位
1	锡板		材质	XRF	锡铅	省修复中心

表4　文物保护修复记录表

<table>
<tr><td colspan="6">文物保护修复情况综述（材料、工艺、步骤及操作条件，附保护修复后影像资料）：
提取文物之后，依次进行拍照、测量尺寸、绘制病害图、称重及现状描述等工作，建立文物保护修复档案。然后清理器物表面土沁，将器物分解并分别清理表面硬结物，用浓度为3%的BTA溶液对器物进行缓蚀处理，用浓度为3%的B-72丙酮溶液进行封护处理。最后拍照，测量尺寸、重量，完善保护修复档案。</td></tr>
<tr><td>保护修复后尺寸(cm)</td><td colspan="2">锡板长22,宽6;铜勺长18.7,口径11;砚台长14.7,宽9.8</td><td>保护修复后重量(g)</td><td colspan="2">锡板:205
铜勺:210
砚台:685</td></tr>
<tr><td>完成日期</td><td>2017.07.20</td><td>修复人员</td><td>张鸣峻</td><td>审核</td><td>白广珍</td></tr>
</table>

保护修复后影像资料	
 俯视	
 锡板正视	 锡板底视
 铜勺俯视	 砚台俯视

<table>
<tr><th colspan="6">保护修复日志</th></tr>
<tr><td>文物名称</td><td>锈结文物</td><td>修复人员</td><td>张鸣峻</td><td>日期</td><td>2017.07.17至
2017.07.20</td></tr>
<tr><td>日期</td><td colspan="5">工作内容</td></tr>
<tr><td>2017.07.17</td><td colspan="5">提取器物，拍照，测量尺寸，称重，绘制病害图，建立保护修复档案。通过清理器物表面土沁（图1），将器物分解为三部分：砚台、铜勺、锡板（图2）。</td></tr>
<tr><td colspan="6">

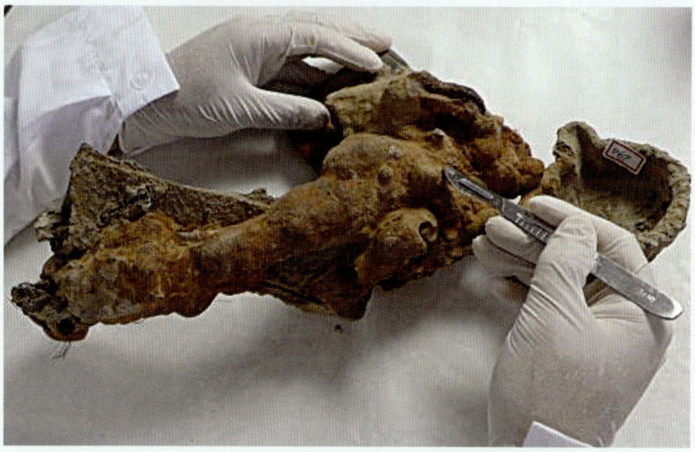

图1　清理表面土沁

</td></tr>
<tr><td colspan="6">

图2　分解为三部分

</td></tr>
<tr><td>2017.07.18</td><td colspan="5">用手术刀清理铜勺及砚台（图3），用脱脂棉蘸取柠檬酸涂敷于铜勺内部硬结物较厚处软化锈层（图4），然后手工清理硬结物。</td></tr>
</table>

<table>
<tr><td colspan="2">
图3　手术刀清理锈蚀</td><td>
图4　脱脂棉蘸取柠檬酸涂敷</td></tr>
<tr><td>2017.07.19</td><td colspan="2">用浓度为3%的BTA溶液刷涂器物表面，进行缓蚀处理。干燥后再使用毛刷蘸取浓度为3%的B–72丙酮溶液在通风橱内对器物进行刷涂封护（图5）。</td></tr>
<tr><td colspan="3">

图5　封护</td></tr>
<tr><td>2017.07.20</td><td colspan="2">拍照，称重，完善保护修复档案。</td></tr>
</table>

表5 文物保护修复验收表

自评估意见： 该锈结文物存在矿化、表面硬结物等病害，通过采取手工清理、缓蚀、封护等技术措施，对文物病害进行了处理，使文物处于稳定状态，基本符合博物馆展陈要求，达到了预期保护修复目标。 建议将文物存储在固化整洁、恒温恒湿的环境中，相对湿度控制在40%以下。 签章：张鸣峻 日期：2017年7月20日
验收意见： 签章： 日期：　　年　　月　　日

实验室编号：HZC071

馆藏文物保护修复档案

项目名称：山东菏泽古船出土文物保护修复项目

文物名称：铁锅

2017年6月

中华人民共和国国家文物局制

表1 文物保护修复基本信息表

文物名称	铁锅	实验室编号	HZC071
收藏单位	菏泽市博物馆	文物登录号	
文物来源	出土	文物时代	元代
文物材质	铁	文物级别	未定级
方案设计单位	山东省文物保护修复中心	保护修复单位	山东省文物保护修复中心
方案名称	《山东菏泽古船出土文物保护修复方案》	批准文号	文物博函〔2016〕513号
提取日期	2017.06.29	提取经办人	张坤
返还日期	2017.08.12	返还经办人	张坤
备　注			

表2 文物保存现状表

尺寸（cm）	锅口径30，高8.5；锅柄长11.4，宽4	重量（g）	2895
文物保护环境	文物出土后，现场打包装箱提取，运至菏泽市博物馆。博物馆室内环境较为简陋，夏季高温潮湿，冬季寒冷干燥，使较为脆弱的文物受到进一步锈蚀。博物馆文物库房无温湿度控制系统。		
病害状况	器物表面附着锈蚀物，质地坚硬。		
原保护修复情况	无		

保护修复前影像资料

俯视

底视

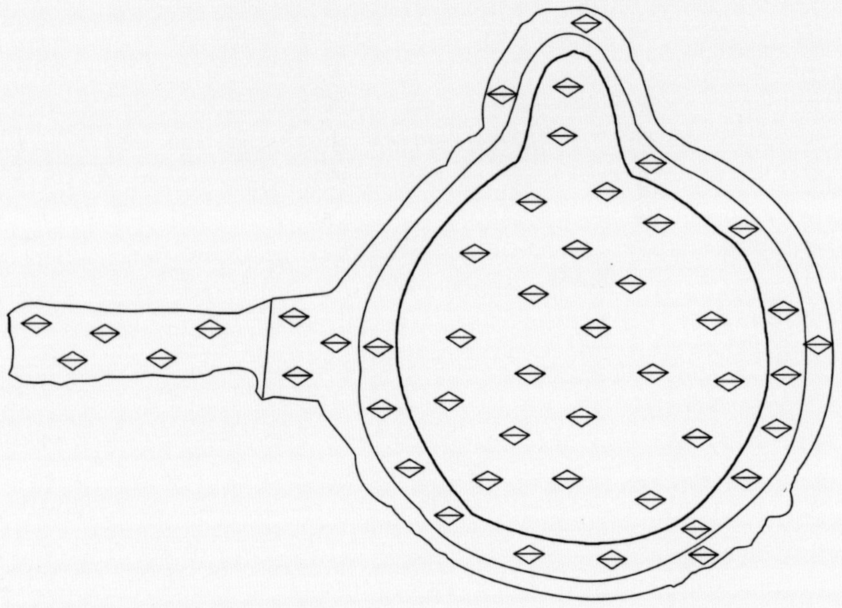

HZC071 铁锅俯视病害图

0 1 2 3 4 5cm

表面硬结物

调查	张坤	校对	白广珍	项目名称	山东菏泽古船出土文物保护修复项目		
绘图	何美霖	审定	吴双成	制作单位	山东省文物保护修复中心	日期	2017.06

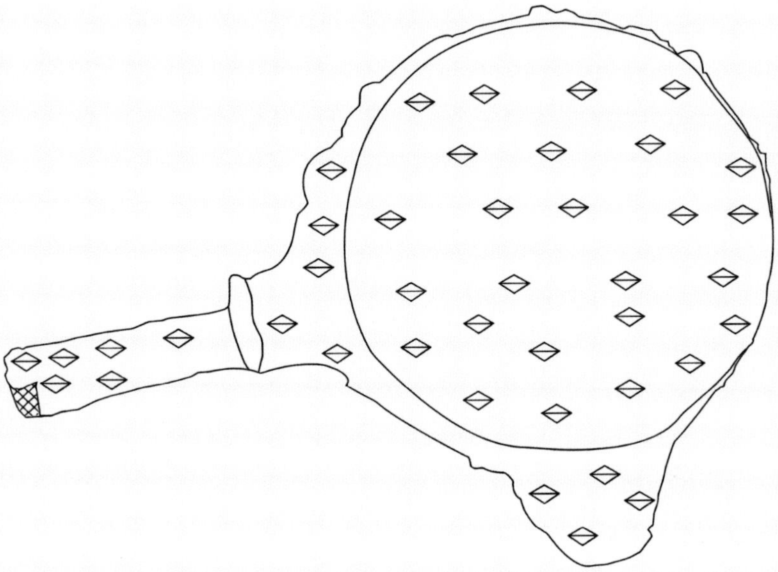

HZC071　铁锅底视病害图

调查	张坤	**校对**	白广珍	**项目名称**	山东菏泽古船出土文物保护修复项目		
绘图	何美霖	**审定**	吴双成	**制作单位**	山东省文物保护修复中心	**日期**	2017.06

表 3　文物检测分析表

样品编号	样品名称	样品描述	检测目的	检测分析方法	检测结果	检测单位

表 4　文物保护修复记录表

<table>
<tr><td colspan="6">文物保护修复情况综述（材料、工艺、步骤及操作条件，附保护修复后影像资料）：
提取文物之后，依次进行拍照、测量尺寸、称重、现状描述、绘制病害图等工作，建立文物保护修复档案。然后用手术刀剔除器物表面锈蚀物，用超声波洁牙机清理坚硬锈蚀物，采用纸浆包裹方法进行脱盐工作。脱盐结束后，用单宁酸溶液进行缓蚀处理，每天刷涂一遍，连续刷涂三天，然后清洗，并采用浓度为1%的B-72丙酮溶液在通风橱内对器物进行封护处理。最后拍照，测量尺寸、重量并完善保护修复档案。</td></tr>
<tr><td>保护修复后尺寸(cm)</td><td colspan="2">锅口径30，高8.5；锅柄长11.4，宽4</td><td>保护修复后重量(g)</td><td colspan="2">2140</td></tr>
<tr><td>完成日期</td><td>2017.08.12</td><td>修复人员</td><td>张坤、何美霖</td><td>审核</td><td>白广珍</td></tr>
</table>

保护修复后影像资料
 俯视
 底视

<table>
<tr><th colspan="6">保护修复日志</th></tr>
<tr><td>文物名称</td><td>铁锅</td><td>修复人员</td><td>张坤、何美霖</td><td>日期</td><td>2017.06.29至
2017.08.12</td></tr>
<tr><td>日期</td><td colspan="5">工作内容</td></tr>
<tr><td>2017.06.29</td><td colspan="5">提取器物，进行拍照、测量尺寸、称重及现状描述，绘制病害图，建立保护修复档案。使用手术刀去除器物表面锈蚀物（图1），用超声波洁牙机清理坚硬锈蚀物。</td></tr>
<tr><td colspan="6">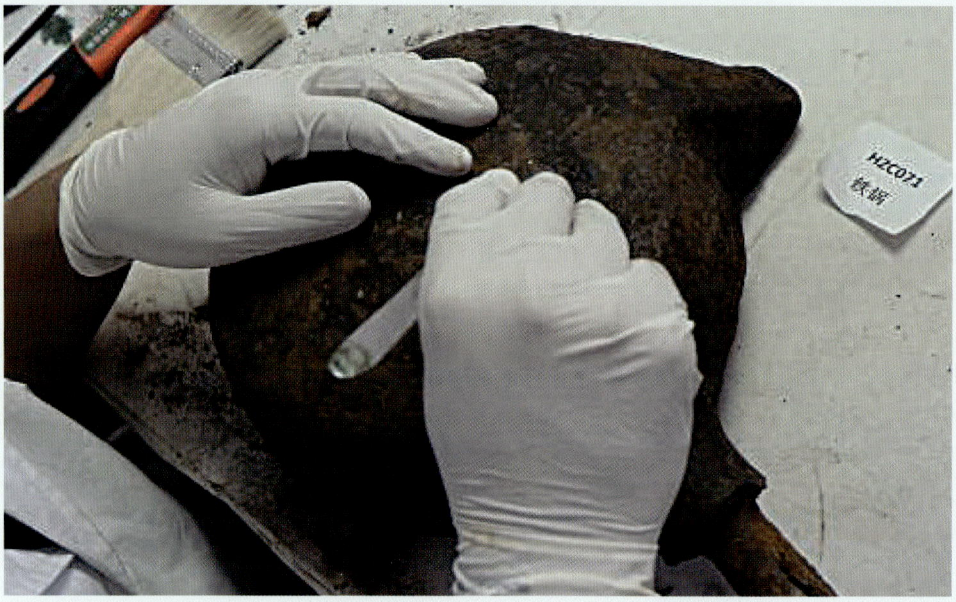

图1　手术刀剔除锈蚀物</td></tr>
<tr><td>2017.07.13—
2017.08.08</td><td colspan="5">采用纸浆包裹法进行脱盐工作。首先使用电导率仪检测空白样数值，为20.4μS/cm。然后使用滤纸蘸取蒸馏水，将打湿的滤纸敷在器物表面，将打好的纸浆敷在滤纸上面，利用毛细作用，将器物中的盐分吸附到纸浆上，每天更换新的纸浆（图2、图3），并使用电导率仪检测数值（图4、图5），当数值低于空白样或者平稳时，表示脱盐工作结束。
经过近一个月的脱盐工作，其数值由最高的228μS/cm降至18.8μS/cm（图6）。脱盐工作结束后，将器物清洗干净，进行固化处理。</td></tr>
</table>

图2　打制纸浆

图3　敷纸浆

图4　电导率检测

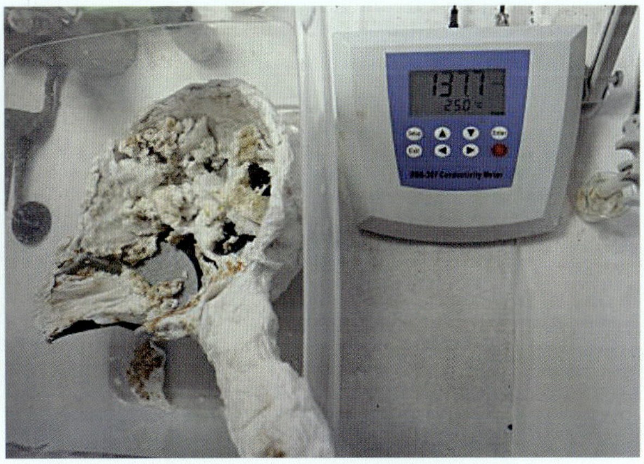

图5　电导率检测

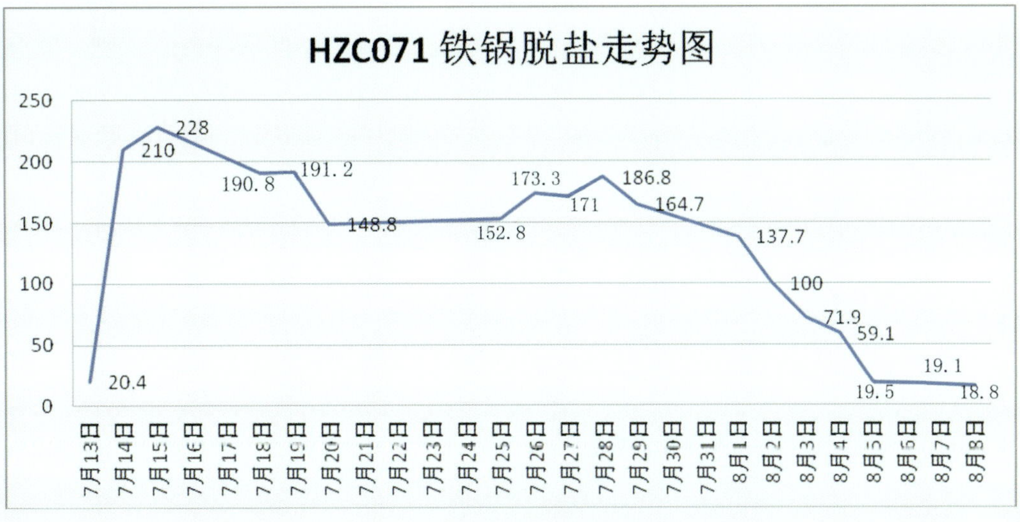

图6　脱盐走势图

<table>
<tr><td>2017.08.09—
2017.08.11</td><td>使用单宁酸溶液进行缓蚀处理。首先将单宁酸、磷酸、无水乙醇、蒸馏水按照比例配制溶液，待液体充分溶解后刷涂于器物表面（图7），每天刷涂一遍，连续刷涂三天。
然后使用蒸馏水冲洗掉器物表面残留的药液（图8），固化后，再刷涂一遍无水乙醇（图9），完成缓蚀工作。</td></tr>
<tr><td>
图7　刷涂单宁酸溶液</td><td>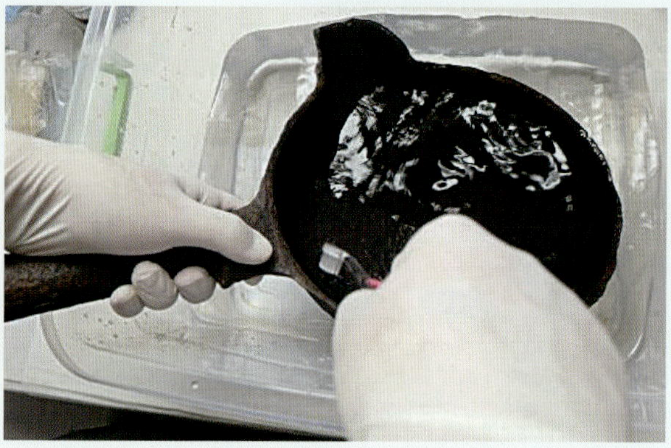
图8　蒸馏水清洗</td></tr>
<tr><td>
图9　刷涂无水乙醇</td><td>
图10　封护</td></tr>
<tr><td>2017.08.12</td><td>采用浓度为1%的B-72丙酮溶液刷涂封护，每隔2小时刷涂一遍，共计刷涂三遍（图10）。对于锅柄残缺部位，由于残缺面积小并且不影响美观，所以不进行补配处理。
最后拍照，称重，完善保护修复档案。</td></tr>
</table>

表 5 文物保护修复验收表

自评估意见： 该铁锅存在残缺、表面硬结物等病害。通过采取手术刀清理、单宁酸缓蚀等技术措施对文物病害进行了处理，使文物锈蚀稳定，基本符合博物馆展陈要求，达到了预期保护修复目标。 建议将文物存储于固化整洁、恒温恒湿的环境中，相对湿度控制在40%以下。 签章：张坤、何美霖 日期：2017 年 8 月 12 日
验收意见： 签章： 日期： 年 月 日

实验室编号：HZC090

馆藏文物保护修复档案

项目名称：山东菏泽古船出土文物保护修复项目

文物名称：漆香炉

2017年6月

中华人民共和国国家文物局制

表1 文物保护修复基本信息表

文物名称	漆香炉	实验室编号	HZC090
收藏单位	菏泽市博物馆	文物登录号	
文物来源	出土	文物时代	元代
文物材质	木	文物级别	未定级
方案设计单位	山东省文物保护修复中心	保护修复单位	山东省文物保护修复中心
方案名称	《山东菏泽古船出土文物保护修复方案》	批准文号	文物博函〔2016〕513号
提取日期	2017.09.16	提取经办人	张鸣峻、张坤
返还日期	2017.11.30	返还经办人	张鸣峻、张坤
备　注			

表2 文物保存现状表

尺寸（cm）	直径11，通高4.5	重量（g）	70
文物保护环境	文物出土后，现场打包装箱提取，运至菏泽市博物馆。博物馆室内环境较为简陋，夏季高温潮湿，冬季寒冷干燥，使较为脆弱的文物受到进一步侵蚀。博物馆文物库房无温湿度控制系统。		
病害状况	器物表面硬结物较多，口沿大面积残缺，底部漆面脱落。		
原保护修复情况	无		

保护修复前影像资料
 正视
 底视

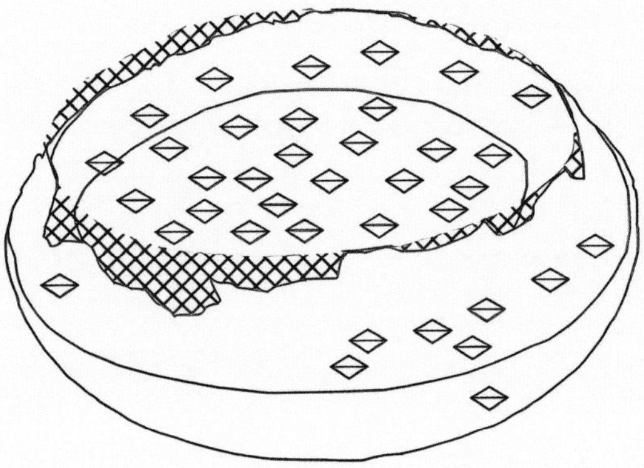

HZC090 漆香炉正视病害图

调查	张坤	校对	白广珍	项目名称	山东菏泽古船出土文物保护修复项目		
绘图	张鸣峻	审定	吴双成	制作单位	山东省文物保护修复中心	日期	2017.09

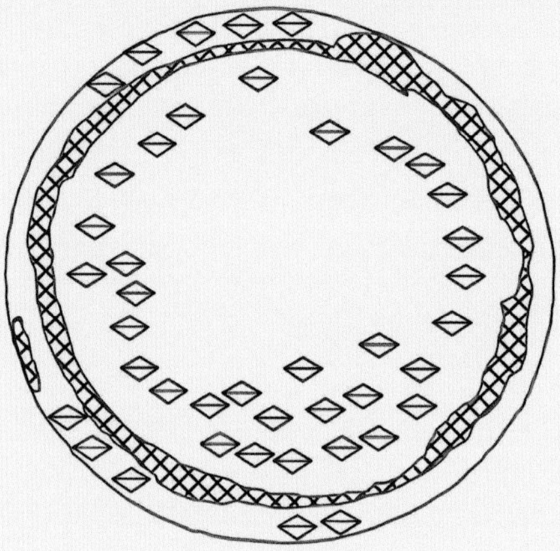

HZC090 漆香炉俯视病害图

调查	张坤	**校对**	白广珍	**项目名称**	山东菏泽古船出土文物保护修复项目		
绘图	张鸣峻	**审定**	吴双成	**制作单位**	山东省文物保护修复中心	**日期**	2017.09

表 3　文物检测分析表

样品编号	样品名称	样品描述	检测目的	检测分析方法	检测结果	检测单位
1	漆灰层		成分	扫描电镜及能谱	Si、O、Ca、K、Al	省修复中心

表 4　文物保护修复记录表

<table>
<tr><td colspan="6">文物保护修复情况综述（材料、工艺、步骤及操作条件，附保护修复后影像资料）：
提取文物之后，依次进行拍照、测量尺寸、称重、现状描述、绘制病害图等工作，建立保护修复档案。然后采用棉棒蘸取3A溶液清理器物表面硬结物，用丙酮溶液滴灌加固，用竹片、细瓦灰混合环氧树脂胶进行补配，并用环氧树脂胶粘接器物底部脱落的漆面。随后用磨刻机、砂纸打磨补配处，用丙烯颜料混合水性釉、喷笔随色做旧，用陶瓷修复釉喷涂表面。最后拍照，测量尺寸、重量并完善保护修复档案。</td></tr>
<tr><td>保护修复后尺寸（cm）</td><td colspan="2">直径11，通高5.7</td><td>保护修复后重量（g）</td><td colspan="2">120</td></tr>
<tr><td>完成日期</td><td>2017.11.30</td><td>修复人员</td><td>张鸣峻</td><td>审核</td><td>白广珍</td></tr>
</table>

保护修复后影像资料

正视

底视

<table>
<tr><th colspan="6">保护修复日志</th></tr>
<tr><td>文物名称</td><td>漆香炉</td><td>修复人员</td><td>张鸣峻</td><td>日期</td><td>2017.09.16至
2017.11.30</td></tr>
<tr><td>日期</td><td colspan="5">工作内容</td></tr>
<tr><td>2017.09.16—
2017.09.20</td><td colspan="5">提取器物，进行拍照、测量尺寸、称重及现状描述，绘制病害图，建立保护修复档案。采用棉棒蘸取3A溶液清理器物表面硬结物（图1）。</td></tr>
<tr><td colspan="6">
图1　棉棒蘸取3A溶液清理表面硬结物</td></tr>
<tr><td>2017.09.21—
2017.10.17</td><td colspan="5">使用浓度为20%的B-72丙酮溶液对器物进行滴灌加固处理。</td></tr>
<tr><td>2017.10.18—
2017.10.23</td><td colspan="5">以竹片做胎（图2），用细瓦灰混合爱劳达2020环氧树脂胶对器物进行补配（图3）。</td></tr>
<tr><td colspan="3">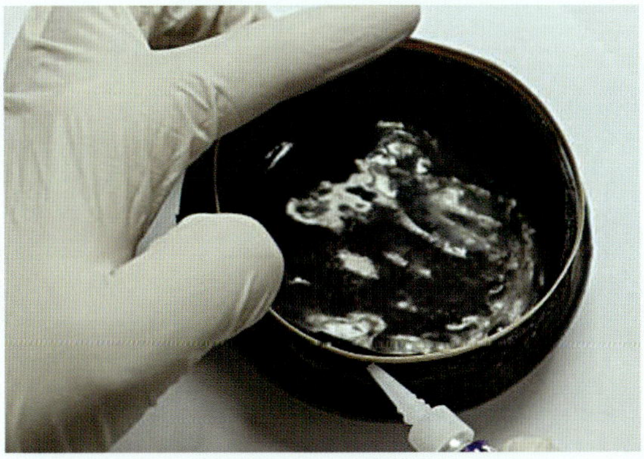
图2　竹片做胎</td><td colspan="3">
图3　细瓦灰混合环氧树脂胶补配</td></tr>
</table>

<table>
<tr><td>2017.10.24—
2017.11.16</td><td colspan="2">将器物底部清理干净并用环氧树脂胶粘接底部脱落的漆面（图4）。
使用磨刻机、砂纸打磨补配部位（图5）。</td></tr>
<tr><td colspan="2">
图4　环氧树脂胶粘接底部脱落的漆面</td><td>
图5　磨刻机、砂纸打磨补配部位</td></tr>
<tr><td>2017.11.17—
2017.11.30</td><td colspan="2">使用丙烯颜料混合水性釉、喷笔随色做旧（图6），并用陶瓷修复釉喷涂器物表面（图7）。
拍照，测量尺寸、重量并完善保护修复档案。</td></tr>
<tr><td colspan="2">
图6　丙烯颜料混合水性釉、喷笔随色做旧</td><td>
图7　陶瓷修复釉喷涂表面</td></tr>
</table>

表 5　文物保护修复验收表

自评估意见： 该漆香炉存在硬结物、残缺病害。通过采取3A溶液清理、B-72丙酮溶液滴灌加固、竹片做胎、环氧树脂胶补配等技术措施对文物病害进行了处理，使文物呈现稳定状态，基本符合博物馆展陈要求，达到了预期保护修复目标。 建议将文物存储于固化整洁、恒温恒湿的环境中，相对湿度控制在50%—60%。 签章：张鸣峻 日期：2017年11月30日
验收意见： 签章： 日期：　　年　　月　　日

实验室编号：HZC095

馆藏文物保护修复档案

项目名称：山东菏泽古船出土文物保护修复项目

文物名称：铁炭盆

2017年6月

中华人民共和国国家文物局制

表 1　文物保护修复基本信息表

文物名称	铁炭盆	实验室编号	HZC095
收藏单位	菏泽市博物馆	文物登录号	
文物来源	出土	文物时代	元代
文物材质	铁	文物级别	未定级
方案设计单位	山东省文物保护修复中心	保护修复单位	山东省文物保护修复中心
方案名称	《山东菏泽古船出土文物保护修复方案》	批准文号	文物博函〔2016〕513号
提取日期	2017.07.24	提取经办人	张坤、张鸣峻
返还日期	2017.08.12	返还经办人	张坤、张鸣峻
备　注			

表 2　文物保存现状表

尺寸（cm）	口径54，通高24	重量（kg）	20
文物保护环境	文物出土后，现场打包装箱提取，运至菏泽市博物馆。博物馆室内环境较为简陋，夏季高温潮湿，冬季寒冷干燥，使较为脆弱的文物受到进一步锈蚀。博物馆文物库房无温湿度控制系统。		
病害状况	器物表面附着锈蚀物，质地坚硬，锈蚀层较厚。		
原保护修复情况	无		

保护修复前影像资料	
 俯视	 正视
 侧视	 背视

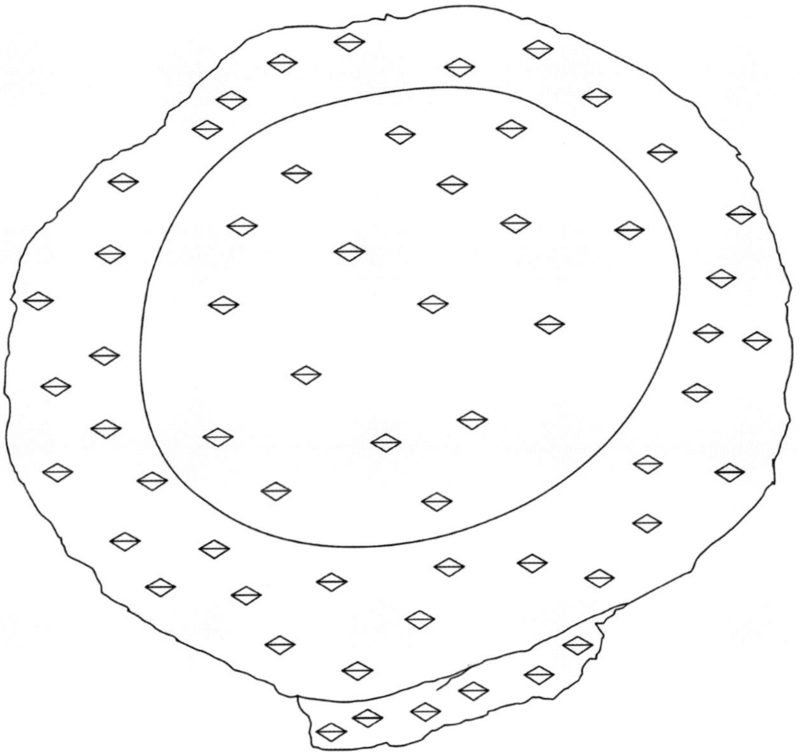

HZC095 铁炭盆俯视病害图

调查	张坤	校对	白广珍	项目名称	山东菏泽古船出土文物保护修复项目		
绘图	何美霖	审定	吴双成	制作单位	山东省文物保护修复中心	日期	2017.07

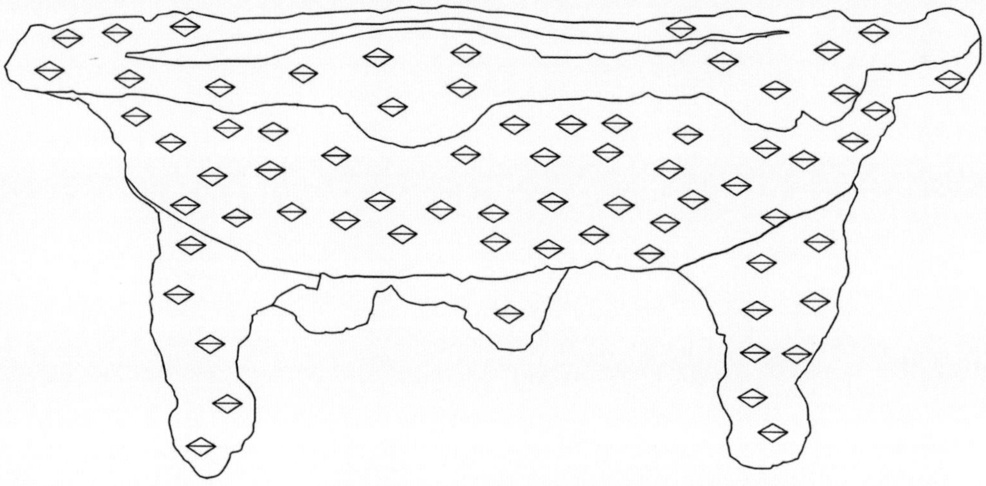

HZC095 铁炭盆正视病害图

调查	张坤	校对	白广珍	项目名称	山东菏泽古船出土文物保护修复项目		
绘图	何美霖	审定	吴双成	制作单位	山东省文物保护修复中心	日期	2017.07

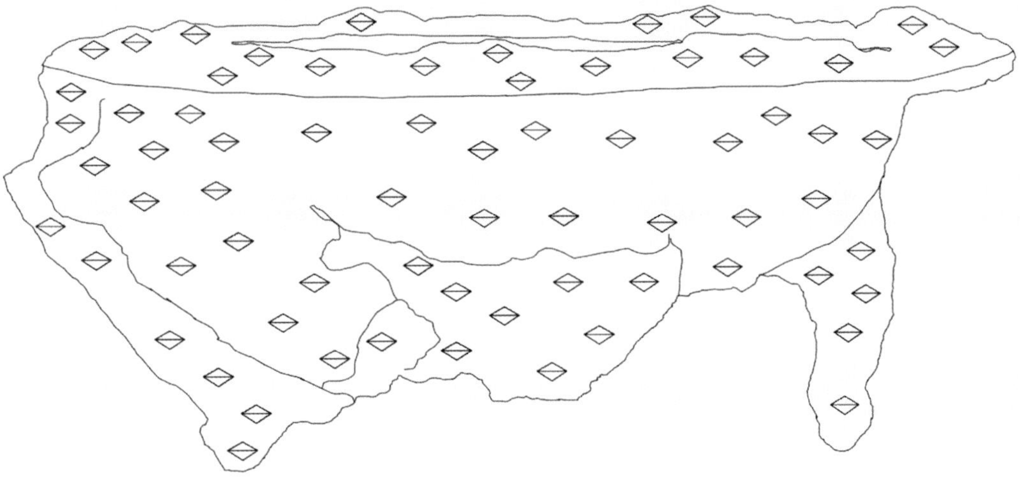

HZC095　铁炭盆侧视病害图

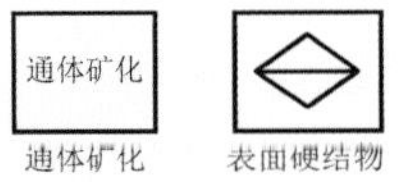

调查	张坤	**校对**	白广珍	**项目名称**	山东菏泽古船出土文物保护修复项目		
绘图	何美霖	**审定**	吴双成	**制作单位**	山东省文物保护修复中心	**日期**	2017.07

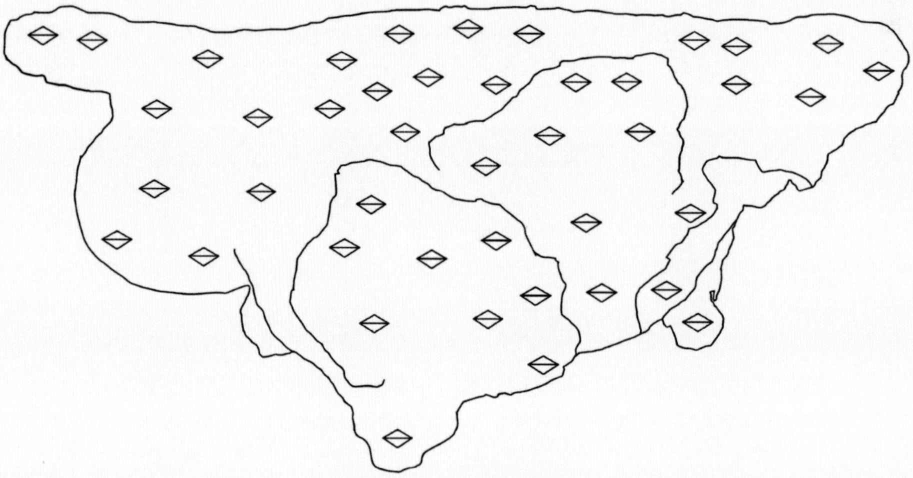

HZC095 铁炭盆背视病害图

调查	张坤	校对	白广珍	项目名称	山东菏泽古船出土文物保护修复项目		
绘图	何美霖	审定	吴双成	制作单位	山东省文物保护修复中心	日期	2017.07

表 3　文物检测分析表

样品编号	样品名称	样品描述	检测目的	检测分析方法	检测结果	检测单位
1	本体	表面附着物严重	本体保存情况	X探伤	本体保存状况尚好	省修复中心

表 4　文物保护修复记录表

文物保护修复情况综述（材料、工艺、步骤及操作条件，附保护修复后影像资料）：

提取文物之后，依次进行拍照、测量尺寸、称重、现状描述、绘制病害图等工作，建立文物保护修复档案。然后使用手术刀、超声波洁牙机清理表面松软锈蚀物，用草酸溶液软化坚硬锈层并进行清理。随后采用纸浆包裹方法进行脱盐工作。脱盐结束后，使用单宁酸溶液进行缓蚀处理，每天刷涂一遍，连续刷涂三天。随后采用浓度为1%的B-72丙酮溶液在通风橱内对器物进行封护，并用铁质修补剂补配残缺部位、用矿物颜料及B-72丙酮溶液进行做旧与封护处理。最后拍照，测量尺寸、重量并完善保护修复档案。

保护修复后尺寸（cm）	口径54，通高24		保护修复后重量（kg）	16	
完成日期	2017.08.12	修复人员	张坤、牛德良、张鸣峻、刘英杰、何美霖	审核	白广珍

保护修复后影像资料

俯视

底视

背视

<table>
<tr><th colspan="6">保护修复日志</th></tr>
<tr><td>文物名称</td><td>铁炭盆</td><td>修复人员</td><td>张坤、牛德良、张鸣峻、刘英杰、何美霖</td><td>日期</td><td>2017.07.24至2017.08.12</td></tr>
<tr><td>日期</td><td colspan="5">工作内容</td></tr>
<tr><td>2017.7.24—2017.07.27</td><td colspan="5">提取器物，进行拍照、测量尺寸、称重及现状描述，绘制病害图并建立保护修复档案。
使用手术刀、超声波洁牙机清理表面松软锈蚀物（图1）。清理掉表面松软锈层后，器物表面还有一层质地坚硬的锈蚀物，故采用脱脂棉蘸取浓度为30%的草酸涂敷于锈蚀处进行软化，然后进行清理（图2）。</td></tr>
<tr><td colspan="3">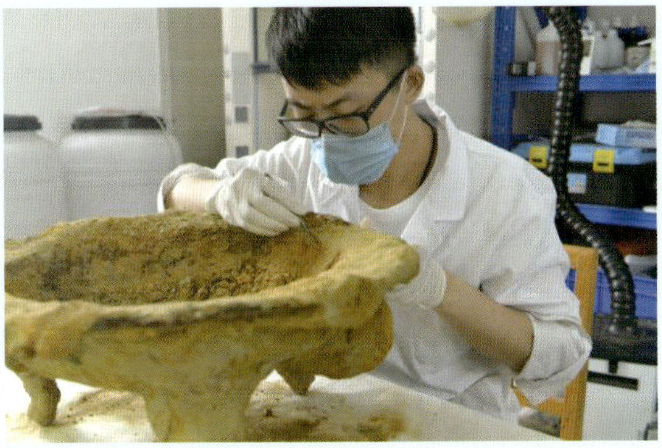
图 1　手术刀清理表面松软锈蚀物</td><td colspan="3">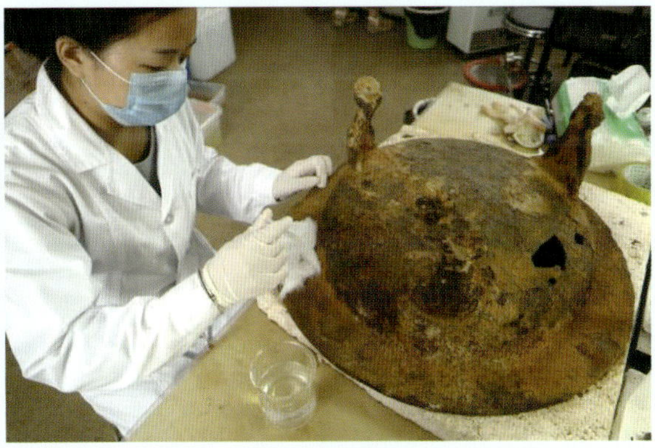
图 2　使用草酸软化锈层</td></tr>
<tr><td>2017.07.28—2017.08.05</td><td colspan="5">采用纸浆包裹法进行脱盐工作。首先使用电导率仪检测空白样数值，为18μS/cm。然后使用滤纸蘸取蒸馏水，将打湿的滤纸敷在器物表面，然后将打好的纸浆敷在滤纸上面，利用纸浆的毛细作用将器物中的盐分吸附到纸浆上。每天更换新的纸浆（图3、图4），并使用电导率仪检测数值，当数值低于空白样或者平稳时，表示脱盐工作结束。
经过9天的脱盐工作，其数值由95μS/cm降至20μS/cm，脱盐工作结束。然后将器物清洗干净。</td></tr>
</table>

图3　打制纸浆

图4　敷纸浆

2017.08.07— 2017.08.09	使用单宁酸溶液进行缓蚀处理。首先将器物清洗干净（图5），固化后，将单宁酸、磷酸、无水乙醇、蒸馏水按照比例配制溶液，待液体充分溶解后刷涂于器物表面（图6），每天刷涂一遍，连续刷涂三天。 然后使用蒸馏水冲洗掉器物表面残留的药液，固化后，再刷涂一遍无水乙醇（图7），完成缓蚀工作。

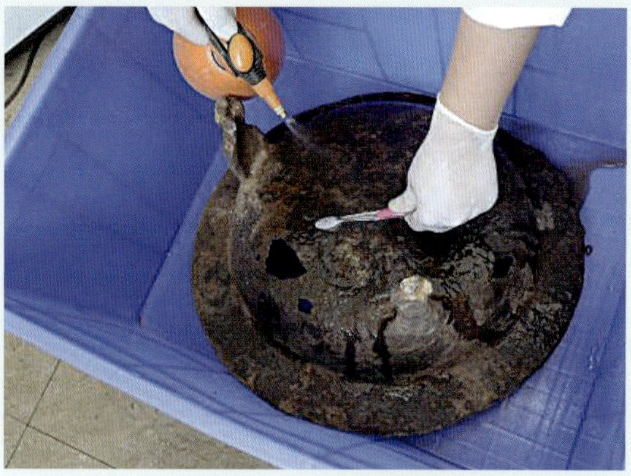

图5　蒸馏水清洗

图6　刷涂单宁酸溶液

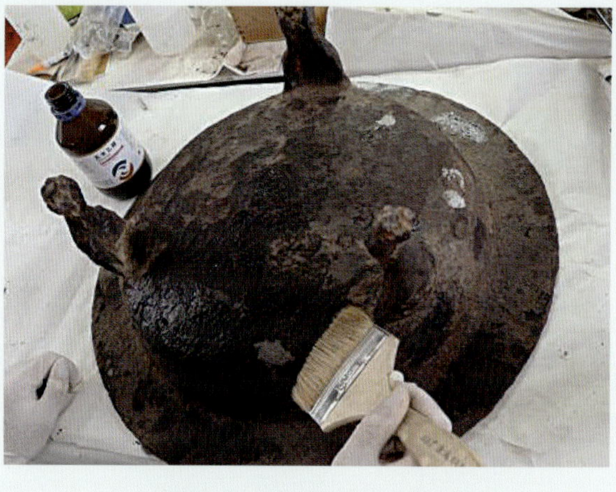

图7　刷涂无水乙醇

2017.08.10	采用浓度为1%的B-72丙酮溶液进行封护处理，每隔2小时刷涂一遍，连续刷涂三遍（图8）。
 图8　封护	
2017.08.11—2017.08.12	对于残缺部位，使用铁质修补剂进行补配（图9）。按比例调制补配材料填补在残缺部位，待24小时固化后，使用手术刀清理多余的补配材料。然后使用矿物颜料、浓度为1%的B-72丙酮溶液进行做旧与封护处理，使补配处与周围颜色协调（图10）。 最后拍照，称重，完善保护修复档案。
 图9　铁质修补剂补配	 图10　做旧

表5 文物保护修复验收表

自评估意见： 该铁炭盆存在锈蚀、表面硬结物、残缺等病害。通过采取手术刀清理、单宁酸缓蚀、铁质修补剂补配等技术措施对文物病害进行了处理，使文物呈现稳定状态，基本符合博物馆展陈要求，达到了预期保护修复目标。 建议将文物存储于固化整洁、恒温恒湿的环境中，相对湿度控制在40%以下。 签章：张坤、牛德良、张鸣峻、刘英杰、何美霖 日期：2017年8月12日
验收意见： 签章： 日期：　　年　　月　　日

后　记

据第一次全国可移动文物普查数据，山东省可移动文物收藏数量达558万余件。随着近年来大量考古发掘工作的开展，山东省的出土文物以每年数万件的数量增长，全省文物数量得到不断丰富和充实。为应对可移动文物保护修复任务繁重的局面，2015年2月，山东省机构编制委员会办公室批复成立山东省文物保护修复中心，在省级层面统筹推进可移动文物保护修复工作。

山东省文物保护修复中心成立后，在做好全省可移动文物保护修复项目的立项、申报、实施和验收工作的同时，对自身承担的可移动文物保护修复项目更是严格管理，如要求项目负责人按照进行科学研究的态度实施可移动文物保护修复项目，并在项目验收后及时整理相关档案、尽快出版保护修复报告。按此模式，山东省文物保护修复中心成立以来，已经出版了三部保护修复报告，发表研究论文四十余篇，本书是第四本保护修复报告。

《山东菏泽古船出土文物保护修复方案》报经国家文物局、山东省文化和旅游厅（山东省文物局）批准后，由山东省文物保护修复中心牵头，联合菏泽市文物保护中心、菏泽市博物馆成立项目组，并由省文物保护修复中心白广珍担任项目负责人，中心文物修复师张坤担任现场技术负责人。

项目组在项目执行过程中，得到故宫博物院文保科技部的技术支持，雷勇、曲亮等专家多次到现场指导并开展分析检测工作。此外，菏泽市博物馆、菏泽市文物保护中心在场地、人员、后勤等方面提供了大力支持。

项目组成员克服临时文物修复室条件简陋等不利因素，在工作中积极探索，逐步解决一个又一个技术难题，有效保障了项目的顺利执行。2018年1月，项目组完成95件（套）文物的保护修复工作并通过山东省文物局验收。

本书是该项目实施工作的系统总结，共分为七章。第一章由白广珍、王笑撰写；第二章由白广珍、王笑、秦杰撰写；第三章是根据故宫博物院文保科技部分析测试结果梳理而成；

第四章为陶瓷类文物保护修复具体流程，由白广珍、王笑撰写；第五章为金属类文物保护修复具体流程，由白广珍、秦杰撰写；第六章为相关研究与讨论，由白广珍、王笑撰写；第七章为结语，总结了项目实施过程中的收获和不足，以及下一步的文物保存建议。此外，书后附录部分列出部分文物保护修复档案等资料。全书由白广珍统稿。

保护修复过程中的相关照片、文物病害图由项目组实施过程中的具体业务人员拍摄、绘制，保护修复后的文物照片由周坤等同志拍摄。部分分析测试工作是由省文物保护修复中心自主完成的，在此感谢中心分析部王云鹏付出的辛勤劳动。

感谢故宫博物院文保科技部为项目组提供了强有力的技术支持，感谢菏泽市博物馆、菏泽市文物保护中心为项目组提供了后勤保障，感谢菏泽市文广新局领导对本项目的大力支持。更要感谢齐鲁书社马安钰女士对书稿的认真审阅及修改，她的工作为本书的内容质量提供了保障。

山东省文物保护修复中心承担的济南市刘家庄遗址出土青铜器等多个重要可移动文物保护修复项目，目前已经结项验收。在这些可移动文物保护修复项目启动之初，省文物保护修复中心就谋划着出版有关保护修复报告，现正进行资料收集与整理工作，相信今后会有更多研究成果陆续刊发或出版。这些科研成果的不断涌现，将带动省文物保护修复中心形成良好的科研氛围。

由于水平有限，书中难免有错误与疏漏之处，恳请有关专家、学者和同行指正。

2022年3月